Ursula Friederich
Werner Volland

Futtertierzucht

Lebendfutter für Vivarientiere

2., überarbeitete und erweiterte Auflage

63 Schwarzweiß-Fotos
und Zeichnungen

VERLAG
EUGEN
ULMER

Die Deutsche Bibliothek – CIP-Einheitsaufnahme

Friederich, Ursula:
Futtertierzucht : Lebendfutter für Vivarientiere / Ursula Friederich ; Werner Volland. – 2., überarb. und erw. Aufl. – Stuttgart : Ulmer, 1992
ISBN 3-8001-7230-5
NE: Volland, Werner

Wollgrasweg 41, 7000 Stuttgart 70 (Hohenheim)
Printed in Germany
Einbandgestaltung: A. Krugmann,
mit einem Foto (Ägyptische Wanderheuschrecken bei der Paarung) von Ursula Friederich
Satz: Setzerei Lihs, Ludwigsburg
Druck und Bindung: F. Pustet, Regensburg

Zum Geleit

Wer Tiere hält, muß auch gut für sie sorgen. Zu dieser Pflicht gehören eine sachgemäße Unterbringung, das erforderliche Maß an Wärme, Licht und Feuchtigkeit sowie eine naturgemäße, abwechslungsreiche und vitaminhaltige Ernährung. Viele Schriften in der vivarienkundlichen Literatur versäumen nicht, immer wieder darauf hinzuweisen, und sie geben auch gute Ratschläge dafür, was zu tun ist. Aber diese Futterhinweise sind weit im Schrifttum verstreut, so daß man sie meist nur mit Mühe findet, wenn man sie braucht. Zudem ergibt sich leider nicht selten die Frage, inwieweit manche der guten Ratschläge tatsächlich auf eigenen Erfahrungen beruhen.

Zwei begeisterte Tierfreunde und erfahrene Praktiker haben nun die vielen einzelnen Anleitungen zur Zucht von Futtertieren aus der Literatur zusammengestellt, sie kritisch gesichtet und selbst erprobt: Ursula Friederich als Diplom-Biologin und Werner Volland als Tierpfleger. Ihre Liste der Futtertiere reicht von den kleinsten Fruchtfliegen bis zu größeren Nagetieren. Der Leser findet klare, übersichtlich gegliederte Anleitungen, ergänzt durch viele und bisher noch weitgehend unbekannte Kunstgriffe, aber er kann sich auch über die jeweiligen Vor- und Nachteile der verschiedenen Zuchten unterrichten. Stets kann er gewiß sein, daß seine Zuchten auch wirklich funktionieren, wenn er den Anweisungen folgt.

Der Tierpfleger, der gewissenhaft auf das Wohl seiner Pfleglinge bedacht ist, kann sie jetzt dank diesem Buch gesund durch die Zeit bringen, in der das mit Recht so empfohlene Wiesenplankton nicht mehr zur Verfügung steht. Er braucht nicht mehr aus Mangel an besserem Futter auf eine unzureichende Einheitskost aus Mehlwürmern zurückzugreifen.

Für dieses neuartige und nützliche Buch gilt den Verfassern und dem Verlag ein ganz besonderer Dank. Ja, man muß sich gerade fragen, warum eine so dringend erforderliche Behandlung der immer wieder auftretenden Futterprobleme nicht schon längst im vivarienkundlichen Schrifttum erschienen ist.

Heinz Wermuth

Vorwort

In jedem Jahr wächst die Zahl derjenigen, die sich in ihrer Freizeit mit ungewöhnlichen Haustieren befassen, mit Amphibien und Reptilien, seltenen Vögeln, Kleinsäugern, Fischen, Raubinsekten und Niederen Tieren. Vielen dieser Pfleglinge ist eines gemeinsam: sie brauchen lebendes Futter, um über längere Zeit gesund und kräftig zu bleiben oder sich gar fortzupflanzen.

Solange es noch genügend unberührte Natur gab und als der Gebrauch von Insektengiften nahezu unbekannt war, hatte es der Vivarianer vom Frühjahr bis zum Herbst recht einfach. Auf Wiesen, am Gebüsch und im Tümpel fand er reichlich Insekten und andere Kleintiere. Trotzdem war auch damals die Tierhaltung nicht immer problemlos, da im Winter oft das geeignete Futter fehlte und die Zucht vieler Futtertiere noch nicht bekannt oder umständlich war.

Heute wird es immer schwieriger, auch im Sommer, genügend gesundes Lebendfutter zu fangen. Zudem beschäftigen sich viele Tierfreunde, die in der Stadt wohnen, mit Vivarientieren; und sie finden allenfalls am Wochenende Zeit, auf Futterfang hinauszufahren. Deshalb gewinnt die Zucht von Futtertieren mehr und mehr an Bedeutung. Daß dies auch für den Hobby-Vivarianer gar nicht so schwierig ist, wollen wir mit diesem Buch beweisen. Es beschreibt die Grundlagen der Futtertierzucht und gibt zu den einzelnen Zuchtanleitungen alle notwendigen Hinweise und viele praktische Ratschläge als Ergebnisse unserer eigenen Futtertierzuchten oder als Erfahrungen anderer Vivarianer. Grundsätzlich werden nur solche Zuchten behandelt, die man mit begrenztem Aufwand das ganze Jahr über im Haus, auf dem Balkon oder im Garten durchführen kann. Ebenso wollten wir auf Zuchtanleitungen solcher Tiere verzichten, die sich allzu leicht an die häuslichen Lebensmittelvorräte heranmachen oder anderweitig schwer unter Kontrolle zu halten sind, wie Mehlmotte oder Dörrobstmotte, Speckkäfer, Reismehlkäfer und verschiedene Schaben. Wir sind uns bewußt, daß wir längst nicht auf alle Einzelheiten eingehen können, und manches weniger bekannte Futtertier fehlt; sonst müßte dieses Buch doppelt so dick sein. Vor allem kommt es uns darauf an, einem jeden Vivarianer die Möglichkeiten aufzuzeigen, wie er mit einfachen Mitteln und preiswert eine eigene Futtertierzucht beginnen kann. Im Laufe der Zeit wird ein jeder die Methode herausfinden, die ihm am meisten zusagt und seinen speziellen Erfordernissen entspricht. Darüber hinaus sind viele Möglichkeiten aufgezeigt, wie man mit sinnvoller Technik und durchdachten Arbeitsabläufen Futtertierzuchten auch größeren Umfangs betreiben kann. Wir hoffen, daß dieses „Rezeptbuch" zu mehr Abwechslung im Futterplan unserer Pfleglinge anregt; das ist entscheidend für die Haltung und das Wohlbefinden der Vivarientiere.

Herr Dr. Heinz Wermuth, Hauptkonservator am Staatlichen Museum für Naturkunde in Ludwigsburg, gab uns nicht nur die Anregung zu diesem Buch, er sah auch das Manuskript kritisch durch; dafür danken wir ihm herzlich. Die verständnisvolle Unterstützung des Verlags Eugen Ulmer,

Stuttgart, und die ersprießliche Zusammenarbeit werden uns in guter Erinnerung bleiben.
Unseren Dank möchten wir Herrn Hans Schneider, Reutlingen, aussprechen, der die Kapitel über Fischfutter bearbeitet hat. Herr Professor Dr. Werner Frank, Stuttgart-Hohenheim, gab uns Hinweise auf wichtige Parasiten der Futtertiere; und Herr Karl Friedrich Hohenstein, Rechtsanwalt in Stuttgart, beriet uns in den juristischen Fragen. Dem Zoologisch-botanischen Garten „Wilhelma" in Stuttgart danken wir für seine Unterstützung. Nicht zuletzt bedanken wir uns bei Frau Renate Dieter, Stuttgart, für die Reinschrift des Manuskripts. Auch allen namentlich nicht genannten Freunden und Bekannten sind wir für ihre Mithilfe und viele wertvolle Ratschläge dankbar.

Stuttgart, im Juli 1981

Vorwort zur 2. Auflage

Wir waren ganz überwältigt von der Resonanz auf dieses Buch! Immer wieder erfuhren wir die Bestätigung: ja, so kann man dieses oder jenes Futtertier züchten. Daß Tiere Menschen zusammenführen, durften wir mehr als einmal erleben. Einen Namen möchten wir nennen: Frau Maria Röthlin-Koller in Luzern. Sie schrieb den ersten Leserbrief an U. F., und es entwickelte sich eine herzliche Freundschaft daraus. Wie viele andere unterstützte sie uns mit so manchem Hinweis, Fragen und Anregungen und einem lebhaften Gedankenaustausch. Ergebnis sind die praktischen Verbesserungen, die sich nun in der überarbeiteten Fassung niederschlagen. Auch beim Bestimmen der Arten setzten wieder Spezialisten ihr Fachwissen ein.
Ein herzliches Danke an alle!

Stuttgart und Freiberg a. N.
im Sommer 1992

Ursula Friederich
Werner Volland

Inhalt

Einleitung

Für alle Vivarientiere, die wir pflegen, tragen wir erhebliche Verantwortung. Ehe wir uns einem Teilbereich der Tierhaltung, der Ernährung, zuwenden, sei vorausgesetzt, daß wir auch die anderen Haltungsbedingungen erfüllen, also für ausreichend Bewegungsmöglichkeit, für das richtige Klima und eine artgerechte Behältereinrichtung gesorgt haben. Die Ernährung stellt manchen Pfleger vor große Schwierigkeiten, denn sehr viele Vivarientiere brauchen zumindest als Zusatznahrung lebende Futtertiere, andere sogar ausschließlich. Zur Lösung dieser Probleme gibt es drei Wege: wir fangen die Futtertiere in der Natur, wir kaufen sie im Zoofachgeschäft und bei Züchtern, oder wir züchten sie selbst. Dieses Buch befaßt sich mit der dritten Möglichkeit und will dafür Hilfestellung geben.

Immer wieder liest man: „Wiesenplankton und anderes Wildfutter sind das beste, was man seinen Tieren bieten kann." Dies gilt aber keineswegs ohne Einschränkung! Man denke nur an die Belastung mit Schadstoffen, der unsere Tierwelt in sehr vielen Gegenden ausgesetzt ist. Gewiß, Wildfutter besitzt einen entscheidenden Vorzug: es ist für unsere Pfleglinge abwechslungsreicher. Aber bereits drei Tage Regenwetter können sich auf den Fang von Wiesenplankton verheerend auswirken. Überdies steht es nur wenige Monate im Jahr zur Verfügung. Eigene Futterzuchten sind von solchen Einflüssen unabhängig. Wenn man weiß, wie gerade Jungtiere unter Nahrungsmangel leiden, wird man mit Recht denjenigen als verantwortungslos bezeichnen können, der meint, er könne 50 Jungfröschchen oder 30 Chamäleons ohne eine eigene Futterzucht großziehen.

Natürlich kann man auch angesichts der Behauptung: „Selbst gezüchtete Futtertiere sind die besten", viele Einwände erheben. Der große Unterschied zum Wildfutter liegt aber darin, daß *wir* die Qualität bestimmen! Und viele Vivarianer beweisen seit Jahren mit außergewöhnlichen Haltungs- und Zuchterfolgen, daß optimal ernährte selbst gezüchtete Futtertiere dem Wildfutter mindestens ebenbürtig sind, wenn nicht gar überlegen.

Jedes Futtertier kann nur so wertvoll sein wie das Futter, mit dem wir es ernähren.

Dies ist der Leitsatz für jede Futterzucht; er soll uns durch das ganze Buch begleiten.

Lebendfutter in der Vivaristik

Einige grundsätzliche Überlegungen

Die Bedeutung des Lebendfutters

„Fressen und gefressen werden" – dies ist ein gern zitiertes Schlagwort, nachdem man sich einen Fernsehfilm angeschaut hat, der zeigte, wie ein Löwe ein Zebra reißt, ein Krokodil einen Vogel ertränkt und eine Gottesanbeterin eine Heuschrecke packt und anzufressen beginnt. Tatsächlich ernähren sich etwa ein Drittel aller Tiere ausschließlich oder überwiegend von anderen Tieren, die allermeisten darunter von lebender Beute. Gerade in der Vivaristik begegnet man einer recht großen Zahl an Tieren, die zur letztgenannten Gruppe zählen. Um deren Bedürfnisse besser zu verstehen, sollte man sich Gedanken darüber machen, welche Rolle Nahrung – und besonders lebendes Futter – in ihrem Tages- und Lebensablauf spielt.
Alle Tiere müssen sich von organischem Material ernähren, das heißt von anderen Lebewesen, und so die Stoffe aufnehmen, die sie für ihren Stoffwechsel benötigen: Eiweiß, Kohlenhydrate, Fette, Wasser, Mineralstoffe (Salze) und Vitamine. Wasser und auch Mineralstoffe werden gewöhnlich nur zum Teil mit der Nahrung aufgenommen. Lebendfutter hat nun den unschätzbaren Vorteil, alle diese Stoffe in frischestem Zustand zu enthalten. Besondere Beachtung verdient außerdem der Darminhalt des Beutetieres, das sich gewöhnlich von Pflanzen oder Tieren ernährt, die nicht auf dem Speisezettel des Räubers stehen; so bereichert es noch zusätzlich dessen Ernährung. Mit dem Lebendfutter nimmt ein Tier auch unverdauliche Teile auf, beispielsweise den Chitinpanzer und die Flügel von Insekten, die als Ballaststoffe die Darmtätigkeit anregen. Außerdem sind Tiere, die sich vielseitig ernähren, häufiger als Nahrungsspezialisten, so daß Eintönigkeit selten die Regel ist – was uns verpflichtet, die inzwischen breite Palette an Futtertieren auch zu nutzen.
In der Natur ist der Tisch selten so reichlich gedeckt, daß die Tiere wählerisch bei der Nahrungsaufnahme sein können; vielmehr müssen sie jede Gelegenheit, zu fressen, wahrnehmen. Und Aufmerksamkeit erfordert auch der Kampf ums Überleben, denn die meisten Räuber werden ihrerseits verfolgt. Da in unserer Obhut die Bedrohung durch Feinde meist entfällt und die vergitterte Welt recht arm an Aufregungen ist, kommt dem Reiz, den das Verfüttern lebender Tiere darstellt, zusätzlich eine wichtige psychologische Rolle zu.
Große Tiere überstehen zwar längere Fastenzeiten unbeschadet, sie gehören sogar häufig zum natürlichen Wechsel zwischen Überfluß und Mangel, aber kleine und junge Tiere brauchen regelmäßig Nahrung; sie verwenden daher mehr Zeit auf die Futtersuche. Tiergruppen und -arten zeigen unterschiedliche Gewohnheiten, wie sie ihrer Beute habhaft werden. Sie lauern ihr auf, wie zum Beispiel viele Fangschrecken sowie die Geier- und Fransenschildkröte. Viele verfolgen ihre Beute; dabei sind die

einen ständig auf Futtersuche unterwegs, wie Fische, und die anderen gehen zu bestimmten Zeiten auf Futtersuche, dazu gehören beispielsweise Fledermäuse, Eidechsen und Schlangen. Klima, Paarungszeit und Trächtigkeit beeinflussen die Nahrungsaufnahme im Laufe eines Jahres.
Zum Glück sind viele Vivarientiere ziemlich anpassungsfähig und nehmen verschiedenartige Ersatznahrung an. Man denke nur an die vielen Trocken- und Flockenfuttersorten, die dem Aquarianer zur Verfügung stehen. Es soll hier auch keineswegs der Griff in die Futterdose verteufelt oder der Wert selbst zubereiteter Futtermischungen, etwa des Gelatinefutters, herabgesetzt werden, da sich manche Fische, Frösche, Schildkröten und Echsen damit ausgezeichnet verpflegen lassen. Nur: Zuchterfolge setzen bei den allermeisten Tieren das Füttern mit Lebendfutter voraus, und es gibt genug „unerziehbare“ Vivarientiere, die ausschließlich lebendes oder auch kurz zuvor abgetötetes Futter annehmen.

Fang, Kauf und eigene Zucht

Fang, Kauf und eigene Zucht sind die drei wichtigsten Möglichkeiten, Lebendfutter zu bekommen. Im allgemeinen wird der Vivarianer von allen drei Möglichkeiten Gebrauch machen und sie sinnvoll aufeinander abstimmen. Je nach Jahreszeit, Anzahl der Pfleglinge, Freizeit, Platz und Geldmittel überwiegt die eine oder andere.
Der Fang von Lebendfutter ist in anderen Büchern ausführlich beschrieben worden, so daß dieser Hinweis hier genügen soll.
Zoofachgeschäfte bieten selten mehr an als Mehlwürmer, Schmeißfliegen-Maden, Tubifex und Wasserflöhe. Die Zahl der Spezialzüchter aber hat in letzter Zeit stark zugenommen, so daß man fast alle in diesem Buch beschriebenen Futtertiere auch kaufen kann. Wir wollen nicht vergessen, daß man ja auch für die eigene Futtertierzucht einen Zuchtansatz benötigt und nicht immer befreundete Vivarianer aushelfen können. Ebenso kann die eigene Produktion nicht ausreichen oder eine Zucht völlig zusammenbrechen, so daß die Möglichkeit, Futtertiere kaufen zu können, recht beruhigend ist; im Anhang (s. S. 169) dieses Buches sind Bezugsquellen für Lebendfutter aufgeführt.
Die eigene Zucht schließlich bildet jedoch die sicherste Grundlage zur Versorgung der Vivarientiere mit Lebendfutter. Zugleich ist sie der Ausgangspunkt für einen „Futter-Ringtausch“, in dem sich Vivarienfreunde gegenseitig über ihre Futtertierzuchten absprechen und regelmäßig oder je nach Bedarf Futtertiere abgeben. Vorteilhaft dabei ist, daß man sich auf ein bis zwei Zuchten spezialisiert und trotzdem seine Tiere abwechslungsreich füttern kann. Allerdings setzt dieses Vorhaben voraus, daß man in der Nähe wohnt, Tiere mit ähnlichen Ansprüchen an die Nahrung pflegt und den guten Willen zur Zusammenarbeit mitbringt.

Das Verfüttern des Lebendfutters

Der wichtigste Punkt, den wir beim Verfüttern von lebenden Tieren beachten müssen, ist deren guter Ernährungszustand. Deshalb suchen wir unter den größeren Insekten, wie Schaben und Grillen, pralle vollgefressene Tiere aus, die kurz vor einer Häutung stehen, sofern es sich um Larven handelt. Insekten mit vollständiger Verwandlung, wie die Fliegenarten, ernährt man nach dem Schlupf aus der Puppe mindestens drei, besser fünf bis acht Tage lang. Weibchen haben dann bereits Eier angesetzt und sind besonders wertvoll als Nah-

rung. Andere Tiere, wie Grindalwürmchen, Schnecken und Wasserflöhe, entnimmt man mehrere Stunden nach einer Futtergabe. Kaufen wir Zuchtansätze und Futterportionen in Zoofachgeschäften oder von Züchtern, sind die Tiere durch den Transport oder weniger günstige Haltungsbedingungen häufig ausgehungert. Deshalb füttert man sie erst an, bevor sie ihrerseits verfüttert werden.
Futtertiere, hauptsächlich Insekten, eignen sich besonders gut als Träger für Vitamine und Mineralstoffe in Pulverform. Korvimin ZVT (erhältlich bei Tierärzten) ist zur Zeit das Mittel der Wahl. Kurz vor dem Verfüttern schüttelt man die Insekten mit einer kleinen Menge Pulver durch. Auch Kalk-Präparate lassen sich auf diese Weise gut verabreichen. Calcipot D_3, Kalzan (Apotheke) und eine Mischung aus Schlämmkreide (Drogerie) und Vitakalk (Zoofachhandel) im Verhältnis 1:1 (nach W. Minuth, mündl. Mitteilung) seien als Beispiele genannt.
Alle Mühe, vollgefressene Futtertiere zu reichen, nützt wenig, wenn unsere Pfleglinge keinen Hunger haben und die angebotenen Happen stundenlang oder tagelang im Vivarienbehälter bleiben. Deshalb wartet man am besten ab, bis die Pfleglinge auch wirklich hungrig sind; zu den natürlichen Freßzeiten stürzen sie sich höchstwahrscheinlich sofort auf die angebotenen Beutetiere. Im günstigsten Fall bietet man so viel Futter, wie die Tiere in kürzester Zeit fressen, und beobachtet sie dabei. Die Vorteile liegen auf der Hand: Wir haben eine gute Übersicht, ob alle Pfleglinge fressen und sich gesund und kräftig zeigen. Schwächeren und kleineren Tieren können wir gezielt Futter hinwerfen und die ewig hungrigen etwas bremsen. Das Wasser in Aquarien bleibt unbelastet, Terrarieneinrichtungen bleiben unangeknabbert, unsere Tiere aufmerksam und lebhaft.
Daß das kontrollierte Füttern nicht immer so reibungslos klappt, liegt zum einen an den Tieren und zum anderen an uns selbst. Viele Tiere, vor allem Neuzugänge, sind so scheu, daß sie nur bei völliger Ruhe fressen. Um sie nicht zu stören, gibt man die Futterration in den Behälter kurz vor ihrer Aktivitätszeit und vermutlichen Freßzeit. Viele Vivarianer sind berufstätig; so fehlt oft die Zeit, die Pfleglinge eingehend zu betreuen. Dann sollte man versuchen, an den Wochenenden nachzuholen, was unter der Woche zu kurz kam. Kontrolliertes Füttern soll aber keinesfalls heißen, daß wir unseren Tieren das Futter vor die Nase halten, so daß sie wie im Schlaraffenland nur noch zuzuschnappen brauchen. Denn die Futtersuche und das Erjagen von Beutetieren spielen im Leben eines Fisches, Vogels, Reptils, Amphibiums, Säugers oder Insekts eine so bedeutende Rolle und nehmen so viel Zeit in Anspruch, daß wir diesen Reiz unbedingt erhalten müssen. Wir möchten ja lebhafte, kraftvolle Tiere pflegen, die sich sichtlich wohlfühlen. Da auch in der Natur meistens Futter nicht gleichmäßig zur Verfügung steht, verteilt man die Portionen ungleich: einmal häufiger kleine Beutetiere, dann seltener große, gelegentlich so viel, wie die Bäuche verkraften, dann nur Appetithäppchen. Selbstverständlich ist dieser Rahmen von Tierart zu Tierart verschieden. Einem Waran kann man eine Fastenzeit von bis zu 3 Wochen zumuten, während Jungfische bereits einen Fastentag kaum überstehen. Die Größe der Beutetiere ist so zu bemessen, daß sie bewältigt werden können, wenn auch manchmal nur mit Mühe. Bestehen darüber Zweifel, beobachtet man die Pfleglinge und greift notfalls ein. Gerade Jungtieren kann Futter, das sie nicht verschlingen können, gefährlich werden – dann nämlich, wenn die Beute zum Jäger wird. Erinnert sei an Cyclops, der Jungfische anfällt, und er-

wähnt sei der Fall eines kleinen Taggeckos, den eine Heuschrecke, vielleicht auch eine Spinne, am Kopf tödlich verletzte. Wenn freilaufende Futtertiere im Vivarium Nahrung finden, läßt sich diese Gefahr herabsetzen. Tags aktive Pfleglinge sind durch nachts aktive Futtertiere besonders bedroht. Hier ist es wichtig, daß man ihnen, – zum Beispiel Heimchen, Grillen und Mäusen – über Nacht etwas zu fressen hinlegt, falls man sie am Abend nicht mehr herausfangen kann. Vorbeugen – durch kontrolliertes Füttern – ist besser als ein böses Erwachen!

Wie bietet man nun die Beutetiere an? Wir können – wie so oft – zwischen mehreren Möglichkeiten wählen. Für die Tiere ist es am anregendsten und natürlichsten, wenn sie ihr Futter suchen und vor allem erjagen müssen. Wir schütten es dazu in kleinen Portionen ins Aquarium oder Terrarium. Ist das Terrarium sehr groß und dicht bepflanzt, finden die Futtertiere zu rasch einen Unterschlupf und werden dadurch fast unerreichbar. In diesem Fall, sowie für Vögel und Säuger, empfiehlt sich das Füttern aus einer Schale oder der Hand und von einer Pinzette, Zange oder Nadel.

Die Schale soll aus glattem, undurchsichtigem Material bestehen und einen genügend hohen Rand aufweisen, damit Mehlwürmer und andere Larven nicht darüberklettern können. Glasschalen sind nur geeignet, wenn man sie in den Bodengrund eingräbt, sonst stoßen die Vivarientiere häufig von der Seite dagegen und begreifen nicht, daß sie das Futtertier zwar sehen, aber nicht packen können. Den Durchmesser wählt man nicht zu klein und gibt der Schale einen festen Stand. Da vor allem der berufstätige Vivarianer auf diese Weise Futter anbietet und den Napf morgens ins Terrarium stellt, sollte er nicht versäumen, auch die Futtertiere mit etwas Nahrung zu versorgen.

Eingewöhnte Tiere kann man dazu bringen, ihre Beute von der Pinzette, Zange, Nadel oder aus der Hand zu nehmen; letzteres aber bitte nur, wenn man keine schlimmen Bißwunden zu befürchten hat! Die Pinzetten aus Holz, Kunststoff oder Metall und die Metallzange müssen abgerundete Spitzen aufweisen. Trotzdem sollten die Vivarientiere nicht darauf beißen, wenn sie die Beute schnappen, sonst besteht die Gefahr von Kieferverletzungen. Insekten packt man entweder an den Flügeln oder mindestens an zwei Beinen; Heuschrecken, Grillen und Heimchen immer an beiden Hinterbeinen, sonst reißen sie sich sehr leicht los. Unauffälliger, und deshalb auch für scheue Tiere zweckmäßig, lassen sich Futtertiere auf einen Draht gespießt – nicht durchgespießt – anbieten. Gut eignen sich, da sie federnd sind, ein längerer Stahldraht von der Dicke etwa eines Büroklammer-Drahtes sowie (Schulte, 1980) die Ader eines elektrischen Kabels, deren Kupferdrähtchen man an einem Ende freilegt und dort die Happen aufsteckt. Als Futternadel befestigt man ein etwa spannenlanges Drahtstück an einem Holzstab. Gesamtlänge und Stärke von Nadel oder Draht richten sich nach der Größe der Futtertiere. Haben unsere Pfleglinge die Beute gepackt, ziehen wir Nadel oder Draht vorsichtig zurück.

Weitere Hinweise finden sich bei den einzelnen Futtertieren. Für spezielle Fragen zur Fütterung der Vivarientiere sei auf die Literatur über ihre Haltung verwiesen.

Futtertiere und Artenschutz

Auch wenn dieses Buch sich ausschließlich mit Anleitungen zum Züchten von Futtertieren befaßt, so muß dennoch auch auf den Schutz der einheimischen Tiere eingegangen werden.

Die Bundesartenschutzverordnung, die Verordnung über besonders geschützte Arten wildlebender Tiere und wildwachsender Pflanzen, trat am 25. August 1980 in Kraft. Demnach sind in der Bundesrepublik Deutschland nahezu alle europäischen Amphibien und Reptilien vom Aussterben bedroht, die restlichen sind unter besonderen Schutz gestellt; das heißt, man darf weder lebende noch tote europäische Amphibien und Reptilien besitzen. Davon ausgenommen sind nur Tiere, die schon vor dem 25. August 1980 in unsere Obhut gelangt sind oder die nachweislich in Gefangenschaft gezüchtet wurden.

Wer für seine Pfleglinge Futterechsen, -schlangen oder -frösche braucht, muß auf außereuropäische, häufig vorkommende Arten zurückgreifen oder sie selbst züchten. Dennoch möchten wir niemanden dazu ermuntern, Tiere zu halten, die sich ausschließlich oder vorwiegend von Fröschen, Molchen, Echsen oder Schlangen ernähren und Ersatzfutter nicht annehmen. Die Futterbeschaffung bleibt immer problematisch und stürzt jeden Terrarianer in einen Zwiespalt – soll er doch Tiere verfüttern, denen er sonst Interesse und Zuneigung entgegenbringt.

Auch eine Reihe von Insekten ist geschützt. Wichtig ist für uns, daß dazu *Calliptamus ilaticus,* die Italienische Wanderheuschrecke, und andere Heuschrecken gehören, ebenso viele Schmetterlinge und Käfer. Ferner sei darauf hingewiesen, daß das Sammeln von Weinbergschnecken mit einem Gehäusedurchmesser unter 30 mm verboten ist. Das Sammeln größerer Weinbergschnecken kann in der Zeit vom 1. April bis 15. Juni eines jeden Jahres erlaubt werden. Im gleichen Gebiet ist das Sammeln frühestens nach drei Jahren wieder zulässig. Darüber entscheiden die einzelnen Bundesländer durch besondere Regelungen.

Inzwischen sind in verschiedenen Bundesländern Landesartenschutzverordnungen in Kraft getreten, die in einigen Punkten voneinander abweichen. In welcher Hinsicht sich die einzelnen Verordnungen unterscheiden und inwiefern Ausnahmegenehmigungen möglich sind, läßt sich zur Zeit noch nicht überblicken. In Zweifelsfällen raten wir, sich an die zuständige Dienststelle zu wenden, entweder an das damit befaßte Ministerium oder die untere Naturschutzbehörde.

Das Bundesministerium für Umwelt, Naturschutz und Reaktor-Sicherheit (früher: Landwirtschaft, Ernährung und Forsten) vertrat als oberste Behörde für die Belange des Washingtoner Artenschutzübereinkommens ursprünglich den Standpunkt, daß Artenschutz vor EG-Freizügigkeit zu gehen hat. Nun liegt den Zollbehörden eine Anweisung vor, nach der der Handel mit geschützten Tieren zwischen Staaten der Europäischen Gemeinschaft dann frei ist, wenn die CITES-Bescheinigungen (Convention of International Trade of Endangered Species) vorliegen. Da bei solchen Bestimmungen immer wieder Änderungen möglich sind, sei auf jeden Fall trotzdem angeraten, vor einem grenzüberschreitenden Transport die Rechtslage bei der zuständigen Zollbehörde zu erfragen, der die Kontrolle der Artenschutzbestimmung obliegt.

Die eigene Futtertierzucht

Kriterien für eine eigene Zucht

Auf den ersten Blick erscheint es unnötig, Futtertiere selbst zu züchten. Bekommt man doch, wie gesagt, im Zoofachgeschäft oder vom Züchter sogar im Abonnement recht bequem allerlei Lebendfutter und kann dies durch Wiesenplankton und Tümpelfutter ergänzen. So einfach ist es jedoch in den meisten Fällen nicht.

Wie schon erwähnt, ist selbstgefangenes Lebendfutter ausgezeichnet, wenn es von Stellen stammt, die weder durch Insektizide noch andere Gifte verseucht sind, sonst bringt es den Vivarientieren statt vitamin- und spurenelementreicher Aufbaunahrung Krankheit oder gar den Tod. Wenige Vivarianer können außerdem gleich vom Haus weg auf Fang gehen, die meisten müssen längere Anfahrtsstrecken in Kauf nehmen. Es wird dann für manchen zur Zeit- und Preisfrage, ob er sich häufige Tümpelfahrten erlauben kann. Hinzu kommt, daß Wildfutter – genauso wie gezüchtetes Lebendfutter – möglichst schnell verfüttert werden sollte, da es sonst rasch an Nährwert verliert. Wildfutter ist zudem Saisonfutter und bedarf deshalb der Ergänzung durch gezüchtete Futtertiere.

Das im Handel angebotene Lebendfutter genügt leider nicht immer unseren Ansprüchen, so daß man sich ärgert, Geld auszugeben und doch nicht die Futtertiere in der benötigten Qualität zu erhalten. Andere Schwierigkeiten können noch entstehen, wenn zum Beispiel die angebotenen Portionen nicht unserem Bedarf entsprechen. Was fängt man mit einem Viertelliter Fliegenmaden an, wenn man nur zwei Laubfrösche pflegt? Und auch bei Berufszüchtern gibt es gelegentlich Lieferschwierigkeiten. Im Winter besteht außerdem beim Versand von Lebendfutter ein großer Unsicherheitsfaktor: das Wetter. Wie oft ist es nicht schon vorgekommen, daß bei Frost alle Heimchen tot ankamen?

Durch eigene Futterzuchten sind wir weitgehend unabhängig und haben bei geschickter Planung immer gesundes, einwandfreies Lebendfutter. Da man ja auch zur Aufbewahrung gekaufter Futtertiere geeignete Behälter braucht, ist es von der Haltung zur Zucht ohnehin nur ein kleiner Schritt.

Die meisten Vivarianer schrecken wohl vor der Arbeit zurück, die eine eigene Zucht macht. Es wäre auch wirklich falsch zu behaupten, daß sich Stubenfliegen und Salinenkrebschen von allein vermehren. Genauso falsch wäre es aber anzunehmen, daß eine eigene Futtertierzucht so viel Arbeit macht, daß der Vivarianer sie nicht bewältigen kann. Zweckmäßige Behälter und praktische Hilfsmittel erleichtern die Zucht beträchtlich. Die notwendigen Handgriffe erlernt man schnell, und nach einiger Zeit bekommt man so viel Übung, daß alles wie am Schnürchen klappt. Schließlich fragt man sich, weshalb man so lange gezögert hat, Futtertiere selbst zu züchten.

Allerdings wird sich der Vivarianer auch die Frage stellen, ob es sich für ihn in jedem Fall lohnt, eine Futtertierzucht zu betreiben. Die Antwort darauf hängt von so vielen Faktoren ab, daß man sie nicht allgemein beantworten kann.

Ein Tierfreund, der viel Freizeit hat, wird sich leichter für eine Zucht entscheiden, auch wenn er nur wenige Tiere hält, und er wird sich eher mit einer arbeitsaufwendigeren Zucht abgeben, als der beruflich stark eingespannte Vivarianer. Generationenfolge und Produktivität einer Zucht sind wichtige Kriterien; für den Terrarianer, der zwei Wasserschildkröten hält, lohnt sich beispielsweise eine Regenwurmzucht, für denjenigen, der zwei Eidechsen hält, jedoch keine Heuschreckenzucht. Ein Vivarianer, der jedem Futtertier mißtraut, das nicht aus eigener Zucht stammt, wird dagegen möglichst viele Zuchten anlegen.

Doch bereits beim Planen einer Futtertierzucht sollte sich der Pfleger von Vivarientieren vergewissern, daß dadurch der häusliche Frieden erhalten bleibt. Denn es bedeutet ein seltenes Glück, wenn eine ganze

Familie vorbehaltlos begeistert von Tieren ist. Muß man schon gelegentlich die eigene Trägheit überwinden, so bringen Familienmitglieder unserer Liebhaberei erst recht nicht immer Verständnis entgegen. Da nur in den seltensten Fällen für die Futterzuchten ein von der Wohnung völlig abgetrennter Bereich zur Verfügung stehen wird, ist man auf den guten Willen und die Toleranz des Ehepartners, der Eltern oder Kinder angewiesen. Auch wir sollten Verständnis dafür aufbringen, daß nicht jedermann Regenwürmern und Mäusen sympathische Seiten abgewinnen kann.

Futterzuchten benötigen ihren Platz und lassen sich nicht ganz verheimlichen, sei es durch ihre Größe, Geräusche oder Gerüche. Trotz größter Sorgfalt schwirren gelegentlich Fliegen umher oder Heuschrecken hüpfen über den Teppich. Futtermischungen wird man in der Küche zubereiten. Im Kühl- und Gefrierschrank braucht man etwas Platz, und für Reinigungsarbeiten muß man Spültisch und Badewanne benutzen.

Machen wir dies alles uns selbst und der Familie vorher klar, damit wir an unserer fesselnden und lehrreichen Liebhaberei für lange Zeit ungetrübte Freude haben!

Wer an der Futtertierzucht Gefallen findet, genügend Platz und etwas kaufmännisches Talent hat, wird vielleicht erwägen, eine oder mehrere Zuchten zum Nebenerwerb oder sogar zum Haupterwerb auszubauen. Wer einwandfreie Ware liefert, dürfte im allgemeinen keine Absatzschwierigkeiten kennen.

Zeitlicher und materieller Aufwand

Das Versorgen der Zuchten ist natürlich mit einem gewissen Zeitaufwand verbunden. Pro Zucht und Tag muß man durchschnittlich 10 Minuten veranschlagen, bei umfangreicheren Zuchten 15–30 Minuten. Geht auch das Füttern schnell von der Hand, für Umsetzen und Reinigung brauchen wir mehr Zeit. Zudem sind Kontrollen nötig, etwa ob genügend Nachwuchs vorhanden ist oder Milbenbefall und Krankheiten Gegenmaßnahmen erfordern. Vielleicht macht es uns sogar einfach Spaß, Schaben beim Liebeswerben, Wasserflöhe beim Hüpfen und Heimchen beim Fressen zu beobachten!

Bedenken wir stets, daß nur Futtertiere in optimalem Ernährungszustand unsere Ansprüche erfüllen können. Sie sollen sich selbst möglichst gut vermehren und unseren Pfleglingen alle nötigen Nährstoffe samt Spurenelementen und Vitaminen liefern. Deshalb sollte man seine Futtertiere niemals vernachlässigen und ihnen regelmäßig zu fressen geben. Je nach Art und Besatz ist dies einmal täglich bis einmal wöchentlich erforderlich. Kleinere Gaben in kürzeren Zeitabständen bringen mehr Erfolg als größere in weiteren Abständen.

Die Grundausrüstung für die einzelnen Zuchten ist sehr unterschiedlich und die Auswahl an Behältern recht groß, so daß man die Anschaffungskosten der Dicke des Geldbeutels anpassen kann. Mit etwas handwerklichem Geschick läßt sich auch manches Zubehör selbst herstellen; dies kostet natürlich weniger als gekauftes. Nähere Angaben über Behälter, technische Einrichtungen und Zubehör finden sich bei den einzelnen Zuchtbeschreibungen. Die Behältermaße sind dort jeweils in der Reihenfolge Länge × Breite × Höhe angegeben.

Die rechtliche Seite

Bevor man sich eine Futterzucht zulegt, sollte man überlegen, ob dies, falls man Mieter ist, im Rahmen des Mietvertrages

möglich ist, oder, wenn man Wohnungs- oder Grundstückseigentümer ist, die Nachbarn beeinträchtigen könnte.
In dieser Hinsicht ist beispielsweise die Zucht von Heuschrecken problemlos. Grillen stören dagegen mit Sicherheit durch ihr lautes Zirpen, Mäuse belästigen durch ihren Geruch und ausgekommene Wachsmotten oder deren Larven beschädigen Tapeten, Bilder und Möbel. Entwichene Schaben können sich in einem alten Haus derart ausbreiten, daß man ihrer nicht mehr Herr wird.
Auch unabhängig von der rechtlichen Seite sollte man bei jeglicher Tierhaltung an seine Mitmenschen denken und auf sie Rücksicht nehmen.
Rechtliche Fragen und Probleme, die beim Züchten von Futtertieren entstehen können, haben bisher nur wenig Niederschlag in der Rechtsliteratur gefunden. Ein im Mietvertrag ausgesprochenes Verbot der Tierhaltung gemeinhin wird nicht so ausgelegt werden dürfen, daß damit die Haltung eines Kanarienvogels oder einer kleineren Futterzucht, die niemanden stören kann, verboten ist. Eine umfangreichere gewerbsmäßig betriebene Insektenzucht in einem Teil der Wohnung dürfte jedoch gegen mietvertragliche Bestimmungen verstoßen, da die Mietsache im allgemeinen ausschließlich für Wohnzwecke vermietet ist. Man wird aber davon ausgehen können, daß eine Futtertierhaltung und -zucht, die der Versorgung der eigenen Tiere dient, dann nicht beanstandet werden kann, wenn sie einen bestimmten Umfang nicht überschreitet und zu keiner erhöhten Abnützung der Mieträume führt und auch die Nachbarn in keiner Weise belästigt sind. Dabei muß man besonders darauf achten, daß bei der Zucht und Haltung von einigen Schabenarten durch „Flüchtlinge“ die große Gefahr einer Verseuchung, auch über die eigene Wohnung hinaus besteht.
Es muß deshalb dringend davon abgeraten werden, sich mit solchen Zuchten abzugeben, zumal es vorzüglichen Ersatz gibt (s. auch S. 71). In geringerem Maße ist die Gefahr einer Verseuchung für das Heimchen *(Acheta domesticus)* gegeben, das sich aber leichter unter Kontrolle halten läßt.
Haben Schaben oder anderes Ungeziefer eine Wohnung verseucht, besteht nach den Bestimmungen des Einheits-Mietvertrags die Verpflichtung, dies dem Vermieter anzuzeigen. Er hat sodann einen berechtigten Grund, das Mietverhältnis zu kündigen. Außerdem sind in einem solchen Fall die Kosten für die Entwesung – die Dienste des Kammerjägers – und die Mietausfallkosten als Schadenersatz zu bezahlen. Wird darüber hinaus eine fremde Wohnung durch Ungeziefer heimgesucht, das aus der Futtertierzucht entstammt, so kann auch diesbezüglich eine Schadenersatzverpflichtung entstehen, die den Ausgleich des angerichteten Schadens zum Gegenstand hat.
Dies bedeutet, daß aus Futterzuchten entwichene Insekten, in diesem Fall als Ungeziefer zu bezeichnen, zu schwerwiegenden Problemen führen können und man die äußersten Vorsichtsmaßnahmen treffen muß, falls es unumgänglich erscheint, solche „gefährlichen“ Tiere zu halten.
Diese Gefahr ist bei solchen Tieren etwas geringer, deren Zucht von vornherein höhere Temperaturen erfordert, da sie aus anderen Klimaten stammen. Aber auch diese Regel trifft nicht immer zu. Man denke nur an früher mit Schiffen nach Hamburg eingeschleppte Termitenarten, die sich offensichtlich rasch an das rauhere Klima in Hamburg akklimatisiert und beträchtliche Schäden in Holzbalkenhäusern verursacht haben.

Der Aufbau einer eigenen Zucht

In erster Linie richtet sich die Wahl des Lebendfutters, das man züchten möchte, nach den Tieren, die man hält. Aber auch persönliche Dinge, wie Zeit, Unterbringungsmöglichkeit, Abneigung gegen gewisse Futtertiere und nicht zuletzt Anfälligkeit für Allergien, bestimmen die Entscheidung. Einzelne Tierarten können bei empfindlichen Personen allergischen Schnupfen oder Asthma auslösen. Dies trifft unseres Wissens nach auf Schaben, Wanderheuschrecken, Mehlkäfer, Mäuse und Ratten zu. Ebenso wird man kaum solches Futter züchten, das man auf andere Weise einfacher bekommt, wie beispielsweise Wasserflöhe aus einem nahegelegenen Teich oder Mehlwürmer aus einem Zoofachgeschäft. Vorteilhaft ist es, wenn möglichst viele unserer Pfleglinge das selbstgezüchtete Futter mögen, damit sich die Arbeit auch lohnt. Gar nicht abwegig erscheint es daher, sich die Vivarientiere nach ihrer Ernährungsweise auszuwählen.

Will man mehrere Futtertierarten züchten, sucht man sich solche Tiere aus, die möglichst unterschiedliche Ansprüche an die Nahrung stellen. So wird auch die Ernährung der Vivarientiere vielseitiger. Als Beispiele seien genannt: Wasserflöhe + Grindalwürmchen (+ Taufliegen); Heimchen + Stubenfliegen (+ Wachsmotten); Schaben + Wanderheuschrecken (+ Grillen oder Mäuse).

Woher erhält man nun die gewünschten Zuchtansätze? Meist wird man zuerst bei anderen Vivarianern nachfragen und einen Ansatz erbitten. Sonst fängt, ködert oder sammelt man im Freien, und einen Großteil der Futtertiere kann man bei Züchtern kaufen. Hinweise dazu stehen jeweils bei den einzelnen Zuchtanleitungen und im Bezugsquellenverzeichnis im Anhang.

Wie groß muß ich eine Futterzucht anlegen, damit ich meine Tiere ausreichend versorgen kann? Diese Frage stellt sich jedem zu Beginn. Ganz einfach ist sie nicht zu beantworten. Man könnte so vorgehen: Bevor man sich seine Tiere zulegt, erkundigt man sich bei einem erfahrenen Vivarianer nach ihrem täglichen oder wöchentlichen Futterbedarf. In der Literatur finden sich darüber nur wenige Hinweise, er hängt ja auch stark vom Alter, Ernährungszustand und einer möglichen Trächtigkeit ab. Zusammen mit den Angaben über die Vermehrung, die bei den einzelnen Futtertierarten genannt sind, läßt sich überschlagen, wie viel Futter wir pro Tier und Tag oder Woche „produzieren“ müssen. Sicherheitshalber wird man einen etwas größeren Ansatz wählen. Den Überschuß kann man für Notzeiten einfrieren oder mit ihm anderen Vivarianern aushelfen. So manches Mal läuft eine Zucht nicht wie gewünscht, sei es, daß wir etwas falsch machen, oder einfach deshalb, weil Tiere keine Maschinen sind, die immer so funktionieren, wie wir das möchten. Sicherer und günstiger ist es daher, wenigstens zwei verschiedene Futterarten zu züchten. Zum einen lieben alle Tiere Abwechslung, und zum anderen kann man Engpässe besser ausgleichen.

Erwarten unsere Pfleglinge Nachwuchs, müssen wir rechtzeitig entsprechende Zuchten anlegen oder ausbauen. Da sowohl die Entwicklungszeiten der Futtertiere bekannt sind als auch die der meisten Vivarientiere von Laichansatz, Paarung oder Eiablage an bis zu Freischwimmen, Geburt oder Schlüpfen, kann man in Ruhe Vorsorge treffen. Problematisch kann unerwarteter Nachwuchs werden, vor allem bei lebendgebärenden Reptilien. So manches als Männchen gekaufte Tier brachte zur späteren Überraschung quicklebendige Jungtiere zur Welt! In diesem Fall dürfen wir froh sein, wenn Bekannte über die er-

sten kritischen Tage hinweghelfen, bis die sofort beim Züchter bestellten Futtertiere eintreffen und dann die eigenen Zuchten auf Hochtouren laufen.
Es sei nicht verschwiegen, daß auch mit viel Planung ein ausgewogenes Verhältnis zwischen Futterangebot und Nachfrage schwierig herzustellen ist. Möglichst gleichbleibende Zuchtbedingungen, Fingerspitzengefühl und Erfahrung gehören ebenfalls dazu.
Alle im folgenden Text beschriebenen Futtertiere, außer den Mäusen und Ratten, sind wechselwarme Tiere. Daher hängt die Generationenfolge von der Temperatur ab, bei der wir die Zuchten halten: höhere Temperaturen bewirken eine kürzere Entwicklungszeit als niedrigere. Es liegt also nahe, diese Tatsache für das mengenmäßige Steuern der Zucht auszunutzen. Bei den einzelnen Zuchten sind die Temperaturspannen angegeben, bei denen sich die Futtertiere vermehren. Wählen wir zu Beginn den mittleren Bereich, können wir jeweils durch Absenken oder Erhöhen der Temperatur die Vermehrung entscheidend beeinflussen.
Den Einfluß der Temperatur auf die Lebensvorgänge der Futtertiere können wir aber auch ausnutzen, wenn wir zu viel Lebendfutter haben, eine Zucht für eine bestimmte Zeit nicht benötigen oder längere Zeit nicht zu Hause sind. Im Kühlschrank halten es eine Reihe von Futtertieren eine gewisse Zeit lang gut aus. Man kann die Tiere zwar rasch, innerhalb eines Tages abkühlen, sollte sie aber langsam, 2–3 Tage lang, wieder auf die übliche Zuchttemperatur bringen. Ein Camping-Kühlschrank von 30–40 l Inhalt ist gut geeignet, er beansprucht wenig Platz, ist preiswert und verhindert, daß der Haussegen schief hängt; Futtertiere sind zwar nichts Unappetitliches, aber nicht jeder stellt sie gern neben Lebensmittel.

Die Ernährung der Futtertiere

Schon in der Einleitung haben wir darauf hingewiesen, daß es keineswegs gleichgültig ist, womit wir unsere Zuchttiere füttern. Wählen wir stets nach dem Motto aus: „Das Beste ist gerade gut genug!“ Neben Spezial-Futtermitteln erfüllen hochwertige Lebensmittel diese Forderung: Bierhefe, Milchpulver, Weizenkeime, Sojamehl, Milch-Fertigbrei für Kinder (wie z. B. von Alete, Aponti, Milupa), Vitaminsäfte für Kinder (etwa Multi-Sanostol, Omnival, Tetravitol) und andere mehr.
Unbedingt – man kann es gar nicht oft genug wiederholen – müssen Blätter, Salate, Obst und Gemüse frei von Schädlingsbekämpfungsmitteln sein. Vor allem für Insekten, die ja den größten Teil der Futtertiere stellen, wirken gespritztes Grünzeug und Früchte mit Spuren von Insektiziden tödlich. Wer Heuschrecken züchtet und im Winter Endiviensalat füttert, erlebt immer wieder böse Überraschungen. Sammelt man Wildkräuter, meidet man solche, die am Straßenrand wachsen; je breiter und befahrener die Straße, desto größeren Abstand sollte man zu ihr halten (etwa 200 m zu Autobahnen und etwa 100 m zu Bundesstraßen), denn diese Pflanzen weisen einen sehr hohen Anteil an giftigen Schwermetallen auf. Vorsicht heißt es auf Obstwiesen und in Weinbergen, ob die Bäume oder Reben nicht gerade gespritzt wurden. Am sichersten ist es, sich im Garten Futterpflanzen anzubauen und für Heuschrecken Keimweizen heranzuziehen (s. S. 100). Auf Brachland, Wiesen und im Wald kann man im allgemeinen ebenfalls unbesorgt sammeln.
Ganz besonders wichtig ist es, frisches Feuchtfutter ohne Schimmel- und Faulstellen zu verwenden. Darmstörungen, die in schlimmen Fällen zum Tode führen, sind die unausweichliche Folge. Sorgfältig

schneidet oder zupft man alle verdächtigen Stellen ab. Gründliches Waschen entfernt Schmutz, Ungeziefer und anhaftende Reste von Insektiziden. Kurz gesagt, richten wir alles so sauber her, daß wir es selbst essen könnten.
Allgemein bekannt ist sicherlich, daß alle Wirbeltiere zum Aufbau ihres Skeletts und der Muskulatur ausreichende Mengen an Calcium und Phosphor bei gleichzeitiger Vitamin D-Zufuhr benötigen. Für den Stoffwechsel sind noch weitere Mineralien (Spurenelemente) und eine Reihe von Vitaminen unerläßlich.
Deshalb ernährt man die Futtertiere möglichst mineralstoffreich und auch mit Vitaminen. Allerdings sind Vitamine sehr empfindlich und werden durch die Einwirkung von höheren Temperaturen, Licht und Luftsauerstoff angegriffen und schließlich zerstört. Deshalb erscheint es sinnvoll, sie zumindest teilweise den Pfleglingen unmittelbar zugute kommen zu lassen. Man sollte sich dabei jedoch vor einem Zuviel mindestens ebenso hüten wie vor einem Zuwenig; Übervitaminosen rufen ein ähnliches Krankheitsbild hervor wie Untervitaminosen. Da noch kaum genaue Angaben über den Vitaminbedarf unserer Vivarientiere bekannt sind, muß man vorsichtig dosieren und die Tiere laufend beobachten.
Die Mineralstoffversorgung von Jungtieren und trächtigen Weibchen ergänzt man ebenfalls durch direkte Gaben. Bei Landtieren ist es gebräuchlich, die Futtertiere unmittelbar vor dem Verfüttern in pulvrigen Kalk-Mineralstoff-Mischungen durchzuschütteln. Da die Insekten (um die es sich hauptsächlich handelt) durch Umherlaufen und Putzen schnell viel von ihrem „Paniermehl" verlieren, muß man darauf achten, daß die präparierten Happen sogleich aufgefressen werden. Bei Wassertieren löst man solche Mischungen auf und verteilt sie in ihrem Lebenselement. Auch Vitamine lassen sich auf diese Weise verabreichen.
Die Nahrung bietet man so an, daß die Futtertiere sie leicht aufnehmen können. Hefe schlämmt man auf, damit sie fein verteilt von Wasserflöhen und Salinenkrebsen rasch gefressen wird. Obst und Gemüse schneidet man auf und legt es so in den Behälter, daß die Insassen die Schnittflächen erreichen. Für die verschiedenen Käfer zum Beispiel kommt die angeschnittene Seite nach unten auf die Getreideschicht. Mit der Schnittfläche nach oben legt man das Futterstück für Grillen, Schaben und Schnecken auf den Behälterboden.
Bei Trockenfutter in Form von Pellets hängt es von deren Härte ab, ob man sie als Ganzes anbietet, zerbröselt oder gar in einer alten Kaffeemühle zermahlt. Auch unsere Futtertiere zeigen sich unterschiedlich empfindlich; so lieben frisch geschlüpfte Heimchen und Grillen feines Futter besonders.
Über den Nährwert gezüchteter Futtertiere liegen bisher noch kaum genaue Untersuchungen vor. Nur mit der Larve des Mehlkäfers und der Wachsmottenraupe hat man sich näher befaßt. Abhängig von der Herkunft, und dadurch wohl von der Ernährung, kommt man beim Mehlwurm zu unterschiedlichen Ergebnissen (Martin et al., 1976).

Hygiene und Futtertierzucht

So wie man gern die Diele als Visitenkarte der Wohnung bezeichnet, sind die Futterzuchten die Visitenkarte des Vivarianers. Zwei Dinge entscheiden über einen dauerhaften Erfolg: das regelmäßige pünktliche Füttern der Tiere mit hochwertiger Nahrung in einwandfreiem Zustand und das peinliche Sauberhalten aller Gegenstände.

Wenig ertragreiche Zuchten sind fast immer die Folge mangelnder Hygiene. Dadurch bedingt, können Schädlinge überhandnehmen, und oftmals sind dann Krankheiten bei den Zuchten nicht zu vermeiden. Kot und Futterreste sind ein Paradies für Milben, Bakterien und bei höherer Feuchtigkeit, für Schimmelpilze. Deshalb sollte man sich angewöhnen, Futterreste zu entfernen, bevor man frisches Futter gibt. In regelmäßigen Abständen, die sich nach der Größe der Zuchtgruppe richten, setzt man die Tiere in frisch eingerichtete Behälter um. Alle Geräte spült man in heißem Wasser mit Spülmittelzusatz so sauber wie das eigene Eßgeschirr. Anschließend braust man sie mit klarem Wasser gründlich ab. Keine scharfen Reinigungsmittel verwenden! Bleiben Spuren davon zurück, muß man bei empfindlichen Tieren, wie Wanderheuschrecken, mit Verlusten rechnen. Die Verwendung einer Bürste und eines Handtuchs, nur für die Zuchtbehälter, erscheint uns selbstverständlich. Mäuse- und Rattenkäfige desinfiziert man einmal monatlich, damit sich keine Seuchen und Krankheiten ausbreiten können. Keinesfalls desinfiziert man Behälter für Insekten, Plankton und Wasserflöhe, da diese Tiere selbst Spuren von Desinfektionsmitteln nicht vertragen. Aquarien für Plankton und Wasserflöhe bürstet man am besten nur mit klarem Wasser aus.

Die Zuchtanlage

Selbstverständlich hängt der Platzbedarf einer Futterzucht sowohl von der Größe der Tiere ab als auch von der Anzahl der Behälter. Drei Gläser mit *Drosophila* benötigen etwa 0,04 m^2, acht Rattenkäfige dagegen etwa 3 m^2! Dazu muß man noch Stauraum für Ersatzbehälter, Einrichtung und Futtermittel rechnen.

Gehen wir davon aus, daß sich in einer Etagenwohnung ein bis zwei mittelgroße Aquarien, Terrarien oder Käfige unterbringen lassen, so läßt sich auch für die nötigen Futterzuchten ein Platz finden. Mit 0,5–1,0 m^2 Stellfläche kommen wir auch für die reinen Lebendfutter-Fresser aus.

Wo stellt man die Futterzuchten am besten auf? Hierfür gibt es zahllose Möglichkeiten, die vom Wohnraum und dem Umfang der Zuchten abhängen. Fangen wir mit dem Beispiel der Etagenwohnung an. Vivarienbehälter stehen meist auf einem Schrank, Gestell, Regal oder ähnlichem. Der Raum darunter verbirgt allerlei Gerät und kann auch für Zuchtkäfige genutzt werden. Dabei können ein Vorschaltgerät, das nicht zur Erwärmung des Vivariums dient, oder eine Pumpe, die Wärme abgibt – beispielsweise eines Filters für Aquarien –, als Heizquelle mitbenutzt werden. Man achte nur bei luftgekühlten Geräten darauf, daß sie sich nicht zu stark erhitzen. Für Zuchten, die Temperaturschwankungen vertragen, wie Heimchen und Schaben, läßt sich während der Heizperiode die Wärme einer Zentralheizung oder eines Kachelofens ausnützen. Kleine, mühelos transportable Behälter aller Art kann man ziemlich hoch oder tief auf einem Schrank oder in einem Regal unterbringen; zum Versorgen und zur Futterentnahme trägt man sie dann an einen bequem erreichbaren Platz. Große Kästen mit eigener Heizung und/oder Beleuchtung stellt man so auf, daß sie sich ohne Verrenken bedienen lassen, sonst wird die Pflege bald lästig. Noch etwas sollten wir beachten: Niemals stelle man Zuchtbehälter so auf, daß die Sonne darauf scheint. Allzu rasch überhitzen sie sich.

Da sehr viele Zuchten bei Temperaturen zwischen 25° und 30°C am besten gedeihen und das Beheizen einzelner Zuchtbehälter viel Strom verbraucht, ist es wirtschaftli-

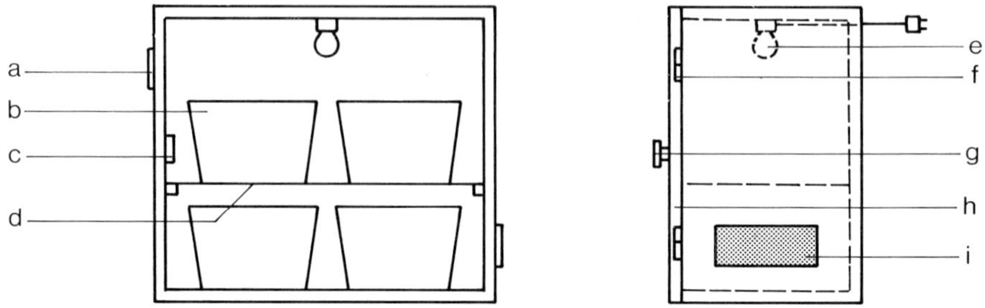

Abb. 1 Kasten für Zuchten, die trockene Luft vertragen; Vorder- und Seitenansicht. a) Lüftung links oben, b) Zuchtbehälter, c) Magnetschloß, d) Zwischenboden (Gitter), e) Fassung mit Elstein-Strahler und Anschlußkabel, f) Türscharnier, g) Türgriff, h) Tür, i) Lüftung rechts unten.

cher, mehrere Behälter gemeinsam unterzubringen. Je nach Umfang der Zuchten bauen wir uns einen Kasten oder Schrank. Für Futtertiere, die man bei höherer Luftfeuchtigkeit halten sollte, muß man den Zuchtraum wasserfest ausstatten oder kann einen Klimaschrank kaufen, der allerdings teuer ist.

Im folgenden sind die Anleitungen für den Bau eines trockenen Kastens (Abb. 1 und 2) gegeben, wie er unter anderem für Wachsmotten, Grillen und die Schabe *Blaptica dubia* verwendet werden kann, und eines Klimaschrankes (Abb. 3), beispielsweise für den Mehlkäfer und die Totenkopfschabe. Die Größe einer solchen Anlage richtet sich selbstverständlich nach Anzahl und Größe der Zuchtbehälter, deshalb fehlen Maßangaben. Bei der Planung sollte man nicht vergessen, Platz für wenigstens einen Reservebehälter vorzusehen.

Kasten für trockene Zuchten: Als Baumaterial verwendet man Span- oder Sperrholzplatten von 8–12 mm Stärke. Boden, Seitenteile, Rückwand und Deckbrett leimt und nagelt man zusammen. In die Seitenteile werden vorher Lüftungsschlitze gesägt und in das Deckbrett oder in eine Seitenwand Löcher für die elektrischen Zuleitungen gebohrt. Die Innenseiten des Kastens werden mit Styroporplatten isoliert; dabei sparen wir die Lüftungsschlitze aus oder sägen sie nach. Am Deckbrett oder an der Seitenwand befestigt man innen eine Porzellan- oder Metallfassung, die für eine Glühbirne von 150 W zugelassen ist, oder einen Elstein-Flächenstrahler. Um die Fassung herum schützen wir das Holz mit einer Brandschutzplatte (z. B. Promatect) oder einem Stück Mineralfaser-Dämmatte, in dicke Alu-Folie eingewickelt, vor Überhitzung. Dies erübrigt sich, wenn man in einem Kasten ab etwa 35 cm Höhe die Fassung bis zur Mitte herabhängen läßt. So erreicht man eine gleichmäßige Erwärmung, ebenso wenn die Fassung seitlich angebracht ist. Für alle Zuchten, die im Dunkeln gedeihen, wird ein Elstein-Strahler verwendet. Unmittelbar im Strahlungsbereich stellen wir keine Zuchten auf, sie würden sich zu stark erhitzen. Zur Sicherheit bringt man ein Blech an, das die Wärme ableiten soll. Als Arbeitslicht kann man noch eine Fassung mit einer Glühbirne anbringen. Für Zuchten, die hell stehen sollen, nimmt man eine Glühbirne oder baut zusätzlich zum Elstein-Strahler eine Leuchtstoffröhre ein. Die Wärme des Vorschaltgeräts nützt man ebenfalls aus.

Falls erforderlich, legt man auch einen Zwischenboden ein, nach dem Muster

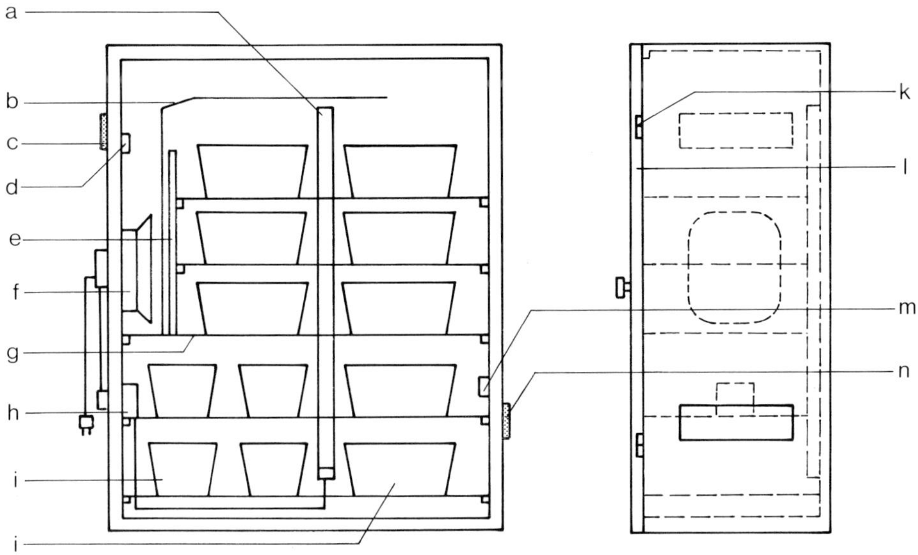

Abb. 2 Schrank für Zuchten, die trockene Luft vertragen; Vorder- und Seitenansicht. a) Leuchtstoffröhre, b) Warmluftführung (Ableitblech), c) Lüftung links oben, d) Türschloß, e) Halterung für Zwischenböden, f) Elstein-Flächenstrahler, g) Zwischenboden (Gitter), h) Lichtschalter, i) Zuchtbehälter, k) Türscharnier, l) Tür, m) Thermostat, n) Lüftung rechts unten.

der Kühlschrank-Gittereinlage. Mit einer Schiebe- oder Klapptür wird der Kasten verschloßen.

Klimaschrank: Der Schrank wird ebenfalls ganz aus Holz gebaut; Spanplatten von 16 mm Stärke sind das Baumaterial. In die Seitenteile sägt man eine rechteckige Öffnung und paßt später ein verstellbares Lüftungsgitter ein. Auch in die Rückwand werden gleich die Löcher für die elektrischen Zuleitungen gebohrt. Dann leimt und schraubt man Seitenteile, Boden- und Deckplatte zu einem Rahmen zusammen, schraubt die Rückwand auf und paßt die Tür ein. Man befestigt sie mit zwei bis drei Scharnieren und schließt sie mit einem gewöhnlichen Schloß oder einem Magnetverschluß. Innen lackiert man den Schrank oder kleidet ihn mit Alufolie aus, um ihn gegen die Feuchtigkeit zu schützen. Die Seitenwände kann man noch mit Styroporplatten isolieren.

In der Mitte der Seitenwand des Schrankes nagelt oder schraubt man eine Brandschutzplatte (s. o.) für den 100–150 W starken Elstein-Flächenstrahler auf und führt dort auch das Anschlußkabel durch die Platte. Ein Aluminiumblech, das doppelt so lang und breit wie der Strahler sein sollte, wird senkrecht in 10 cm Abstand vom Strahler befestigt und mit einer Brandschutzplatte beklebt. Dieses Blech soll die Wärme verteilen, damit die ersten Reihen der Zuchtkästen nicht überhitzt werden. Falls erforderlich, kombiniert man den Strahler mit Leuchtstoffröhren und montiert eine Glühbirne als Arbeitslicht. Auf halber Höhe bringt man an der Seitenwand den Temperaturfühler eines Thermostaten an, den man in jedem Fall einbauen sollte.

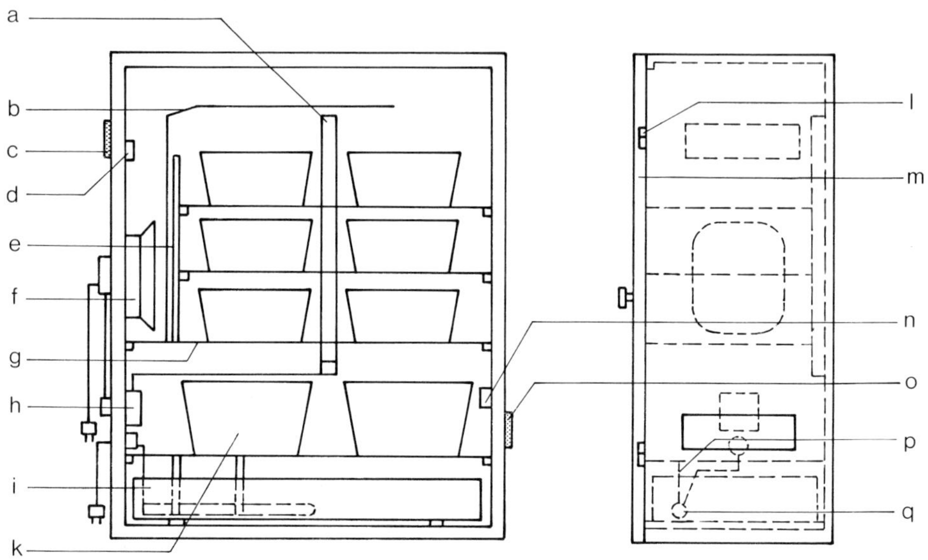

Abb. 3 Klimaschrank; Vorder- und Seitenansicht. a) Leuchtstoffröhre, b) Warmluftführung (Ableitblech), c) Lüftung links oben, d) Türschloß, e) Halterung für Zwischenböden, f) Elstein-Flächenstrahler, g) Zwischenboden (Gitter), h) Lichtschalter, i) Wasserwanne, k) Zuchtbehälter, l) Türscharnier, m) Tür, n) Thermostat, o) Lüftung rechts unten, p) Halterung für Regelheizer, q) Regelheizer.

Zur Erhöhung der Luftfeuchtigkeit stellen wir ein flaches Becken auf den Boden und beheizen das Wasser mit einem 75 W-Regelheizer, wie er in Aquarien gebräuchlich ist. Eine Wassertemperatur von 24–26°C kann durchaus eine Luftfeuchtigkeit von 60–70% erzeugen, wenn die Temperatur im Schrank 24–25°C beträgt. Erreicht die Luftfeuchtigkeit nicht den gewünschten Wert, läßt sich ein Durchlüfter einsetzen, der das Verdunsten des Wassers fördert. Der Heizer muß immer im Wasser liegen!

Die Zuchten stellt man in mehreren Etagen auf. Dafür nagelt man an den Seitenwänden in der gewünschten Höhe Holzleisten auf und legt Gitterroste darauf, ähnlich wie im Kühlschrank.

Temperatur, Luftfeuchtigkeit und Beleuchtung lassen sich heutzutage sehr elegant mit Hilfe der Elektronik regeln. Hobby-Elektroniker unter den Vivarianern finden hier ein reiches Betätigungsfeld.

Steht ein solcher Schrank im Keller oder in einem Nebenraum, braucht man auf sein Äußeres wohl weniger Wert zu legen und kann auch beispielsweise einen defekten Flaschen-Kühlschrank zum Klimaschrank umbauen. In der Wohnung dagegen möchte man ihn sicher den übrigen Möbeln anpassen oder entsprechend anfertigen lassen. Vielleicht besitzt man noch ein altes Möbelstück, das sich mit etwas Geschick umbauen läßt, oder man kauft sich aus dem Möbelprogramm noch einen Schrank dazu. Recht unauffällig und praktisch ist auch die Unterbringung von trockenen Zuchten in einem Schrankfach. Die Heizung oder Beleuchtung darf dann nicht zu stark sein und

muß in sicherem Abstand zu den Holzwänden angebracht werden. Tägliches Öffnen der Tür sorgt für Luftaustausch; sicherer sind ein oder zwei Lüftungsgitter in der Rückwand, falls man das Möbelstück ansägen will.
Auch im Keller kann man Zuchten unterbringen, aus Gründen der Energieeinsparung vor allem in solchen, die keine hohen Temperaturen brauchen. In einer großen Wohnung mit eigenem Raum für die Vivarien und Zuchtbehälter läßt sich vorteilhaft eine Regalwand für die Zuchten einplanen. Wer im eigenen Haus wohnt, hat die wenigsten Probleme. Hier wird sicher ein getrennter Bereich für die Futterzuchten zur Verfügung stehen, seien es ein Zimmer, Anbau oder Gewächshaus, die auf die erforderlichen Temperaturen beheizt werden. Auch die Wärme im Heizkeller läßt sich für Zuchten ausnützen.

Abb. 4 Blick in einen käuflichen Klimaschrank.

Die Futtertiere und ihre Zucht

Die Besprechung der Futtertiere erfolgt in systematischer Reihenfolge, da sie sich als sinnvollste Gliederung anbietet. Bei einer Unterteilung in „Fischfutter“ oder „Vogelfutter“ ergäben sich zu viele Überschneidungen, und auch Kapitel wie „Wassertiere“ und „Landtiere“ zögen eine weitere Untergliederung nach sich.

Die Futtertiere sind nach folgenden Gesichtspunkten ausgewählt:

1) Die Zucht muß über mehrere Generationen lang betrieben werden können. Deshalb fehlen zum Beispiel Mückenlarven und Schwarzkäfer *(Blaps)*.

2) Die Zucht darf nur ein vertretbares Maß an Aufwand erfordern, und Arbeit sowie Ausbeute müssen in einem sinnvollen Verhältnis zueinander stehen. Deshalb fehlen zum Beispiel Weinbergschnecke, Gartenwurm und Seidenspinner.

3) Die Zucht muß unter Kontrolle zu halten und ohne Schaden für Lebensmittel und Einrichtung durchführbar sein. Deshalb fehlen zum Beispiel Getreidemotten, Reismehlkäfer, einige Schabenarten, Speckkäfer und Milben.

4) Die Zuchten von Wasserschnecken, Guppies, Meerschweinchen, Kaninchen und anderen Tieren fehlen, da sie in Fachbüchern ausführlich beschrieben sind und diese Tiere zum Teil nur an wenige Vivarientiere verfüttert werden.

Plankton

Was ist Plankton? Die Bezeichnung „Plankton“ ist nur ein geläufiger Sammelbegriff und meint keine einheitliche Tier- bzw. Pflanzengruppe. Alle lebenden Organismen des Wassers, die keine oder nur eine unwesentliche Eigenbewegung aufweisen, bezeichnet man gemeinhin so. Sind sie pflanzlichen Ursprungs, so nennt man sie Phytoplankton, während tierische Organismen zum Zooplankton gerechnet werden. Soll eine gewisse Ordnung in alle darin vorkommenden pflanzlichen und tierischen Organismen gebracht werden, so gelingt das nur mittels einer ungefähren Größeneinteilung: Formen unter 0,05 mm heißen Nanoplankton, solche von 0,05–0,2 mm Mikroplankton, größere Lebewesen Makroplankton. Wie man sich vorstellen kann, sind in jeder Planktonprobe die verschiedensten Formen enthalten. Hauptsächlich sind es Grünalgen, Geißeltierchen (Flagellaten), Wimpertierchen (Ciliaten) und Bakterien. Häufig wird auch die Bezeichnung Infusorien (lat. infusum, der Aufguß) oder Aufgußtierchen verwendet (nach ihrem Vorkommen in Infusionen, das heißt mit Wasser übergossenen und dann stehengelassenen organischen Substanzen, zum Beispiel Heu, Stroh, Salat, Erde). Verständlicherweise haben in der Meeresaquaristik andere Arten Bedeutung erlangt als in der Süßwasseraquaristik.
Plankton gemeinhin ist für die Aufzucht von Jungfischen unentbehrlich, weil die kleinen Organismen schon vom ersten Tag an bewältigt werden können, ehe man grö-

ßere Nahrung, zum Beispiel Salinenkrebsnauplien, anbietet. Im Rahmen dieses Buches läßt sich natürlich bei weitem nicht das ganze umfangreiche Thema der Haltung und Zucht von Plankton mit all seinen vielfältigen Problemen ansprechen. Es sollen vielmehr nur einige nützliche Tips und Anregungen vermittelt werden. Wer tiefer schürfen und sich eingehender mit dieser Materie beschäftigen möchte, findet dazu im Literaturverzeichnis Hinweise auf entsprechendes Spezialschrifttum über die zahlreichen verschiedenen Zuchtmethoden.

Kulturgefäße und Sterilisation: Den Gefäßen für die Zuchtkulturen und der Sterilisation ist einige Aufmerksamkeit zu schenken, damit man wenigstens teilsteril arbeiten kann. Für Rohkulturen lassen sich gewöhnliche Glasgefäße oder Plastikgefäße, wie sie im Haushalt anfallen, verwenden. Für Reinkulturen ist es wünschenswert, Geräte aus Jena-Glas zu benützen; beim Abkochen und bei der Sterilisation versteht sich das ja von selbst. Für die Kultur von Futteralgen, auch für Einzeller, wie *Paramecium,* haben sich Plastik-Petrischalen bewährt.

Will man größere Mengen an Meeresplankton züchten, eignen sich Kunststoff- oder Glasaquarien ab 20 l Inhalt ausgezeichnet; man braucht sie nicht zu sterilisieren.

Sämtliche Geräte dürfen mit keinerlei giftigen Substanzen, aber auch nicht mit metallischen Materialien (Kupfer, Messing) in Berührung kommen. Eine einfache Sterilisation erreicht man, wenn man die Becher oder Kolben mit Aluminiumfolie verschließt und dann einige Zeit im Backofen bei etwa 100 °C erhitzt. Vorsicht, Plastikschalen halten das meist nicht ohne Deformation aus! Alle Glaswaren sollten in destilliertem, oder wo dieses fehlt, in entmineralisiertem Wasser gut abgespült werden.

Süßwasserplankton

Süßwasserplankton ist relativ leicht zu erhalten: entweder mittels eines Planktonnetzes aus einem beliebigen stehenden Gewässer, oder indem man sich einen Aufguß herstellt; manchmal bringt auch ein alter Aquarienfilter eine gute Ausbeute. Zum Planktonfischen benötigen wir ein Netz und gut verschließbare Plastikflaschen (etwa 200 ml), notfalls genügen auch Plastikbeutel. Das Netz besteht aus feinster Gaze (Nylongaze). Am spitzen Ende des Beutels befindet sich an einem einfachen Verschluß ein Fangbecher, der sich leicht abnehmen läßt. Zum Fischen zieht man das Netz sehr langsam mehrmals durch das Wasser und leert den Inhalt des Bechers dann in den Transportbehälter, der nur zur Hälfte gefüllt wird, damit noch genügend Atemluft übrigbleibt. Grundsätzlich verwendet man nur Wasser der Fundstelle; Leitungswasser wäre schädlich. Da einzellige Organismen sehr empfindlich auf Erwärmung reagieren, empfiehlt sich der Transport in Kühltaschen oder Thermosbehältern.

Das so erhaltene Material bezeichnet man als Rohkultur; es enthält die verschiedensten Organismen. Von der Fundstelle nimmt man Wasser mit und füllt es in größere Gläser (Einmachgläser) oder kleine Vollglasaquarien (10–20 l) ab, in die jeweils nur eine kleine Menge der Rohkultur eingebracht wird. Vorher sollte das Ganze über ein Artemiensieb gegossen werden, um größere Verschmutzungen und auch größere Lebewesen zurückzuhalten. Sind viele Grünalgen darin enthalten, stellt man die Gläser möglichst hell auf. Sonneneinstrahlung sollte man jedoch vermeiden. Als Schutz vor Staub werden obenauf Glasscheiben gelegt. Bei solcher Aufbewahrung bleiben die Organismen Tage, ja Wochen am Leben und können sich unter Umständen sogar vermehren. Diese Rohkulturen

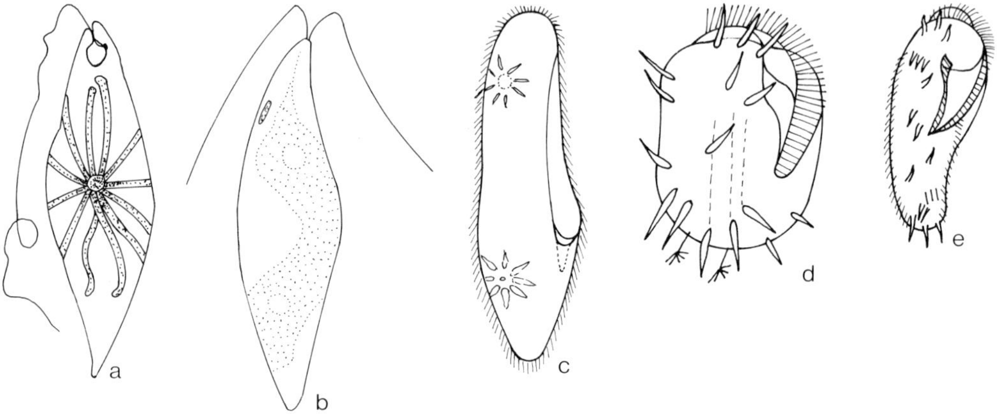

Abb. 5 Beispiele von Einzellern. a) Augentierchen *(Euglena viridis),* b) *Chlorogonium,* c) Pantoffeltierchen *(Paramecium caudatum),* d) *Euplotes patella,* e) *Stylonychia mutilus.*

sind der Grundstock für die späteren Reinkulturen.

Aufgüsse: Zunächst soll von Aufgüssen und einfach zu haltenden Dauerkulturen die Rede sein. Damit kann man ohne großen Aufwand viele Einzeller heranziehen. Dies geschieht in einem Medium, das gleichzeitig Bakterien als Futter dient, die dann wieder den Infusorien Nahrung liefern. Diese Aufgüsse lassen sich mit verschiedenen organischen Substanzen herstellen. Am bekanntesten ist wohl der Heuaufguß, aber auch mit einem Blatt Salat oder einer angetrockneten Bananenschale, die man einige Tage in Wasser stehen läßt, erhält man viele Infusorien. Es ist ähnlich wie bei dem anschließend beschriebenen Aufguß: stets nur mit kleinen Mengen der Substanzen arbeiten und diese nach einigen Tagen völlig entfernen.

Für eine Massenkultur von Pantoffeltierchen *(Paramecium caudatum)* eignen sich Kohlrübenschnitzel (keine Runkel- oder Zuckerrübe) ganz besonders gut. Ein Stück der Rübe wird in kleine Würfelchen geschnitten und an der Sonne getrocknet, notfalls auch über der Heizung. Sehr hohe Temperaturen sind beim Trocknen zu vermeiden. Die trockenen Stückchen halten sich in einer fest verschlossenen Dose über eine lange Zeit. 200–300 ml Teichwasser oder Wasser aus einem Aquarium werden in ein Glas gefüllt, dann kommen 1–2 Stückchen Kohlrübe dazu. Nacheinander entwickeln sich in diesem Ansatz nun Bakterien, dann kleine Ciliaten (Wimpertierchen) und schließlich nach etwa 8–14 Tagen in großen Mengen Pantoffeltierchen. Diese kann man mit bloßem Auge als Trübung wahrnehmen. Zur Weiterführung der Zucht wird nun folgendermaßen verfahren: Ein weithalsiger Erlenmeyerkolben wird locker mit Stroh gefüllt und ganz gewöhnliches Leitungswasser aufgegossen, bis das Stroh mit Wasser bedeckt ist. Danach wird, um eine teilweise Sterilisation zu erreichen, das Ganze aufgekocht. Nach dem Abkühlen impft man möglichst nur mit Paramecien aus dem Kohlrübenaufguß. Falls es gelingt, nur Paramecien zu übertragen, hat man bereits nahezu eine Reinkultur, also eine Kultur nur dieser einen Art. Schon nach einigen Tagen haben sich so viele Pantoffeltierchen entwickelt, daß das Wasser trüb erscheint. Mit einer Pipette kann man sie abziehen, über Nylongaze (30 µm) abseihen und dann verfüttern. Diese Kulturen bleiben monatelang intakt und liefern bei 15–18 °C immer wieder genügend Pantoffeltierchen. Ab und zu muß man mit abgekochtem Leitungswasser wieder auffüllen. Eine Fütterung entfällt völlig. Selbstverständlich sollte der Kolben oben mit einem losen Deckel oder Wattebausch verschlossen werden, um eine Besiedlung mit anderen Einzellern zu vermeiden. Je nach Bedarf kann man sich eine ganze Batterie solcher Kolben auf Vorrat halten. Mittels dieser Methode lassen sich auch andere bakterienfressende Arten züchten. Derartige Kulturen kann man im Dunkeln aufbewahren; wenn man sich längere Zeit nicht um sie kümmern kann, so überdauern sie auch im Kühlschrank.

Milchkultur: Auch mit Hilfe einer Milchkultur lassen sich Pantoffeltierchen und Trompetentierchen kultivieren. In je 200–500 ml abgekochtes Wasser kommt ein Tropfen Milch. Nach einigen Tagen folgt der nächste Tropfen. Ist die Lösung wieder ganz klar, impft man mit ein paar Pantoffeltierchen. Nach der nun folgenden Massenvermehrung muß man die Kultur immer wieder zur Auffrischung in ein neues Medium, das heißt in neues Milchwasser, umsetzen.

Erd-Abkochung: Auf ziemlich einfache Art, mittels der Erd-Käse-Abkochung, lassen sich Dauerkulturen von Augentierchen *(Euglena gracilis)* ziehen. In einem Erlenmeyerkolben (100–250 ml oder größer) wird der Boden mit Gartenerde gerade bedeckt, dazu kommt ein etwa linsengroßes Stückchen Hartkäse und darauf eine Schicht Sand (auch hier müssen selbstverständlich Erde und Sand ungedüngt sein). Dann wird der Kolben zu etwa ¾ mit Leitungswasser aufgefüllt. Als Verschluß dient ein Stopfen Watte oder Zellstoff. Jetzt kommt das Glas in ein Wasserbad und wird etwa eine Stunde in kochendem Wasser erhitzt. Nach dem Abkühlen impft man mit wenigen Millilitern einer alten Euglenakultur. Nun wird die Kultur hell aufgestellt (Euglenen sind chlorophyllhaltig!). Nach einiger Zeit, etwa einer Woche, färbt sich das Wasser leicht grünlich und schließlich undurchsichtig grün. Das geht so einige Zeit, bis dann die Zahl der Zellen merklich abnimmt. Ehe dieses Stadium erreicht ist, sollte man schon vorsorglich eine neue Zucht animpfen. Euglenen sind sehr zäh: auch wenn die Kultur einmal fast austrocknen sollte, läßt sie sich durch Aufgießen des Kulturmediums wieder in Gang setzen.

Diese Kulturen lassen sich aber auch mit reiner Erdlösung betreiben, und es ist günstig, immer einen kleinen Vorrat Erdlösung im Kühlschrank zu haben. Man verfährt ähnlich wie bei der oben beschriebenen Erd-Käse-Methode: Gleiche Teile Erde und Wasser werden eine Stunde lang miteinander verkocht. Nach Erkalten filtert man den Sud vorsichtig ab und sterilisiert etwa eine Stunde lang. Da meist kein Autoklav (ein Hochdruckapparat, in dem man über den normalen Siedepunkt erhitzen kann) zum Sterilisieren zur Verfügung steht, nimmt man einfach einen Dampfkochtopf, denn auch dort siedet das Wasser erst bei Überdruck. Wem jedoch ein Autoklav zur Verfügung steht, sollte bei 120 °C etwa 20 Minuten lang sterilisieren. Im Kühlschrank aufbewahrt hält sich dieses Konzentrat monatelang. Zur Verwendung wird es mit abgestandenem Leitungswasser verdünnt, auf 100 ml Wasser kommen 2–5 ml der Erdabkochung.

Kultur mit anorganischer Nährlösung: Erfolgversprechender, aber auch etwas aufwendiger ist es, wenn man sich ein Kulturmedium aus Stammlösungen herstellt. Es läßt sich bei den verschiedensten Süßwasserkulturen von Wimpertierchen, wie *Euplotes, Stylonychia* und vielen mehr erfolgreich anwenden. Bewährt hat sich die Methode nach Pringsheim.

Man verfährt wie folgt: In vier gleich große, saubere Glas- oder Kunststoffflaschen wird je 1 l abgekochtes und nach Möglichkeit entmineralisiertes Wasser gefüllt; zusätzlich gibt man in

Flasche I	4 g Natriumhydrogenphosphat $Na_2HPO_4 \cdot 2H_2O$
Flasche II	4 g Magnesiumsulfat $MgSO_4 \cdot 7H_2O$
Flasche III	40 g Calciumnitrat – 4-hydrat $Ca(NO)_2 \cdot 4H_2O$
Flasche IV	5,2 g Kaliumchlorid KCL + 10 ml Salzsäure 1 n HCL

(Die Mengenangaben sind genau einzuhalten)

Für den Gebrauch als Medium werden 15 ml von jeder dieser Lösungen auf 3 l abgekochtes entmineralisiertes Wasser gegeben.

Auch die für viele Kulturen benötigten Futteralgen (ähnlich *Euglena*) wie zum Beispiel *Chlorogonium* lassen sich in Pringsheimlösung, aber auch in Erdlösung gut halten und vermehren. Es sei aber nochmals darauf hingewiesen, daß man – ganz gleich, um welche Kulturen es sich handelt – immer wieder in frisches Medium umsetzen muß.

Herstellung von Reinkulturen: Bislang war weitgehend von Rohkulturen und unkomplizierten Dauerkulturen die Rede. Erwähnt waren jedoch schon die mehr oder weniger reinen Kulturen, die ausschließlich oder fast ausschließlich aus einer bestimmten Art bestehen. Auch sie lassen sich selbst herstellen; allerdings sind hierzu schon etwas Übung und Geschick nötig, und ebenso wird man sich einige Gerätschaften zulegen müssen. Nicht zu verzichten ist auf ein Binokular oder ein einfaches Mikroskop, weiter auf einige Glasschälchen verschiedener Größen und etwas Glasrohr, Pipetten und einen kleinen Petroleumbrenner.

Am einfachsten ist die sogenannte Verdünnungsmethode. Aus der Rohkultur gibt man einige Tropfen auf einen Objektträger und untersucht sie unter dem Binokular. Sind darin die gewünschten Organismen ziemlich häufig vertreten, überführt man einen Tropfen in ein Schälchen oder auf einen anderen Objektträger und verdünnt diese Probe immer wieder mit etwas Kulturflüssigkeit so lange, bis sich ausschließlich nur noch eine Art darin befindet. Sodann werden die Tiere in das vorbereitete, relativ kleine Kulturgefäß übertragen. Anfänglich muß man noch sehr vorsichtig füttern; einige Tropfen genügen schon. Doch bald haben sich die Einzeller so stark vermehrt, daß man die Futtermenge steigern kann. Futterstoffe sind Milch oder Futteralgen. Nach einigen Tagen ist das Umsetzen fällig; nun kann man bereits mit wesentlich größeren Gefäßen arbeiten.

Bei der nächsten Methode wird der gewünschte Einzeller mittels einer Kapillarpipette aus der Rohkultur in das Kulturmedium übertragen. Dies bedarf schon einiger Übung und wird nicht auf Anhieb gelingen. Während man eine Probe unter dem Binokular beobachtet, fährt man mit der Pipettenspitze bis über das zu fangende Objekt und senkt dann die Pipette in den Tropfen hinein. Nun saugen die Kapillarkräfte das Wasser samt dem Tier ein. Den gleichen Effekt erreicht man, wenn das obere Ende der Pipette mit einem passenden Schlauch verbunden wird. Diesen Schlauch nimmt man in den Mund und kann im richtigen Augenblick durch vorsichtiges Ansaugen den gewünschten Einzeller einfangen. Solche überaus feinen Kapillarpipetten (äußerer Durchmesser 0,5–1 mm) kauft man bei einem Glasbläser oder in einem Fachgeschäft für Laborbedarf. Die so gefangenen Einzeller werden in ganz wenig Medium nochmals genau betrachtet, ob sich nicht andere unerwünschte Tiere darunter befinden. Anschließend überträgt man sie in das Medium und zieht sich so eine Reinkultur heran.

Meeresplankton

Im Vergleich zum Süßwasser dürfte das Plankton in der Meereswasseraquaristik eine noch größere Bedeutung haben. Sind es dort nur Jungfische, die es zu ernähren gilt und die später andere Nahrung fressen, so sind es hier, in der übergroßen Formenfülle der Meeresfauna die ausschließlich Plankton fressenden Arten, die besondere Aufmerksamkeit verdienen. Sie lassen sich in den meisten Fällen nur mit lebendem Plankton ernähren und unter besonders günstigen Bedingungen vielleicht auch vermehren.

Die Methoden und Praktiken der Arbeit mit Süßwasserplankton können dabei weitgehend übernommen werden, aber mit dem einen Unterschied, daß hier ausschließlich Meerwasser verwendet wird. Meeresplankton ist wesentlich empfindlicher, vor allem gegen Erwärmung, und der Sauerstoffbedarf ist größer. Nur wenige Formen aus der großen Vielfalt lassen sich überhaupt kultivieren.

Dazu gehören die Salzwasserform von *Euplotes* und das Rädertierchen *Brachionus*. Mit ihrer Größe von 5–10 µm *(Euplotes)* und 30–60 µm *(Brachionus)* liefern sie uns zur Aufzucht von Meeresfischen eine günstige Nahrungs-Stufe, an die sich die Nauplien des Salinenkrebschens anschließen.

Futteralgen, wie *Dunaliella salina* und *Chlorella*-Arten, lassen sich gut vermehren. Auch aus veralgten Seewasserbecken läßt sich sehr einfach Zuchtmaterial gewinnen. Entweder schabt man Algen von den Scheiben oder zieht Wasser aus der Scheibennähe ab.

Da Meeressalz recht teuer ist, geht man gern ein wenig sparsam damit um. Für die Zucht von Plankton kann man sehr gut das Wasser verwenden, das beim regelmäßigen Wasserwechsel von einem Seewasseraquarium anfällt. Nur wenn man kurz zuvor Medikamente zugesetzt hat, ist das Wasser für Plankton unbrauchbar. Schmutz und Mulm filtert man vor der weiteren Verwendung über Perlonwatte aus.

Zur Zucht der Algen benötigt man Seewasser-Erd-Lösung. Sie wird in genau der gleichen Weise hergestellt, wie dies beim Süßwasserplankton (s. S. 31) beschrieben ist; selbstverständlich verwendet man anstatt Süßwasser Seewasser. Das fertige Konzentrat wird ebenfalls verdünnt (auf 100 ml Wasser 2–5 ml Erdlösung), es ergibt das Medium für *Dunaliella* und *Chlorella* (weiteres Vorgehen s. bei *Euglena gracilis)*.

Euplotes und *Brachionus* füttert man mit den Algen, einer Backhefe-Aufschwemmung, einer Spur zerdrückter Tubifex-Würmchen oder Hackfleisch. Die Bakterien, die sich dann bilden, dienen als Nahrung. Als ideales, weil sauberes und problemloses Futter aus der Tube hat sich Preis-Microplan herausgestellt. Wenn man es nach Vorschrift des Herstellers anwendet, gelingt die Zucht von Meeresplankton ohne große Schwierigkeiten.

Am meisten Erfolg bringt die Haltung von *Euplotes* und *Brachionus* in Einzel- oder Mischkultur. Einzelkultur ist vorzuziehen, da sonst im Laufe der Zeit *Euplotes* überhandnehmen und die Rädertierchen schließlich verschwinden. Gegen Schwankungen der Salzkonzentration sind beide

Planktonarten unempfindlich. Nur die Wassertemperaturen gleicht man vor dem Auffüllen an. Die günstigste Zuchttemperatur liegt bei 22–24°C. Behälter mit *Euplotes* und *Brachionus* sollten nicht der unmittelbaren Sonneneinstrahlung ausgesetzt sein; eine geringe Helligkeit genügt. In einem Raum, der Tageslicht bekommt, braucht man die Zuchten nicht zu beleuchten.

Zucht von Euplotes und Brachionus in großem Umfang: Diese beiden Planktonarten lassen sich sehr gut in großen Mengen züchten. Zweckmäßig ist es, drei Zuchtaquarien ab 20 l Inhalt aufzustellen, die man im Abstand von einer Woche mit Seewasser aus dem Aquarium füllt und mit einem Ansatz vom zuletzt eingerichteten Becken impft. Jedes Becken muß mit einem Kieselgur-Ausströmer belüftet werden. Die Luftmenge stellt man so ein, daß sich an der Wasseroberfläche kein Schaum bildet. Zum besseren Luftaustausch deckt man die Aquarien nicht mit einer Scheibe ab. Als Nahrung ist Preis-Mikroplan in jedem Fall vorzuziehen, da das Wasser sehr sauber bleibt und man es zum Verfüttern nur abzuschöpfen braucht; man entnimmt es immer dem ältesten Zuchtansatz.

Nach 3 Wochen leert man die restliche Kultur aus dem ersten Aquarium in ein anderes Gefäß und reinigt das Zuchtaquarium sorgfältig mit klarem Wasser und einem Schwamm. Dann füllt man wieder Seewasser auf und gibt den Rest dazu, der nun als Ansatz dient. Eine Woche später kommt das zweite Becken an die Reihe und so weiter.

Lange und Kaiser (1989) schildern das Vorgehen für eine kontinuierliche Zucht, das sie im Berliner Zoo-Aquarium entwickelt haben: „Die gesamte Planktonkultur erfolgt in 28 Standard-Nurglas-Aquarien mit 300 l Inhalt. Die Aquarien besitzen einen Bodenablauf zur Leerung des Aquariums bei der Reinigung. Beim Planktonansatz werden die gründlich gereinigten Aquarien 30 cm hoch mit Meerwasser doppelten Salzgehaltes gefüllt, mit 10 l Algenkultur versetzt und von diesem Augenblick an mit einem 80-Watt-HQL-Strahler über 24 Stunden beleuchtet. Während bei diesem hohen Salzgehalt alles Zooplankton abstirbt, entwickelt sich das Phytoplankton weiter. Wenn die Phytoplanktonkultur bei 26–30°C nach 4–7 Tagen eine hellgrüne Farbe hat, wird das Becken mit temperiertem Stadtwasser auf 60 cm Höhe aufgefüllt und so der normale Salzgehalt erreicht. Gleichzeitig wird das Becken belüftet und ein Ansatz Zooplankton zugegeben. Das Zooplankton entwickelt sich in der Algenkultur schnell und kann schon bald zum Verfüttern mit einem Planktonnetz herausgefangen werden."

Zubehör und Zuchtansätze: Vieles für die Haltung und Vermehrung von Planktonorganismen ist heutzutage im Handel erhältlich und dürfte wohl für den Anfang oft recht nützlich sein.

Da ist zunächst der sogenannte Planktonersatz in Form von flüssigen Algensuspensionen, die zusätzlich mit Rädertierchen, Wimpertierchen und vielen anderen Planktonorganismen versetzt sind, zum Beispiel Hobbyzell und Mikrozell. Darüber hinaus wird natürliches, tiefgefrorenes Meeresplankton angeboten, ja sogar lebendes Plankton.

Dem völlig Unerfahrenen mögen Infusorien-Granulate eine erste Hilfe sein (Protogen-Granulat). Dabei handelt es sich um Konzentrate von eingetrockneten Infusorien verschiedenster Art, die man nur ins Aquarium zu streuen braucht, um so auf einfachste Weise lebendes Plankton zu erhalten. Daraus können dann Kulturen aufgebaut, ja unter Umständen einzelne Arten zu Reinkulturen isoliert werden.

Ansätze von Einzellern, wie *Euplotes, Stylonychia, Paramecium* und anderen, lassen sich im allgemeinen über mikrobiologische oder zoologische Institute beschaffen. Auch von versierten Aquarianern mit größeren Anlagen kann man sie bekommen, ebenso werden die örtlichen Vereine gern behilflich sein. Die verschiedenen benötigten Glaswaren und Filter erhält man in jedem guten Fachgeschäft für Laborbedarf.

Verfütterung: Beim Verfüttern von Plankton ist stets zu bedenken, daß die meisten dieser Kulturen mehr oder weniger Faulstoffe enthalten; eine Anreicherung des Wassers in den Becken mit diesen Stoffen sollte tunlichst vermieden werden. Vorheriges vorsichtiges Abseihen über Nylongaze schafft hier Abhilfe. Verwendet wird feinstes Gewebe mit einer Maschenweite von etwa 30 µm, das die meisten Einzeller zurückhält. Anschließend wird die Gaze samt den daran haftenden Organismen ins Bekken gespült. Soll eine Probe nur von größeren Teilchen oder größeren Tieren befreit werden, findet Gaze mit etwa 90–118 µm Maschenweite Verwendung; durch diese Maschen schlüpfen die Einzeller gut hindurch. Nur bei den sauberen Kulturen von Meeresplankton kann man das mit den Organismen angereicherte Wasser ohne Vorsichtsmaßnahmen verwenden.

In der Süßwasseraquaristik gilt Plankton als Erstfutter für alle Jungfische. Weiterhin ist es sehr gut bei der Artemien- und Wasserflohzucht einzusetzen.

In der Seewasseraquaristik erweitert sich die Verwendbarkeit auf alle Planktonfresser, wie Korallen, Röhrenwürmer, junge Seenadeln und Seepferdchen, Muscheln, Schwämme, Garnelen und viele mehr.

Vor- und Nachteile der Zucht:

Vorteile:

- Problemloses Erstfutter für alle Jungfische
- Bei frostfreier Aufstellung jahreszeitlich unabhängig
- Als natürlichstes Futter für die Artemia-Zucht verwendbar *(Dunaliella)*

Nachteile:

- Anfänger müssen sich erst einarbeiten
- Ziemlich großer Aufwand an Geräten und Zeit
- Voraussetzung für das Gelingen ist peinlich saubere Arbeitsweise
- Vernachlässigte Kulturen stinken

Fadenwürmer (Nematoden)

Unter den Schlauchwürmern (Nemathelminthes) bilden die Fadenwürmer (Nematodes) mit mindestens 10000 Arten eine umfangreiche Klasse. Es sind drehrunde, fadenförmige, meist lange Würmer, die teils frei – häufig im Boden – teils parasitierend leben. Die freilebenden Fadenwürmer sind meist recht klein, so auch die Arten, die als Futtertiere bekannt sind. Sie gehören zur Gattung *Turbatrix* (= *Anguillula*) innerhalb der Familie Cephalobidae, die der Ordnung Rhabditoidea (= Anguilluloidea) unterstellt ist, und werden meist kurz als „Mikro" bezeichnet.

Mikrowürmchen
(Turbatrix silusiae)
Essigälchen
(Turbatrix aceti)

Beschreibung: Die Unterscheidung der Arten ist sehr schwierig und für den Vivarianer unwichtig. Die männlichen Älchen werden etwa 1 mm lang, die weiblichen 2–2,5 mm, in Ausnahmefällen unter besten Bedingungen bis 4 mm. Das Geschlechterverhältnis liegt bei 1:2. Die jungen Älchen kommen mit einer Länge von etwa 0,2 mm zur Welt.

Diese Würmchen leben in gärenden Substanzen von Bakterien. Die glasklaren

Tiere sind mit bloßem Auge kaum zu erkennen. Der Körper ist langgesteckt, rund und mit derber Haut bedeckt. Dem aalartigen Aussehen und der schlängelnden Fortbewegungsweise verdanken die Tiere den Namen Älchen. Augen fehlen; die Nahrung wird eingesogen.

Entwicklungszeiten: Die weiblichen Älchen bringen 5 Tage nach der Befruchtung ovovivipar (= bei ovoviviparen Tieren enthält das Ei einen schon weit entwickelten Embryo) bis zu 45 Junge zur Welt. Nach 10 Tagen werden die Weibchen geschlechtsreif, die Männchen etwa einen Tag später. Die Tiere leben ungefähr 45 Tage, doch sollen sie auch schon bis zu 10 Monate überdauert haben.

Die Älchen vermehren sich außerordentlich rasch. Bei einer Zuchttemperatur von 18–20 °C zählte Knaack in 1 ml Nährmedium etwa 25 000 Tiere. Nach 10 Tagen waren es bereits 130 000!

Behälter, Nährboden und Einrichtung: Flache Einmachgläser, Petrischalen, flache Plastikdosen oder ähnliche Gefäße mit einer Grundfläche von etwa 50–200 cm^2 sind gut brauchbar. Abhängig von der Zuchtmethode riechen die Kulturen nach einiger Zeit mehr oder weniger stark, entsprechend kann man die Gefäße offen oder sollte sie verschlossen halten. Eine Abdekkung ist aber zu empfehlen, damit keine Obstfliegen in den Ansatz gelangen. Zwei Zuchtmethoden haben sich bewährt. Bei der einen gibt man ausgelaugten Kaffeesatz etwa 2 cm hoch in das Gefäß und füllt so viel Bier auf, daß der Kaffeesatz gerade bedeckt ist. Bei der anderen leben die Älchen im Futterbrei, der 1–2 cm hoch eingefüllt wird.

Futter: Bei der Kaffeesatz-Methode bekommen die Würmchen als Futter nur Bier oder auch eine Bierhefe-Aufschwämmung. Wenn die Kultur antrocknet, gießt man etwas Flüssigkeit nach.

Futterbrei für die andere Methode rühren wir aus Haferflocken oder Haferflockenschleim und Milch oder Wasser ungekocht zu einem dicken Brei an. Nach Essmann (1986) rührt man Alete-6-Korn- oder Milupa-7-Korn-Kinderbrei mit warmem Wasser, in dem man etwas Backhefe aufgelöst hat, zu einem Kloß an. Das Zusetzen von Hefe vermindert den starken bis üblen Geruch erheblich, der nach einiger Zeit von der Zucht ausgeht, eine Erfahrung, von der auch Sterzel (1989) berichtet. Nach einem anderen Rezept (Knaack, 1958) übergießt man Weizenmehl mit so viel kochendem Wasser, daß ein zähflüssiger Brei entsteht. Wenn er abgekühlt ist, impft man ihn mit einem Ansatz Älchen. Allerdings kriechen die Mikrowürmchen in diesem Futter nicht an den Wänden des Zuchtgefäßes hoch, so daß die Trennung von Älchen und Nährmedium für den Aquarianer sehr umständlich ist. Eine Zufütterung ist bei der Zucht auf Haferflockenbrei meist nicht notwendig, sie kann bei Bedarf nach einiger Zeit mit Backhefe, Haferflocken- oder Grießbrei erfolgen.

Zuchtbedingungen:

Licht: Keine besonderen Ansprüche.

Temperatur: Etwa bei 18–24 °C. Zu hohe Temperaturen lassen die Älchen in eine Art Starre verfallen.

Feuchtigkeit: Der Nährboden sollte nicht austrocknen.

Besondere Hinweise: Die Zucht ist denkbar einfach und kann eigentlich gar nicht fehlschlagen. In das vorbereitete Glas gibt man den Ansatz Mikrowürmchen, ein Kaffeelöffelchen voll genügt. Die Vermehrung setzt sehr schnell ein, bereits nach wenigen Tagen können wir Würmchen entnehmen. Ein Ansatz bleibt normalerweise etwa einen Monat lang gebrauchsfähig. Auch wenn man gerade keine Mikro braucht, sollte man die Zucht zweimal in der Woche kontrollieren, denn es kommt immer wieder vor, daß ein Ansatz „kippt", sei es, daß er verdirbt, verpilzt oder vermilbt. Je nach der benötigten Menge genügt es, einmal im Monat einen neuen Ansatz zu machen oder in kürzeren, regelmäßigen Abständen, etwa wöchentlich. So werden immer Älchen zur Verfügung stehen.

Verfütterung: Die erwachsenen Älchen kriechen an den Wänden des Zuchtbehälters hoch und sitzen dann über dem Substrat in einer dicken Schicht. Von dort kann man sie mit einem flachen Hölzchen, einer Rasierklinge oder einem weichen Pinsel vorsichtig abnehmen.

Ins Becken gegeben, sinken die Älchen langsam ab und bleiben im Süßwasser bis 48 Stunden (Rössel, 1988) am Leben. Für Oberflächenfische legt man feinste Nylongaze in den Futterring und gibt darauf die Älchen. Diese entweichen nur langsam nach unten und können so von der Fischbrut erreicht werden. Am Boden schlängeln sie sich noch eine Zeitlang und sind für Welse, Cichliden und Barben erreichbar. Damit es zu keiner unerwünschten Bakterienbildung kommt, sollte man darauf achten, daß sich keine größere Menge toter Älchen im Becken befinden.

Mikrowürmer sind ein gutes Fischfutter, besonders zur Aufzucht von Jungfischen. Sie finden nicht nur in der Süßwasser-Aquaristik Verwendung, sondern auch in steigendem Maße in der Meeresaquaristik.

Schädlinge und Krankheiten: Keinen Schimmel aufkommen lassen; notfalls legt man eine neue Zucht an.

Vor- und Nachteile der Zucht:

Vorteil:
- Benötigter Raum und Pflegeaufwand sind gering

Nachteile:
- Nach einiger Zeit unter Umständen übelriechend
- Als alleiniges Futter für Jungfische zu fetthaltig

Ringelwürmer (Anneliden)

Wie der deutsche Name Ringel- oder Gliederwürmer andeutet, setzt sich der langgestreckte, meist drehrunde Körper der Annelida aus vielen Abschnitten, den Segmenten, zusammen. Diese treten nicht nur äußerlich durch Querfurchen in Erscheinung, sondern entsprechen auch weitgehend einer Gliederung der inneren Organe. Dadurch lassen sie sich leicht von den ungegliederten Fadenwürmern unterscheiden. Die Segmente liegen alle fast gleichförmig zwischen dem Kopflappen mit der Mundöffnung und dem Endabschnitt mit dem After. In jedem Segment ragen Borstenbüschel aus der Haut, bei den meerbewohnenden Vielborstern sogar seitliche Fortsätze, die als Stummelfüßchen die ersten Anfänge von Gliedmaßen darstellen. Die Lebensräume der Anneliden sind das Meer, Süßwasser und der Erdboden; manche leben als Parasiten. Am leichtesten lassen sich die Erdbewohner züchten, und zwar Vertreter zweier Familien, der Enchytraeidae (Enchyträen) und der Lumbricidae (Regenwürmer). Beide Familien stehen in der Ordnung der Wenigborster (Oligochaeta), von denen etwa 2400 Arten bekannt sind; sie gehören zusammen mit den Blutegeln zur Klasse der Gürtelwürmer (Clitellata). Der Gürtel (das Clitellum), der dieser Gruppe den Namen gab, liegt als ringförmiger Wulst über einigen Körpersegmenten im vorderen Drittel des Leibes. Das Sekret, das seine Drüsenzellen ausscheiden, spielt bei der Paarung der Würmer eine Rolle und bildet die Umhüllung der Eier, den Kokon. Die Gürtelwürmer sind Zwitter, das heißt sie produzieren sowohl Eizellen als auch Spermien. Wie die Schnecken übertragen auch sie bei einer Paarung gegenseitig den männlichen Samen, beide Partner legen dann befruchtete Eier ab. Aus ihnen schlüpfen entweder

Larven oder – wie bei den Gürtelwürmern – kleine Würmchen aus. Sie weisen noch eine geringere Segmentzahl auf. Nahe dem Hinterende der Würmer liegt die Wachstumszone, an der sich später weitere Segmente bilden.

Gemeine Enchyträe
(Enchytraeus albidus)
Grindalwürmchen
(Enchytraeus buchholzi)

Beschreibung: Die Familie der Enchyträen vereint etwa 20 Arten mit zum Teil unterschiedlichen Lebensansprüchen. Sie kommen in feuchter, lockerer Erde, Komposthaufen und sogar in Blumentöpfen vor, wo sie sich nach der Art der Regenwürmer ernähren und dadurch auch die Beschaffenheit des Bodens in ähnlicher Weise verändern. Für den Aquarianer interessant wegen ihrer leichten Züchtbarkeit sind vornehmlich zwei Arten.

Enchytraeus albidus ist ein etwa 20–36 mm langes, weißliches Würmchen mit einem Durchmesser von ca. 0,5–0,75 mm.

Enchytraeus buchholzi ist der vorigen Art nahe verwandt, aber kleiner, 5–10 mm lang, und bevorzugt höhere Temperaturen. Es ist natürlich nicht auszuschließen, daß in den gängigen Kulturen auch andere Arten vorhanden sind, was man aber für die Zucht außer acht lassen kann.

Entwicklungszeiten: Genauere Vermehrungsdaten und Entwicklungszeiten der beiden *Enchytraeus*-Arten sind uns nicht bekannt.

Behälter, Substrat und Einrichtung:

Enchytraeus albidus: Zur Zucht nimmt man am besten flache Holzkistchen mit einer Höhe von etwa 15 cm, die im allgemeinen ausreicht. Als Deckel eignet sich feine Gaze oder ein ähnliches feinmaschiges Gewebe, das man auf einen den Kistenrand etwas überlappenden Rahmen nagelt. Dadurch kann man Schädlinge weitgehend abhalten. Man braucht aber in der Wahl der Zuchtgefäße nicht kleinlich zu sein, Blumentöpfe oder flache Tonschalen eignen sich ebenso gut. Blechdosen zu verwenden, ist weniger ratsam, da sie rosten und die Erde in ihnen leicht zu feucht wird und verklumpt, vor allem, da die Oberfläche der Dosen meist verhältnismäßig klein ist. Alle Kulturgefäße werden mittels Leisten oder Klötzchen so aufgestellt, daß die Luft auch unter dem Boden hindurch zirkulieren kann. Wer laufend einen größeren Bedarf an Enchyträen hat, sollte gleich mehrere Kulturen einrichten, um durch überreichliche Entnahme nicht die Kultur zu schwächen. Bei mehreren Zuchten jedoch werden durch wechselweise Entnahme stets genügend Würmchen verfügbar sein.

Als Substrat eignet sich jede lockere *ungedüngte* Erde. Blumenerde, verbessert mit etwas Walderde und gesiebtem Sand zur Auflockerung, dürfte ideal sein. Auch eine Beimischung von Torf (ungedüngt!) kann nur von Vorteil sein, weil dieser die Erde locker erhält und gleichzeitig feuchtigkeitsregelnd wirkt. Lehmhaltige Erde ist ungeeignet; sie verklumpt leicht, und die Oberfläche verkrustet beim Austrocknen, was zur Folge hat, daß die Würmchen durch Luftmangel eingehen. Das Substrat wird nun während der ganzen Betriebszeit leicht feucht, aber nicht naß, gehalten und muß stets locker und durchlässig bleiben. Sollte doch einmal versehentlich die Erde zu naß geworden sein, kann man das durch Beimischen von Sägespänen ausgleichen.

Die Erdmischung wird locker in das zur Zucht vorgesehene Gefäß gefüllt. In der Mitte formt man eine kleine Mulde, die den Futterbrei aufnimmt. Auf diesen legt man nun den Zuchtansatz der Würmchen. Das Ganze wird mit 1–2 cm Erde bestreut, mit einem Stück großmaschigen Gewebes, zum

Beispiel Sackleinen, abgedeckt und mit einer feinen Blumenspritze angefeuchtet. Vielfach wird empfohlen, zumindest über der Futterstelle auf die Erde eine Glasscheibe zu legen. Sie beeinträchtigt jedoch die Luftzufuhr und kann also eher nachteilig sein. Im Zweifelsfalle sollte jeder selbst probieren, welche Methode für ihn die bessere ist.

Nach einer längeren Betriebszeit ist es notwendig, das Substrat zu erneuern. Dazu läßt man die Erde langsam austrocknen. Die Enchyträen suchen die Feuchtigkeit, verlassen die Ränder des Zuchtbehälters und ballen sich in der Mitte zusammen. Hier kann dann der Klumpen der Würmer entnommen und in einen frischen Behälter gebracht werden.

Enchytraeus buchholzi: Die Zucht des Grindalwürmchens läuft im großen und ganzen in ähnlicher Weise wie bei der gewöhnlichen Enchyträe ab. Als Zuchtbehälter haben sich größere Blumentöpfe oder Schalen gut bewährt. 2 l Inhalt reichen bereits aus. Grindal nehmen mit fast reinem Torf (ungedüngt) vorlieb, den man mit wenig feinem Sand vermischt. Dieses Substrat wird locker in das vorgesehene Zuchtgefäß gefüllt. Auch hier muß selbstverständlich ein Deckel das Ganze abschließen. Der Torf wird gut angefeuchtet, und der Wurmansatz kommt obenauf.

Futter: *Enchytraeus albidus:* Hier gibt es die verschiedensten Möglichkeiten und Rezepte, und der Experimentierfreudigkeit des einzelnen sind keine Grenzen gesetzt. Vielfach lehnen die Enchyträen das Gebotene ab, so daß man gezwungen ist, andere Futtermittel auszuprobieren. Am meisten hat es sich bewährt, Haferflocken mit etwas Wasser oder Milch anzufeuchten und vielleicht noch eine Spur Zucker sowie etwas Margarine hinzuzufügen. Diesen Brei, der auf keinen Fall zu flüssig sein darf, streicht man dann in die im Zuchtbehälter vorbereitete Mulde. Allzu wäßriger Futterbrei dringt in die Erde ein, verdirbt und säuert, was in jedem Fall schädlich ist. Auch gekochte Haferflocken, überbrühtes Legemehl oder weiche, ungesalzene, auch rohe Gemüseabfälle (Erbsen, Spinat, Salat) können verfüttert werden. Bei gut besetzten Zuchten darf man auch etwas rohes Ei verabreichen, nur ist unbedingt darauf zu achten, daß es innerhalb von zwei Tagen aufgezehrt wird. Überhaupt sollte man jede Futtergabe so dosieren, daß sie in wenigen Tagen verbraucht ist. Verdorbenes Futter ist unverzüglich restlos zu entfernen.

Enchytraeus buchholzi: Als Futter streuen wir einfach trockene Haferflocken auf die Oberfläche. Vorsicht, auf keinen Fall zuviel; die Flocken dürfen nicht schimmeln! Die ausgestreute Futtermenge sollte nach einem Tag aufgefressen sein. Ist die Zucht zu reichlich mit Würmern besetzt, beginnt das Substrat meist unangenehm zu riechen. Dann sollte man eine neue Zucht anlegen.

Zuchtbedingungen: Ist nun der Kulturbehälter in der beschriebenen Weise hergerichtet und mit Enchyträen besetzt, kommt er an einen dunklen Platz, wo die Zucht der gemeinen Enchyträe bei annähernd 18 °C am besten gedeiht. Das Grindalwürmchen benötigt zur schnellen Vermehrung höhere Temperaturen von 18–24 °C. Sinkt die Temperatur auf etwa 13 °C, so stagniert die Zucht. Eine regelmäßige Kontrolle der Temperatur ist daher unerläßlich. Wird jedoch die Vorzugstemperatur gehalten, so vermehren sich die Grindal schneller als die zuerst beschriebene Art.

Gelegentliche Abkühlung bis auf 4 °C schadet beiden Arten nicht, sie verzögert nur die Vermehrung. Etwa 3 Wochen nach der Neueinrichtung ist es möglich, mit der Verfütterung zu beginnen; dann sollte das ganze Zuchtgefäß mit Enchyträen durchsetzt sein. Vor allem aber muß die Erde stets feucht und krümelig bleiben; nasse, verklumpte Erde ist der Vermehrung abträglich.

Schädlinge: Bei der Enchyträenzucht muß man einige einfache Regeln beachten, um einen Befall durch Schädlinge zu verhindern. Füttert man zu stark oder bleiben Futterreste zu lange im Kasten, stellen sich sehr schnell Milben ein. Manchmal werden sie auch gleich mit dem ersten Ansatz eingeschleppt. Betrachtet man die Oberfläche des Nährbodens mit der Lupe, so fallen eine Menge bräunlicher oder weißlicher Kügelchen auf. Dies sind in keinem Fall Enchyträeneier, vielmehr Milben. Zur natürlichen Bekämpfung lassen sich einige Kellerasseln einsetzen (in jedem Keller oder im Garten unter Steinen und Töpfen zu finden), die den Enchyträen nichts anhaben, aber die Milben eifrig vertilgen. Bei massenhaftem Auftreten sollte man jedoch radikalere Mittel anwenden. Eine Glasscheibe wird mit Fett oder sonst einer klebrigen Masse dünn bestrichen und obenauf in das Zuchtgefäß gelegt. Nach relativ kurzer Zeit, 1–2 Tagen, kann man die daran klebenden Milben entfernen. Verfährt man so eine Zeitlang, bekommt man die Zucht milbenfrei.

Sehr viel gefährlicher, weil sie ganze Zuchten völlig vernichten können, sind kleine, 2 mm lange, schwarze Schlupfwespen. Beim flüchtigen Betrachten erscheinen sie wie kleine Fliegen. Sie stechen nach Schlupfwespenart die Würmchen an und versenken ihre Eier in deren Leib. Die ausgeschlüpfte Wespenbrut ernährt sich dann von den Enchyträen. Auch hier leistet eine beliebige, jedoch ungiftige, klebrige Masse gute Dienste. Man befestigt ein Stück Karton oder ein Blatt Papier unter dem Deckel und bestreicht es; die Schlupfwespen bleiben daran kleben und können entfernt werden. Voraussetzung für den Erfolg dieser Maßnahme ist allerdings ein dicht schließender Deckel, der jeden Neubefall verhindert. Die Prozedur sollte man so lange fortführen, bis auch die letzte noch im Boden befindliche Wespe geschlüpft ist.

Bei zu reichlicher Fütterung stellen sich oft Schmeißfliegen ein, deren Larven ebenfalls die Zucht stark dezimieren können. Vor allem die Reste von rohen Eiern ziehen die Fliegen unwiderstehlich an. Ist die Zucht einmal befallen, muß man bei jeder Fütterung die oberste Erdschicht vorsichtig erneuern. Generell ist es jedoch nicht der schlechteste Rat, bei Schädlingsbefall die Zucht zu vernichten und neu zu beginnen.

Verfütterung: An der Futterstelle sammeln sich die Tiere oft in so großen Mengen, daß man sie fast rein von Substrat entnehmen kann. Ist dies nicht der Fall und sind noch Futter- oder Erdreste vorhanden, wirft man die benötigte Menge in eine kleine Schale mit Wasser. Nach ganz kurzer Zeit haben sich die Enchyträen zusammengeballt, sind sauber und können sofort verfüttert werden. Als Fischfutter gibt man die Würmchen in ein Futtersieb, aus dem sie dann abgezupft werden. Bei Fischen, die ihre Nahrung gern oder ausschließlich vom Boden aufnehmen, gibt man einen Klumpen Enchyträen in eine flache Glasschale am Boden des Beckens. So können die Würmchen nicht in den Bodengrund entweichen und bleiben für die Fische erreichbar. Sind sie für Jungfische noch zu groß, kann man sie notfalls mit einer Rasierklinge fein hakken oder zerdrücken. Generell ist eine ausschließliche oder überwiegende Verfütterung von Enchyträen an Fische nicht ratsam. Die Tiere verfetten dabei leicht, und auch Laichwilligkeit und Farbintensität lassen stark nach; sogar Unfruchtbarkeit kann auftreten. Als Zusatzfutter kann man sie jedoch jederzeit empfehlen.

Landbewohnenden Amphibien reicht man die Enchyträen in kleinen Schalen, leicht angefeuchtet, damit die Würmchen nicht austrocknen.

Außer allen Süßwasserfischen nehmen Echsen, Frösche, Kröten, Molche und Salamander gern Enchyträen. Auch bei der Aufzucht von Sumpfschildkröten finden Enchyträen Verwendung. Ferner kann man sie allen Kaulquappen der Froschlurche sowie Süßwassergarnelen, Seerosen und Seefedern anbieten. Als Zusatznahrung sind sie auch für Wasserspitzmaus und Ameisenigel geeignet. Nur bei der Verfütterung an tropische Meeresfische ist teilweise Vorsicht geboten, da Enchyträen nicht für alle Arten bekömmlich sind. Zarte Insektenfresser unter den Singvögeln, zum Beispiel Zilpzalp und andere Laubsängerarten, Grasmücken, Rotkehlchen, aber auch tropische Arten, fressen ebenfalls gern Enchyträen. Man bietet sie ihnen in Schalen mit ein wenig sauberer Erde an. Das hat überdies den Vorteil, daß die Vögel mit der an den Enchyträen klebenden Erde zugleich Spuren von mineralischen Bestandteilen aufnehmen.

Vor- und Nachteile der Zucht:

Vorteile:

- Geringer Platzbedarf sowie geringer Pflegeaufwand.
- Bei sachgemäßem Betrieb ist die Zucht geruchsfrei.

Nachteile:

- Sehr häufig Milbenbefall
- Wegen des hohen Fettgehalts nur als Zusatzfutter geeignet

Laubregenwurm *(Lumbricus rubellus)* Mistregenwurm *(Eisenia foetida)* Dendrobaena-Wurm *(Dendrobaena spec.)*

Beschreibung: Regenwürmer unter dem Aspekt „Futtertiere für Vivarientiere" zu betrachten, stellt nur einen ganz kleinen Ausschnitt aus einem großen Kapitel dar. Nicht nur der Anteil an Würmern, die als Angelköder verwendet werden, ist bedeutend höher, sondern auch das Stoffwechselprodukt übertrifft an Berühmtheit und Wichtigkeit den Produzenten: Die Ausscheidungen legen als Wurmerde den entscheidenden Grund für die Fruchtbarkeit von Böden auf nahezu der ganzen Welt. Wer sich mit dem großen Kapitel Regenwürmer mit Schwerpunkt Wurmkompost befassen will, sei auf den kleinen aber feinen Band von Walter Buch (1986) verwiesen.

Lumbricus rubellus: Der Laubregenwurm erreicht gestreckt eine Länge von 12–15 cm und etwa 5 mm Dicke. Der Körper ist rund, nur das Hinterteil erscheint abgeplattet. Oberseits ist er braunrot gefärbt, die Haut schimmert violett irisierend, und die Unterseite zeigt eine hell graubraune Färbung. Das Clitellum liegt über dem 26. bis 32. Segment. Von oben betrachtet, teilt bei allen *Lumbricus*-Arten der Kopflappen das folgende Segment völlig (Abb. 6a). Das ist mit einer guten Lupe zu erkennen.

Der gelbgrüne Kokon ist eiförmig, 3–4 mm lang und 2–2,5 mm dick. Die weißlichen, fadendünnen Jungwürmer schlüpfen mit etwa 8–10 mm Länge.

Eisenia foetida: Der Mistregenwurm bleibt mit 10–13 cm Länge und 3–4 mm Dicke etwas kleiner. Er ist rundum wein- bis braunrot gefärbt mit gelben Segmentfurchen. Der Kopflappen teilt das folgende Segment nicht vollkommen (Abb. 6b).

Die Jungwürmchen sind nach dem Schlupf aus dem zitronenförmigen Kokon etwa 5–8 mm lang und durchscheinend weißlich.

Dendrobaena spec.: Der muskulöse Wurm wird 13–16 cm lang und 6–7 mm breit. Er ist oberseits braunrot, am Kopfende bis zum Clitellum ziemlich dunkel, dann heller mit dunklerem Mittelstreifen; Segmentfurchen hell. Die Unterseite ist blasser, zum

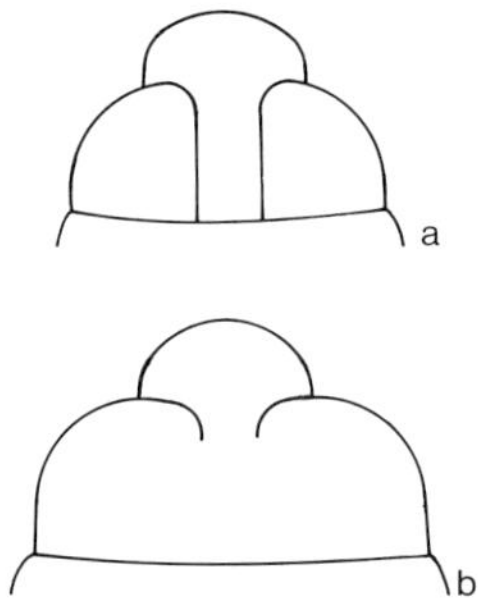

Abb. 6 Kopflappen von Regenwürmern. a) Laubregenwurm, b) Mistregenwurm.

Körperende hin gelblich. Der Körperquerschnitt ist abgeplattet. Kokon und Würmchen wie bei *Lumbricus rubellus*.
Dieser Wurm soll aus Amerika stammen. Um welche Art es sich handelt, ist noch unsicher.
Der Gartenregenwurm *(Lumbricus terrestris)* eignet sich für eine Zucht weniger gut. Er braucht einen Behälter von mindestens 25 cm Tiefe, flüchtet bei der geringsten Beunruhigung und bringt im Jahr nur etwa 50 Nachkommen hervor; auf eine Zuchtanleitung wird daher verzichtet.
Entwicklungszeiten: Bei guter Fütterung sind alle drei Wurmarten recht fruchtbar. Jedes Tier legt etwa 2 Kokons pro Woche ab. Jeder Kokon enthält 2–4, sogar bis zu 8 Eier, aus denen nach etwa 10 Tagen die Jungen schlüpfen. Man kann also mit 350–450 Nachkommen pro Wurm und Jahr rechnen. Bereits im Alter von ungefähr 3 Monaten sind die Würmer fortpflanzungsfähig.
Behälter, Substrat und Einrichtung: Als Zuchtbehälter eignet sich jedes Gefäß mit dicht schließendem Deckel von mindestens 25 cm Höhe, das Feuchtigkeit verträgt, also Eimer, Stapelbox, Kiste aus Styropor oder Holz u. a. mehr. Günstig sind kleine Löcher im Boden, durch die überschüssiges Wasser abfließen kann (achtet man darauf, daß keine Staunässe entsteht, geht es auch ohne Löcher). Ein Behälter von der Größe 40 × 30 × 25 cm nimmt je nach Art der Zuchtmethode 100–2000 Würmer auf.
Hat man einen Garten, kann man sich an halbschattiger Stelle einen Holzverschlag zimmern, etwa 150 × 80 cm groß und 60 cm hoch. Damit die Würmer nicht abwandern, gräbt man die Bretter 20 cm tief in den Boden ein. Bis zu 20000 Würmer können darin leben, vorausgesetzt, wir halten den Platz feucht und füttern die Würmer immer gut.
Als Substrat bekommen die Würmer eine Mischung gleicher Anteile ungedüngter Gartenerde (keine abgepackte Blumenerde!) und Torf. Zur Auflockerung mischt man etwas groben Sand und Fallaub darunter. Letzteres ist für den Laubregenwurm besonders wichtig. Die Erdmischung feuchtet man gut an und füllt sie locker ins Zuchtgefäß. Damit sich die Feuchtigkeit besser hält, deckt man die Erde mit einer Folie so ab, daß noch Luft an das Substrat gelangen kann. Darunter kann man noch ein Stück Sackleinen in mehreren Schichten legen, durch die die Würmer gerne kriechen.
Für das Wohlbefinden der Würmer muß die Zuchterde einen pH-Wert von 5,5–6,5 aufweisen, also schwach sauer reagieren. Mit einem pH-Papier läßt sich dies einfach überprüfen. Ist die Erde zu sauer (pH-Wert unter 5,5), vermischt man sie mit etwas Kalksteinmehl oder Kreidepulver. Liegt der pH-Wert über 7, also im alkalischen Bereich, feuchtet man das Substrat mit Essigwasser an.
Futter: Man füttert die Regenwürmer mit Haferflocken, Maisschrot und anderem geschroteten Getreide, das man noch mit Honig vermischen kann. Ferner bekommen sie weiches Grünzeug, wie Salat, Möhren-

Abb. 7 Mistregenwurm *(Eisenia foetida)*. a) Eikokons, b) junge Würmchen, c) fortpflanzungsfähige Würmer.

kraut (Möller, 1954), Garten- und Wildkräuter, zerkleinerte Küchenabfälle, frisch gemähtes Gras in dünner Schicht, sowie fein geraspeltes Gemüse und Obst: Kartoffeln, Karotten, Äpfel. Eine kleine Menge dieses Futters legt man jeweils in eine Mulde auf die Erde, feuchtet das Getreide an und deckt es wieder mit der Folie ab. Alle 4–6 Tage kontrolliert man, ob das Futter aufgefressen ist, und füttert erst nach, wenn keine Reste mehr zu sehen sind. Schimmelndes Futter entfernt man sofort. *Eisenia* und *Dendrobaena* fressen auch Speisereste.

Zuchtbedingungen:

Licht: Die lichtscheuen Würmer bleiben sowieso in der Erde. Deshalb ist es gleichgültig, ob der Behälter dunkel oder hell steht.

Wärme: Ab etwa 12 °C vermehren sich die Würmer, bis 20 °C darf die Temperatur steigen; kurzzeitig werden auch etwas höhere Temperaturen vertragen, von *Dendrobaena* sp. sogar bis 30 °C.

Feuchtigkeit: Regenwürmer lieben weder Staunässe noch Trockenheit, deshalb hält man die Erde gleichmäßig feucht.

Besondere Hinweise: Wenn man sich einen Zuchtansatz besorgt hat, legt man die Würmer einfach oben auf die Erde der Zuchtkiste. Gesunde Tiere wühlen sich unverzüglich ein, schwache oder gar tote Tiere bleiben oben liegen, so daß man sie einige Zeit später absammeln kann. Tote Regenwürmer stinken nicht nur, sie verderben auch die Zuchterde.

Legt man Wert darauf, die Würmer nach Größen getrennt aufzuziehen, braucht man mehrere Behälter. Setzt man die ausgewachsenen Würmer alle 2 Wochen in eine neue Zuchtkiste um, benötigt man 7 Behälter, bei einem 3-Wochen-Rhythmus 5 Behälter. Wird die Erde trocken, ballen sich die Würmer in Klumpen zusammen. Da man aber die Kokons und Jungwürmchen durch ein Austrocknen des Substrats nicht gefährden darf, muß man die ausgewachsenen Exemplare von Hand aussortieren. In einer umfangreichen Zucht wird man wohl immer die Tiere der Größe nach trennen. Wen es dagegen nicht stört, daß Würmer unterschiedlicher Größe beieinander leben, kann bei geringem Bedarf schon mit einer Zuchtkiste auskommen. Dann darf der Ansatz allerdings nicht zu groß sein, damit die Nachkommenschaft Platz findet, oder man entnimmt regelmäßig die ausgewachsenen Tiere, bis die Jungen nachgewachsen sind.

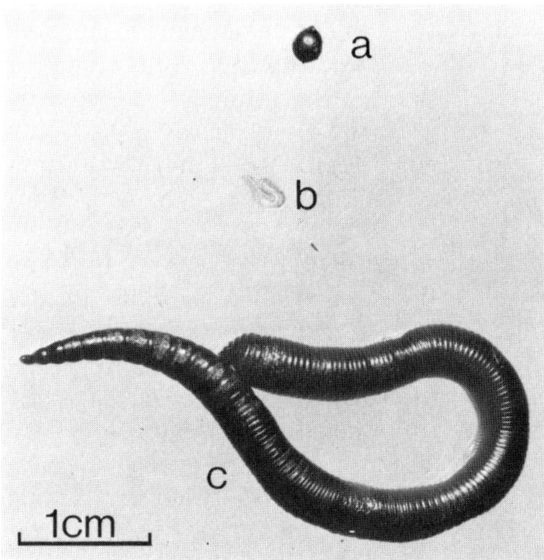

Abb. 8 Laubwurm *(Lumbricus rubellus)*. a) Eikokon, b) junger Wurm, c) fortpflanzungsfähiger Wurm.

Die Mistregenwürmer, die man aus einem Misthaufen holt, stinken bekanntlich und werden erst gefressen, nachdem man sie abgewaschen hat. Mit Getreide und Grünzeug ernährte Mistregenwürmer lassen sich dagegen unmittelbar aus der Zuchtkiste verfüttern. Möchte man Würmer aus der Zucht entnehmen, so wühlt man die Erde nur an einer Stelle um. Kleine Würmchen trifft man eher in den oberen Schichten an, häufig zwischen Blättern, die großen weiter unten. Hat man ein Stück Sackleinen auf der Erde liegen, finden sich die Tiere zwischen den Lagen und lassen sich dort absammeln.

Lagerhaltung: (siehe auch S. 22). Alle Würmer lassen sich etwa 4 Wochen lang bei 8 °C lagern, bei 2 °C 3 Monate. Dazu packt man sie mit leicht feuchter Erde in einen Behälter, der atmet (Holz, Styropor). Anstelle von Erde kann man auch durchgeweichte, ineinander gestapelte Eierkartons nehmen. Feuchtigkeit kontrollieren!

Schädlinge und Krankheiten: Regenwürmer beherbergen zwar Parasiten, die jedoch fast immer für die Regenwürmer und stets für die Vivarientiere bedeutungslos sind. Dagegen schädigen die Larven der Fleischfliege *(Sarcophaga carnaria)*, die parasitär in Regenwürmern heranwachsen, ihren Wirt so sehr, daß er dies nicht überlebt.

Verfütterung: Fischen, Wasserschildkröten und im Wasser lebenden Amphibien gibt man lebende Würmer entsprechender Größe direkt ins Aquarium. Man achtet darauf, daß sie gefressen werden, bevor sie sich im Bodengrund verkriechen. Hat man für kleine Pfleglinge nur große Würmer zur Verfügung, kann man sie mit einem scharfen Messer oder einer Rasierklinge zerschneiden. Allen landbewohnenden Vivarientieren bietet man Regenwürmer in einer Schale an, die ein klein wenig Wasser enthält.

Regenwürmer sind vielen Tieren willkommene Kost: Fischen, vor allem größeren Arten, Fröschen, Kröten, Molchen und Salamandern, ferner Wasserschildkröten, vielen am Boden lebenden Echsen und manchen Vögeln. Dank ihres Kalkgehaltes sind die Regenwürmer wertvolle Futtertiere; zudem spornen sie den Jagdeifer an, da sie sich schlängelnd wehren.

Vor- und Nachteile der Zucht:

Vorteile:

- einfache Pflege
- entwichene Tiere richten keinen Schaden an
- wertvolles, lagerfähiges Futtertier

Nachteile:

- brauchen relativ viel Platz
- tote Tiere stinken bestialisch

Weichtiere (Mollusken)

Zu den Weichtieren (Mollusca) gehören so unterschiedliche Tiere wie Käferschnekken, Schnecken, Tintenfische und Muscheln. Von den Schnecken (Gastropoda) sind allein aus der Unterklasse der Lungenschnecken (Pulmonata) etwa 20000 Arten bekannt. So verwundert es nicht, daß sich von den Land-Lungenschnecken der Ordnung Stylommatophora wenigstens drei gehäusetragende Arten gut für unsere Zwecke eignen. Die Vertreter der Gattung *Cepaea* gehören zu der Familie Helicidae, *Achatina* zur Familie Achatinidae.

Ihre Gestalt ist bereits Kindern gut bekannt. Auf einem muskulösen Fuß kriecht das Tier über alle Unebenheiten. Am Kopf erkennt man zwei Paar Fühler, die längeren tragen an ihrer Spitze ein Auge und können wie ein Handschuhfinger eingestülpt werden. Das in den meisten Fällen rechts-

gewundene „Schneckenhaus“ besteht aus einer harten Kalkschale, die die Schnecke im Laufe ihres Wachstums durch die Ausscheidungen ihrer Haut vergrößert.
Unsere Schnecken sind Zwitter; sie legen nach einer gegenseitigen Befruchtung recht große Eier, aus denen fertige, also bereits ein Gehäuse tragende Jungtiere schlüpfen.

Hain-Schnirkelschnecke
(Cepaea nemoralis)
Garten-Schnirkelschnecke
(Cepaea hortensis)

Beschreibung: *Cepaea nemoralis:* Das Gehäuse der Hain-Schnirkelschnecke ist kugelig, etwas breiter als hoch und von weißlicher bis gelblicher Grundfarbe. Seine Höhe beträgt 16–19 mm, seine Breite 21–25 mm. Fast alle Exemplare weisen 1–5 braune oder schwarze Bänder auf, gelegentlich kommen einfarbige Tiere vor. Nabelfeld und Mündungswand sind braun, die Lippe ist braunrot bis schwarz gefärbt. Der dunkelgraue Fuß ist ausgestreckt 3,5–4,5 cm lang und etwa 8 mm breit.
Die weißen Eier von 2,8–3,1 mm Länge und 2,3–2,6 mm Dicke weisen eine kalkige Schale auf. Das Gehäuse der Jungschnekken ist 2,7–2,9 mm breit.
Die Hain-Schnirkelschnecke kommt häufig in Gärten, Parkanlagen und an Bahndämmen vor, in Gebüsch, lichten Wäldern, an

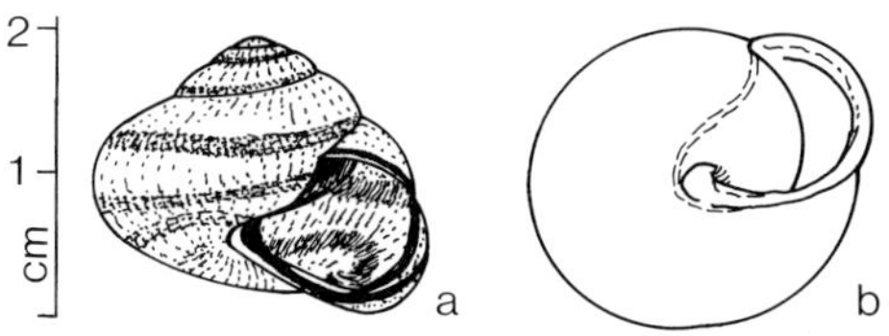

Abb. 9 Hain-Schnirkelschnecke *(Cepaea nemoralis)*. a) Seitenansicht, b) Ventralansicht.

Böschungen und Mauern. In den Alpen ist sie bis in 1300 m Höhe zu finden, in den Mittelgebirgen bis in 600 m.
Cepaea hortensis: Die Gartenschnecke gleicht der Hain-Schnirkelschnecke sehr. Das Gehäuse ist etwas gedrungener und kleiner, 14–16 mm hoch und 19–21 mm breit. Am schnellsten läßt sie sich an der Farbe des Mundsaums, der Lippe und des Nabelfeldes von der Hainschnecke unterscheiden. Diese Stellen sind bei der Gartenschnecke weiß, selten rosa gefärbt. Färbung und Größe des Fußes stimmen mit der Hainschnecke überein.
Auch Eier und Jungschnecken gleichen denen der Hainschnecke. Die Gartenschnecke bewohnt Gebüsche, lichte Wälder und Hecken, Felsen und Mauern; sie ist seltener in Kulturgelände zu finden als die Hainschnecke und in größerer Höhe anzutreffen, in den Alpen bis 2000 m und in den Mittelgebirgen bis 750 m.
Entwicklungszeiten: Die Entwicklung der Bänderschnecken verläuft im berühmten Schneckentempo: erst nach 12–18 Monaten vollenden sie ihr Gehäuse und sind dann fortpflanzungsfähig. Die Hauptpaarungszeit dauert nach der Winterruhe von März bis Mai. Jede Hainschnecke legt dann dreimal im Jahr, von Juni bis August, 30–50 Eier ab. Die Schnecken schlüpfen nach 3–4 Wochen aus den Eiern. Die Gartenschnecke bringt es gewöhnlich auf 2 Gelege mit je 30–60 Eiern, aus denen bereits nach 2–2½ Wochen die Jungtiere schlüpfen. Die Schneckchen wiegen etwa 0,10 mg, ausgewachsen 3,4–4,5 g. Diese Angaben gelten nach Frömming (1954) für freilebende Schnecken.
Die Entwicklungszeiten in Gefangenschaft sind nach unseren bisherigen Erfahrungen etwas kürzer. Beide Arten sind nach einem Jahr fortpflanzungsfähig, wenn sie bei 19–23 °C gehalten wurden und eine Winterruhe von 4–5 Monaten durchgemacht ha-

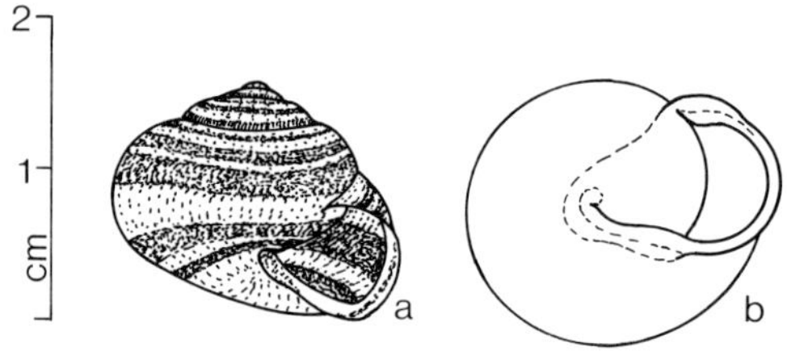

Abb. 10 Garten-Schnirkelschnecke *(Cepaea hortensis)*. a) Seitenansicht, b) Ventralansicht.

ben. Ihre Lebenserwartung liegt bei 3 Jahren.

Behälter, Substrat und Einrichtung: Als Behälter eignen sich ein Kasten nach Abb. 13, größere Kunststoffwannen oder Aquarien aller Art, die man mit einem stabilen Deckel abdeckt, der mit Gaze bespannt ist. Ein Behälter von 50 × 40 × 40 cm bietet 200 Schnecken unterschiedlicher Größe Platz, ohne die Zuchttiere. Holzkisten eignen sich wegen der hohen Feuchtigkeit nur, wenn sie wasserfest gemacht wurden.

Als Substrat verwendet man eine Mischung von zerzupftem Moos und ungedüngtem Torf, oder lockere Garten- oder Walderde, man kann auch alles mischen. Das Substrat bringt man etwa 10 cm hoch in den Behälter ein; je nach Besatz muß man es alle 4–8 Wochen wechseln. Die Tiere klettern gern auf Äste.

Bei günstiger Witterung kann man die Zucht vor Regen geschützt im Freien unterbringen, sonst in der Wohnung oder im Keller. Eine Glühbirne sorgt von außen für Helligkeit und milde Wärme.

Futter: Die Schnirkelschnecken ernähren sich von Blättern aller Art – besonders mögen sie Brennesseln –, von modernden Pflanzen, Erlenblüten und Früchten. Sie fressen auch alles, was im Garten angepflanzt wird, wie Salat, Spinat, Bohnen, Karotten, Kartoffeln, Gurken, Tomaten, Futterrüben und süßes Obst. Altes Brot mit Kleie, Sojamehl und Wasser zu einem Brei angerührt ist ein gern genommenes Kraftfutter. Von Sepiaschalen raspeln die Schnecken Kalk ab, den sie zum Aufbau ihres Gehäuses brauchen.

Schnecken sind recht anfällig gegen Darmstörungen, wenn sie Kot, faulende oder verderbende Nahrung aufnehmen. Alle ein bis zwei Tage brauchen sie frisches Futter; die Futterreste und den Kot muß man sorgfältig entfernen. Da die Schnecken nachts aktiv sind, füttert man sie abends.

Zuchtbedingungen:

Licht: Schnirkelschnecken sind nachts aktiv, doch brauchen sie einen Tag-Nacht-Rhythmus für ein normales Verhalten.

Temperatur: Die Vorzugstemperatur beträgt 19–20 °C. Tagsüber sollte die Temperatur stellenweise auf 23–24 °C ansteigen und nachts wieder sinken.

Eine Winterruhe ist für Zuchttiere unerläßlich; sie ruhen dann bei 2–5 °C 4–5 Monate lang.

Feuchtigkeit: Jedermann hat sicher schon beobachtet, daß Schnecken nach einem Regen besonders aktiv sind. Vor allem während der Paarungszeit versprüht man deshalb allabendlich lauwarmes Wasser, so daß die Luftfeuchtigkeit bei Nacht auf 80–90 % ansteigt. Auch das Substrat hält man feucht, aber nicht sumpfig.

Besondere Hinweise: Hier muß einschränkend gesagt werden, daß bei der Zucht der Schnirkelschnecken noch viele Erfahrungen gesammelt werden müssen. Es zeigt sich wieder, daß einheimische Tiere oft schwieriger zu halten und zu vermehren sind als tropische. Ebenso sind keine Großzuchten bekannt.

Die Zucht beginnt man am besten im Frühjahr, um möglichst bald viel Nachwuchs zu erhalten. Etwa Ende März sammelt man die gewünschte Anzahl Schnecken; von 30 Stück können wir gut 1000 Nachkommen erwarten. Die Schnecken setzen wir in den vorbereiteten Zuchtkasten. Nun füttern wir sie gut und abwechslungsreich und entfernen regelmäßig Kot sowie Futterreste. Haben wir Glück, können wir das Liebesspiel und auch die Paarung beobachten. 6–8 Wochen nach dem Fang haben die Bänderschnecken meist ihre ersten Gelege abgesetzt. Spätestens wenn die Jungtiere zu schlüpfen beginnen, bringen wir die alten Schnecken in einem zweiten Behälter unter. In den ersten 3–4 Lebenswochen ist das Gehäuse der jungen Schnirkelschnekken noch so zart, daß die Elterntiere es zerdrücken können oder daß sie ihren Nachwuchs einfach mitverspeisen.

Haben die alten Schnecken bis Mitte Juli ihre letzten Eier gelegt, kann man versuchen, sie vorzeitig in einen kürzeren Winterschlaf zu schicken, damit sie im gleichen Jahr nochmals ein Gelege hervorbringen. Man füttert die Tiere in den letzten zwei Wochen noch besonders gut und setzt sie dann in eine Holzkiste, die mit leicht feuchtem Moos etwa 10 cm hoch gefüllt ist. Nun hält man die Tiere zwar noch warm, füttert und besprüht sie aber nicht mehr. Nach etwa einer Woche haben sich die Schnekken in ihr Gehäuse zurückgezogen und es mit einem Kalkdeckel verschlossen, der sie vor Trockenheit und Kälte schützt. Daraufhin gibt man die Deckelschnecken in ein Stoffsäckchen, das man in eine kleine Holzkiste legt. Nach etwa 3 Wochen stellt man 8–12 Tage lang das Kistchen jeden Abend in den Kühlschrank bei etwa 9 °C, tagsüber kommt es an einen kühlen Platz in der Wohnung. Danach bleiben die Schnecken für etwa 6 Wochen dauernd im Kühlschrank bei 2–4 °C; gelegentlich feuchtet man das Säckchen etwas an. Inzwischen ist es Anfang Oktober geworden. Nun gewöhnt man die Bänderschnecken in umgekehrter Reihenfolge wieder an höhere Temperaturen, setzt sie Mitte November in den Zuchtbehälter und behandelt sie wie die frisch gesammelten Exemplare. Mit etwas Glück legen sie uns zum Jahresende nochmals Eier ab. Eine solche Behandlung schwächt die Tiere jedoch so, daß nur ein kleinerer Prozentsatz eine zweite Winterruhe ab März übersteht. Deshalb verfüttert man sie besser vorher.

Es ist zu überlegen, ob man die Schnirkelschnecken nicht gemäß ihrem natürlichen Jahresrhythmus hält und ab Oktober bis Ende Februar einwintert.

Die Nachzuchttiere, die verspeist werden sollen, füttern wir über Winter durch. Wir können auch einen Teil einwintern und bei Bedarf wecken. Als Nachzuchttiere, die unsere Zucht fortsetzen sollen, suchen wir im Herbst die kräftigsten Exemplare aus und lassen sie unbedingt die natürliche Winterruhe halten. Zum Teil sind sie bereits im nächsten Sommer fortpflanzungsfähig, zum Teil im darauffolgenden Frühjahr.

Schädlinge und Krankheiten:

Ein Einzeller aus der Ordnung der Coccidida, *Klossia helicina,* kommt gelegentlich im Nierenepithel von Schnirkelschnecken vor. Dieser Parasit ist für die Schnecken harmlos und hat auch für die Vivarientiere keine Bedeutung.

Bei unsauberer Haltung bekommen die Bänderschnecken leicht Darmstörungen, an denen sie sterben, wenn man sie nicht rechtzeitig auf frische Erde umsetzt.

Verfütterung: Meist wird man die Schnekken einfach ins Terrarium oder den Käfig setzen. Will man vermeiden, daß sie durch ihre Schleim- und Fraßspuren unliebsam auffallen, achtet man darauf, daß sie bald gefressen werden. Es ist besser, wenn man für kleinere Echsen das Gehäuse vorher eindrückt. Durch Überbrühen tötet man die Schnecken am schnellsten. Sie lassen sich dann aus dem Gehäuse ziehen und nach Bedarf kleinschneiden, z. B. für Buntbarsche.

Gemessen an dem Heer der Insektenfresser nimmt sich die Schar der Schneckenfresser recht klein aus. Dazu gehören die Schnekkennattern (Dipsadinae), der Rosazungen-Skink *(Tiliqua gerrardii)* und der Krokodilteju *(Dracaena guianensis)*. Die beiden zuletzt genannten Arten nehmen zu einem kleinen Prozentsatz noch andere Nahrung an.

Landschildkröten, *Terrapene*-Arten und manche Echsen, wie Schleichen, Eidechsen, Tejus, Warane und Chamäleons, schätzen Schnirkelschnecken als Beikost. Auch manche Vögel und die Goldlaufkäfer fressen ganz gern Schnecken.

Vor- und Nachteile der Zucht:

Vorteile:

- ausgezeichnetes Futter
- bei sauberer Haltung geruchlos
- keine hohe Zuchttemperatur nötig

Nachteile:

- größere Zuchtbehälter
- hoher Arbeitsaufwand
- mäßig produktiv bei langer Entwicklungszeit

Achatschnecke
(Achatina fulica)

Beschreibung: Das Gehäuse der Achatschnecke erreicht eine beachtliche Größe: 12 cm Höhe und 5 cm Breite; es ist glänzend gelblich bis rötlichbraun marmoriert. Die Lippe ist rötlich, der Fuß hellbraun bis graubraun gefärbt, ausgestreckt etwa 18 cm lang und 4,5 cm breit. Auf dem 1 cm langen Kopf sitzen zwei Paar Fühler, die etwa 3,4 cm langen Augenfühler und die etwa 1,6 cm langen vorderen Fühler.

Die kugeligen bis ovalen, dünnschaligen, hellgrünen Eier weisen einen Durchmesser von 5,5–6,0 mm auf. Daraus schlüpfen Jungschnecken mit einem Gehäuse von 7 mm Höhe und 6 mm Breite.

Achatina fulica stammt wie alle Achatiniden aus Afrika. Sie wurde in Asien und Amerika eingeschleppt und richtet in Nutzpflanzenkulturen erhebliche Schäden an.

Entwicklungszeiten: Die von der Achatschnecke bevorzugten Temperaturen liegen tagsüber bei 25–26 °C und nachts bei 21–23 °C. Bei diesen Temperaturen beträgt die Zeitigungsdauer der Eier 14–18 Tage. Das Wachstum der jungen Schnecken verläuft erstaunlich schnell: Nach 4 Tagen ist das Gehäuse 9 mm lang und 7,5 mm breit, und das Tier wiegt 70 mg. Nach 9 Tagen lauten die Werte 12 × 9 mm und 1,6 g; nach 14 Tagen 15 × 13 mm und 2,45 g; nach 4–5 Wochen 31 × 21 mm und 5,6 g; nach 7–9 Wochen 37 × 24 mm und 8 g; nach 12–13 Wochen 46 × 26 mm und 15–17 g; nach 6–7 Monaten 80 × 36 mm und 40–44 g; nach 13–14 Monaten (die Schnecke ist ausgewachsen) 120 × 50 mm und 90–110 g.

Als Bewohnerin der Tropen ist *Achatina fulica* das ganze Jahr über fortpflanzungsfähig. Doch legen die Tiere eine mehrmonatige Ruhepause im Jahr ein, die meistens in unsere Wintermonate fällt. Alle 3–4 Monate legt sie 30–90 Eier ins Erdreich, in Spalten oder beliebig auf den Boden. Bei dichtem Besatz kommt es häufig vor, daß Eier wieder ausgewühlt werden; trocknen sie nicht aus, schlüpfen trotzdem Jungtiere.

Achatina fulica lebt sehr lange; sie kann über 10 Jahre alt werden.

Behälter, Substrat und Einrichtung: Der Zuchtbehälter muß wasserfest sein, deshalb eignen sich Holzkisten nur, wenn sie mit Kunststoff verkleidet sind. Größere Gestellaquarien, Kunststoff- oder Eternitwannen oder einen Kasten (nach Abb. 13) kann man gut verwenden. Der Deckel erhält eine größere Gazefläche.

Die Größe der Tiere erfordert geräumige Behälter. Für eine kleine Zucht mit 5 aus-

Abb. 11 Achatschnecke *(Achatina fulica)*.

Abb. 12 Zuchtanlage für Achatschnecken.

gewachsenen Schnecken und ihrem Nachwuchs sind 1200–1500 cm^2 Grundfläche angemessen, zum Beispiel 45 × 30 cm. Auf einer Grundfläche von 60 × 50 cm kann man bis zu 8 ausgewachsene Tiere halten oder 200 Jungschnecken unterschiedlicher Größe. Die Mindesthöhe der Behälter beträgt 30 cm.

Wir haben zwar noch nicht beobachtet, daß die Achatschnecken den Deckel ihrer Wanne hochdrücken, aber die Tiere können eine gewaltige Kraft entwickeln, so daß man vorsichtshalber den Deckel mit einem Riegel sichert.

Jungschnecken lassen sich bis zur Geschlechtsreife auch in Kunststoffkörben ohne Substrat halten. Diese Körbe, deren Löcher immer so groß sind, daß der Kot hindurchfällt, hängt man in Wannen ein. Die notwendige Luftfeuchtigkeit erreicht man in einem Klimaschrank oder durch beheiztes Wasser in der Wanne. 1–2mal in der Woche wird man den Schneckenkorb mit lauwarmem Wasser abbrausen und die Wanne reinigen müssen. Die Zuchtwanne

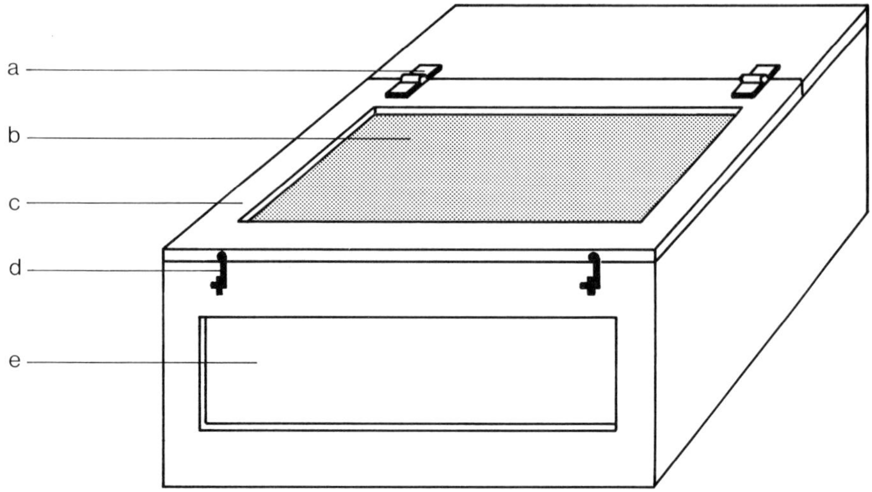

Abb. 13 Zuchtbehälter für Achatschnecken und Schnirkelschnecken aus beschichtetem Holz oder Eternit zum Selbstbau. a) Scharnier, b) Gitter, c) Deckel, d) Riegel, e) Glasscheibe.

füllt man etwa 15 cm hoch mit feuchtem, ungedüngtem Torf und Moos und legt einige Rindenstücke als Unterschlupf darauf. Tagsüber wühlen sich die Schnecken gern ein, nachts wandern sie umher und fressen.

Am besten untergebracht ist der Behälter in einem entsprechend temperierten Raum, beispielsweise in einem Klimaschrank (s. S. 25). Achatschnecken lieben keine hohe Strahlungswärme, deshalb verwendet man bei einzeln stehenden Kästen keine Elstein-Strahler, sondern 1–2 Glühbirnen, die man außerhalb der Wanne anbringt, um Verbrennungen zu verhindern. Schwache Heizkabel oder Heizmatten, die man für eine gleichmäßige Erwärmung und zur Sicherheit unbedingt in einem doppelten Boden oder unter dem Behälter unterbringt, dürfen die Bodentemperatur nicht über 26 °C ansteigen lassen, sind aber gut geeignet.

Futter: *Achatina fulica* frißt alles, was man an Grünzeug, Gemüse und Obst auftreiben kann, mit Vorliebe Kopfsalat, Gurken, Zucchinis, Kürbisse, rohe Kartoffeln und Futterrüben. Obst und Gemüse schneiden wir auf und legen es mit der Schnittfläche nach oben in einen Napf. Die Achatschnekken sind tüchtige Fresser: 20 ausgewachsene Tiere vertilgen in einer Nacht einen ganzen Kopfsalat oder 150 g Gurke! Etwa alle 2 Tage benötigen die Achatschnecken frisches Futter. Reste entfernt man vorher sorgfältig. Für den Aufbau ihres Gehäuses brauchen die Achatschnecken ständig Kalk. Man bietet ihnen in einem Futternapf Vogelgrit, Sepia-Schalen oder einen Kalkstein für Vögel oder Nagetiere. Bei Kalkmangel wird das Gehäuse sehr dünnschalig und zerbrechlich.

Zuchtbedingungen:

Licht: Ein Tag-Nacht-Rhythmus wirkt stimulierend auf das Fortpflanzungsverhalten und ist notwendig. Es genügt bereits mäßige Helligkeit am Tag.

Temperatur: Wie erwähnt, liegt die optimale Temperatur tagsüber bei 25–26 °C und nachts bei 21–23 °C. Das ist zugleich der sehr enge Temperaturbereich, in dem die Schnecken gut fressen und sich fort-

pflanzen. Denn schon ab 27–28°C verdekkeln sich die Schnecken trotz hoher Feuchtigkeit; sie überstehen dann Wärme bis mindestens 35°C, aber keine unter 15°C liegende Temperatur.
Feuchtigkeit: Nur bei hoher Substrat- und Luftfeuchtigkeit fressen die Achatschnekken und vermehren sich. Die Luftfeuchtigkeit soll 70–90% betragen. Hält man die Schnecken trocken, schließen sie ihr Gehäuse mit einem Kalkdeckel; so können die eingedeckelten Achatschnecken bis zu einem halben Jahr ruhen.
Besondere Hinweise: Bisher kennt man nur Zuchten in kleinem bis mittelgroßem Umfang, es sei denn, die Achatschnecken werden als Delikatesse für uns Menschen gezüchtet.
Mit 5–15 ausgewachsenen Tieren baut man eine kleine Zucht auf, die uns 750–2200 Futterschnecken im Jahr liefert.
Hält man nur zwei Tiere, kommt es vor, daß man vergeblich auf Nachwuchs wartet, weil die Schnecken unbefruchtete Eier legen. Liegt es vielleicht daran, daß zwei Tiere nicht immer zur gleichen Zeit paarungswillig sind? Es gibt aber auch in einer größeren Gruppe Exemplare, die ein ganzes Jahr lang keine Eier legen.
Die tägliche Arbeit besteht in Sprühen, Füttern und Entfernen von Futterresten sowie Kot; am besten versorgen wir die Tiere abends, bevor ihre Aktivitätszeit beginnt. Etwa einmal in der Woche gießen wir das Substrat und wechseln es alle 2–8 Wochen aus, je nach Besatz. Schnecken bekommen leicht Darmstörungen, wenn der Boden zu sehr verschmutzt ist, oder wenn sie faulende Nahrung aufnehmen.
Eine mittelgroße Anlage mit 20–40 Zuchttieren kann man noch in einem, entsprechend großen, Kasten betreiben. Aber mit zwei Behältern wird die Zucht übersichtlicher. Frisch geschlüpfte Schnecken und Eier, die man entdeckt, setzt man in den zweiten Behälter um oder zieht die Jungtiere in Körben auf.
Braucht man für einige Zeit keine Schnekken oder fährt man längere Zeit in Urlaub, kann man die Achatschnecken derweil in den Trockenschlaf versetzen. Man stellt das Besprühen, Gießen und Füttern ein, nur eine Woche später haben die Tiere ihr Gehäuse mit einem Kalkdeckel verschlossen. (Schnecken verdeckeln sich erst dann, wenn der Darm leer ist.) Bis zu 6 Monate lang ertragen sie die Trockenruhe. Man bewahrt sie in dieser Zeit bei Zimmertemperatur auf; unter 15°C darf die Temperatur nicht sinken.
Will man die Schnecken wieder zum Leben erwecken, besprüht man sie täglich und erhöht die Temperatur. Nach einigen Tagen sprengen sie den Kalkdeckel ab und beginnen wieder zu fressen. 14 Tage später beginnt das Paarungsspiel, und man kann auf neuen Nachwuchs hoffen, der in den ersten Monaten nach der Trockenruhe besonders reichlich ausfällt.
Die Achatschnecken können auch 2–3 Wochen ohne Schaden hungern, wenn man sie zuvor kräftig gefüttert hat. Hält man sie weiterhin feucht, wühlen sie sich ins Substrat, verdeckeln sich aber nicht.
Schädlinge und Krankheiten: Wesentliche Parasiten der Achatschnecken sind nicht bekannt. Bei sauberer Haltung lassen sich Verdauungsstörungen vermeiden. Springschwänze bringt man immer wieder einmal mit der Erde oder dem Futter in den Behälter ein, sie beeinträchtigen die Zucht aber nicht.
Verfütterung: *Achatina fulica* wird so groß, daß man ausgewachsene Stücke nur an große Warane verfüttern kann. Aber bereits ab Haselnuß- über Walnußgröße sind sie „maßgeschneiderte“ Futtertiere für die gleichen Arten wie bei den Schnirkelschnecken beschrieben. Dort ist auch angegeben, wie wir sie anbieten.

Vor- und Nachteile der Zucht:

Vorteile:

- ausgezeichnetes Futter
- weite Spanne in der Größe der Tiere
- geruchfrei bei sauberer Haltung
- überdauern in der Trockenruhe beliebig einige Monate

Nachteile:

- Zucht benötigt viel Platz
- hohe Futterkosten
- arbeitsintensiv

Krebstiere (Crustaceen)

Die Krebstiere (Crustacea) bilden mit etwa 35000 Arten nicht nur eine große, sondern auch eine vielgestaltige Tierklasse. Die allermeisten Krebse leben im Meer, viele im Süßwasser, manche als Parasiten und nur eine kleine Gruppe an Land. Bewohner aus allen drei Lebensbereichen, Parasiten natürlich ausgenommen, stellen uns unentbehrliche Futtertiere. Im folgenden ist die Zucht von Wasserflöhen, Salinenkrebschen und Landasseln näher beschrieben. Daphnien und *Moina* (Familie Daphniidae) gehören zur Unterordnung der Wasserflöhe (Cladocera) und stehen ebenso wie *Artemia salina* (Familie Branchinectidae in der Überordnung der Kiemenfüßer [Anostraca]) unter der Unterklasse der Blattfußkrebse (Branchiopoda). Die Asseln, Ordnung Isopoda, gehören zu den Höheren Krebsen der Unterklasse Malacostraca. Vertreter dreier Familien werden behandelt: Oniscidae mit *Oniscus,* Porcellionidae mit *Porcellio* und Armadillidiidae mit *Armadillidium.*

Zum besseren Verständnis der angeführten Arten sei kurz auf die Gestalt der Krebse eingegangen. Krebse sind, wie die Insekten, Gliedertiere, deren Körper von einem äußeren Skelett gestützt wird, dem Chitinpanzer, der häufig durch Kalkeinlagerungen verfestigt ist. Er ist in eine Anzahl von Segmenten gegliedert, die sich zu den Abschnitten Kopf, Brust (Thorax) und Hinterleib (Pleon) zusammenfassen lassen. Allerdings ist die Anzahl dieser Segmente nicht so konstant wie bei den Insekten. Häufig sind ein bis mehrere Brustsegmente mit dem Kopf zu einem einheitlichen Körperteil verschmolzen, so daß die Abschnitte dann Kopf-Brust (Cephalothorax), restliche Brust (Peraeon) und Hinterleib (Pleon) lauten. Bei den Asseln ist ein Brustsegment mit dem Kopf verwachsen.

Ursprünglich trägt jedes Segment ein Paar Gliedmaßen (Extremitäten), die für die unterschiedlichen Aufgaben entsprechend gestaltet sind: beispielsweise als Antenne, Mundwerkzeug oder Laufbein. Die Brustgliedmaßen dienen im allgemeinen der Fortbewegung und tragen bei allen wasserbewohnenden Arten Kiemenanhänge. Bei den Daphnien ist dagegen die zweite Antenne zu einem kräftigen Ruderbein umgebildet, und mit den Brustbeinen strudeln sie hauptsächlich Nahrung herbei. Keine Extremitäten weist der Hinterleib bei Wasserflöhen und Salinenkrebschen auf, bei den Asseln bilden sie Atemorgane. Zusätzlich stellt ein Teil der zweiten und meist auch der ersten Hinterleibsgliedmaße der Asselmännchen ein Hilfsorgan zur Begattung dar, an dem sich ihre Geschlechtszugehörigkeit mit bloßem Auge feststellen läßt (Abb. 15).

Die Wasserflöhe weisen einen Mantel auf, der aus einer Falte hinter dem Kopf entspringt und den ganzen Körper wie eine Schale umhüllt. Dieser Mantel besteht wie die Haut aus der mehr oder weniger verkalkten Chitinkutikula.

Gewöhnlich pflanzen sich Krebse durch die Ablage von befruchteten Eiern fort, aus denen Larven schlüpfen, die nach mehreren Häutungen zum adulten Tier heranwachsen. Man kennt verschiedene Larvenformen, die mit besonderen Bezeichnungen belegt werden. Für uns ist die Nauplius-Larve erwähnenswert, eine einfache Form, die aus drei Segmenten besteht. Es kann aber auch ein fertiger kleiner Krebs ausschlüpfen, wie bei den Wasserflöhen und Landasseln, der nur noch wachsen muß, bis er seine Geschlechtsreife erreicht. Larve oder Jungkrebs können auch bereits im Mutterleib die Eischale verlassen; selbst aus unbefruchteten Eiern entwickeln sich Krebschen (Parthenogenese). Bei der Fortpflanzung der Landasseln ist bemerkenswert, daß die Weibchen ihre Eier in einen besonderen Brutraum ablegen. Er wird durch 5 Eiklappenpaare (Oostegite) gebildet, die an der Innenseite der Hüfte der ersten 5 Brustgliedmaßen entspringen, blattartig ausgebildet sind und in der Mitte der Bauchseite übereinanderlappen. Der Brutraum schließt recht dicht ab und ist mit einer Flüssigkeit gefüllt, so daß die Embryonen ihre Entwicklung bis zum Schlüpfen in einem Miniaturteich durchmachen. Die Landasseln sind also von einem Gewässer völlig unabhängig. Die Eiklappen entstehen bei einer Häutung, der sogenannten Parturialhäutung.

Großer Wasserfloh
(Daphnia magna)
Gemeiner Wasserfloh
(Daphnia pulex)
Japanischer Wasserfloh
(Moina macrocopa)

Wer kennt sie nicht und wer, zumindest von der älteren Generation, hat sie nicht schon einmal selbst gefangen? Ihr Name leitet sich von ihrer hüpfenden Schwimmweise ab. Nach der Gattung *Daphnia* nennt sie der Volksmund zusammenfassend

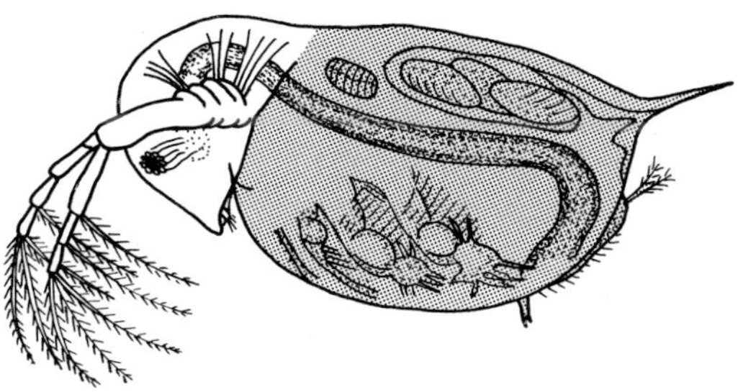

Abb. 14 Gemeiner Wasserfloh *(Daphnia pulex).*

Daphnien. Wasserflöhe kommen in einigen hundert Arten vor, aber nur wenige haben als Fischfutter Bedeutung gewonnen: Meist sind es wohl Vertreter von *Daphnia magna,* dem Großen Wasserfloh, und *Daphnia pulex,* dem Gemeinen Wasserfloh.

In neuerer Zeit ist noch ein weiterer Vertreter der Wasserflöhe, und zwar *Moina macrocopa,* aus Japan zu uns gelangt. Sie sind in ihrer Heimat in zeitweilig austrocknenden Tümpeln verbreitet. Daraus erklärt sich die relative Unempfindlichkeit dieser Wasserflöhe gegenüber mangelnder Wasserqualität.

Beschreibung: Der ganze Körper ist von schalenartigen Klappen umschlossen und endet in einen Stachel. Am Kopf ist das große Komplexauge deutlich zu erkennen, ferner kleine erste Antennen, besetzt mit Sinnesorganen. Die sehr groß ausgebildeten zweiten Antennen sind gegabelt und mit Schwimmborsten ausgestattet, es sind die Fortbewegungsorgane des Wasserflohs: mit jedem Schlag hüpft er vorwärts. An den Rumpfsegmenten sitzen fünf Paar Blattfüße; der fußlose Endabschnitt, versehen mit zwei Krallen, wird von der Schale umschlossen. Mit den Filterkämmen an diesen Füßen strudeln Wasserflöhe die Nahrung zum Mund. Unter dem Mikroskop lassen sich bei diesen durchsichtigen Krebschen der Herzschlag beobachten, ebenso die Eier und ungeborene Junge, die sich im großen Brutraum der weiblichen Tiere befinden. Die beiden Daphnia-Arten werden bis zu 6 mm, *Moina* 1,8–2 mm groß. Bei günstigen Lebensbedingungen sind die Wasserflöhe intensiv rot gefärbt.

Vorkommen und Entwicklung der Daphnien: In jedem einigermaßen nährstoffreichen Tümpel oder Teich kommen Daphnien vor, massenweise vor allem in Teichen, auf denen Enten und andere Wasservögel leben, sei es in Zoologischen Gärten oder – selten geworden – in Dörfern. Durch den Kot der Vögel wird das Wasser gedüngt, und Algen wie auch Einzeller entwickeln sich in Hülle und Fülle. Sie bilden die Hauptnahrung der Daphnien und werden von ihnen aus dem Wasser filtriert.

Im Frühjahr treten ausschließlich Weibchen auf, die sich jungfräulich (parthenogenetisch) vermehren. Bei hohen Temperaturen verläuft die Entwicklung sehr rasch. Die jungen Weibchen können schon nach einigen Tagen mit der Vermehrung beginnen; so kommt es zur bekannten Massenentwicklung. Die Nachkommenschaft eines einzigen Weibchens kann theoretisch innerhalb eines Sommers mehrere Millionen Tiere betragen. Erst später treten dann auch Männchen auf. Es folgt die Begattung, und nun werden Dauereier produziert, die die kalte Jahreszeit überstehen. Wasservögel verschleppen sie von Gewässer zu Gewässer.

Fang im Freiland und Haltung von Daphnien: Hat man ein ertragreiches, unverseuchtes Gewässer ausfindig gemacht, so genügen für den Fang ein feinmaschiges Netz, eine Transportkanne oder besser noch mit Gaze, Tuch oder feinem Drahtgeflecht bespannte Rahmen. Das Netz führt man in Form einer liegenden Acht durch das Wasser. Hernach kommt die Ausbeute in die Kanne (nicht zuviel, Daphnien sind sehr sauerstoffbedürftig!) oder wird in dünner Schicht auf die Rahmen verteilt, die man nach der Füllung mit nassem Zeitungspapier oder Lappen abdeckt. Zu Hause bringt man alles in ein großes Gefäß, das aber wegen des Chlorgehaltes nicht mit frischem Leitungswasser, sondern nur mit gut abgestandenem Wasser gefüllt sein sollte. Nachdem sich die toten Tiere abgesetzt haben, zieht man die zur Fütterung vorgesehenen Krebschen vorsichtig mit dem Schlauch ab und fängt sie in einem Sieb auf. Dadurch läßt sich das Einschleppen unerwünschter Gäste weitgehend verhindern, und das Futter ist einigermaßen sauber.

Wenn man eine weitere Haltung des Fanges anstrebt, gibt man die lebensfähigen Tiere in große Behältnisse, die nicht aus Metall bestehen dürfen, mit flachem Wasserstand und stellt sie an einen kühlen, schattigen Platz. Bei starkem Besatz kann eine Durchlüftung nicht schaden. Beim Umsetzen sollten die Wasserflöhe keinem Temperaturschock ausgesetzt sein. Auf diese Weise untergebracht, halten sich die Tiere auch im Sommer einige Tage lang.

Hinweise für die Zucht von Daphnien: Wer im Freiland an sonniger Stelle große Becken aus Beton, Kunststoff oder alte Fässer aufstellen oder eingraben kann, sollte zumindest die Zucht einmal versuchen. Der Wasserstand darf niedrig sein (50 cm), die Oberfläche dafür möglichst groß. Zunächst werden dem Wasser organische Substanzen hinzugefügt, um Futterorganismen zu bekommen. Dazu eignen sich Backhefe, Milch, Eipulver, oder aber es werden kleine Fleischstücke einige Zeit ausgelaugt und dieses Wasser dann hinzugegeben. Alle Zusätze nur in kleinen Mengen beigeben und je nach vorhandener Wassermenge dosieren. Nach einigen Tagen haben sich genügend Organismen gebildet und, wenn der Behälter in der Sonne steht, bereits auch Algen; nun können Daphnien hinzugesetzt werden. Sie filtern in kurzer Zeit das Wasser, das vorher ein wenig trüb geworden war, wieder klar. Bei vorsichtiger Weiterfütterung vermehren sie sich schnell. Die gleiche Methode läßt sich auch da anwenden, wo es sich um einen natürlichen kleinen Tümpel handelt. Jedoch sollte man unbedingt darauf achten, daß er völlig fischfrei ist und auch sonst möglichst wenig anderes Getier beherbergt. Der Überschuß an Daphnien wird für den Winter im Gefrierschrank eingefroren; aufgetaut ergibt das ein hervorragendes Futter. Tiefgefrorene Wasserflöhe sind auch im Fachhandel zu haben.

Falls man über einen kühlen, frostfreien Raum verfügt, kann man die Daphnienzucht bei Anbruch der kalten Jahreszeit dorthin verlegen. Bei vorsichtiger, aber guter Fütterung vermehren sich die Daphnien sogar im Winter. Es ist selbstverständlich, daß in größeren zeitlichen Abständen zumindest ein Teil des Wassers zu wechseln ist. Ebenso sollte man Rückstände wie Exkremente, Häute und tote Tiere von Zeit zu Zeit absaugen.

Behälter für Moina macrocopa:
Dieses anspruchslose Krebschen läßt sich in Gefäßen mit einigen Litern Inhalt züchten. Große Einmachgläser oder kleine Aquarien sind gut geeignet. Wir füllen sie mit abgestandenem Leitungswasser von etwa 22°C und stellen sie zwar hell, aber nicht im direkten Sonnenlicht auf. Damit sich an der Wasseroberfläche keine Kahmhaut bildet, ist eine schwache Durchlüftung angebracht.

Futter und Hinweise für die Zucht von Moina macrocopa: Ein weiterer Vorzug dieser Tiere ist, daß sie mit in Wasser aufgeschwemmter Backhefe als Futter vorlieb nehmen. Bei anfangs vorsichtigen und sich langsam steigernden Futtergaben können bereits, dank der schnellen Vermehrung, nach 8 Tagen Tiere zur Verfütterung entnommen werden. Die jeweils benötigte Futtermenge muß jeder, je nach den gegebenen Verhältnissen, selbst ausprobieren. Jeweils nach etwa 24 Stunden sollte das Wasser wieder klargefressen sein. Solch eine Zucht floriert etwa 3 Wochen; dann beginnt sie unangenehm zu riechen, und die rote Färbung der Wasserflöhe verblaßt langsam.

Dann ist es die Zeit für einen Neuansatz. Alle Tiere werden abgesiebt und in frisches Wasser verbracht. Auch hier ist es günstig, mehrere zeitlich verschobene Zuchten anzulegen, um genügend Krebschen zur Verfügung zu haben.

Zuchtbedingungen:
Licht: Wasserflöhe brauchen einen hellen Standort. Wo kein Tageslicht vorhanden ist, muß man mit künstlicher Beleuchtung nachhelfen, am besten mit einer Leuchtstoffröhre oder auch einer Glühbirne.

Temperatur: Alle Wasserflöhe vermehren sich bei Wassertemperaturen von 20–25°C sehr gut. Bei der Freilandhaltung der Daphnien kann die Temperatur auch höher ansteigen; im Winter empfiehlt sich eine niedrigere Temperatur von 15–18°C, weil sonst die Gefahr besteht, daß die Krebschen infolge Sauerstoffmangels absterben. Für *Moina* ist ganzjährig eine Wassertemperatur von 20–25°C optimal.

Verfütterung: Die Wasserflöhe werden vorsichtig mit einem Schlauch abgesaugt, gesiebt, und vielleicht noch mit lauwarmem Wasser gespült, da sie einen Temperaturschock schlecht vertragen. Auch hier erweist sich der japanische Wasserfloh als robuster; ihm machen Temperaturstürze nichts aus. Da Daphnien starke Sauerstoffzehrer sind, gibt man nie zuviel ins Becken. Größere Mengen abgestorbener und nicht gefressener Tiere werden baldigst abgesaugt, damit das Wasser nicht verdirbt.

Daphnien sind ganz allgemein ein hervorragendes Fischfutter im Süßwasserbereich, aber auch für viele Arten von tropischen Meeresfischen durchaus verwendbar, für

Korallenbarsche, Blatt-, Koffer-, Kugelfische, Sterlets und Flösselhechte. Als Planktonersatz kann man sie außerdem an Seepferdchen und Seefedern verfüttern. Sehr nützlich sind Daphnien bei der Aufzucht von Wasserschildkröten. Ferner werden sie von allen Larven der Schwanzlurche gern angenommen. Die Carotine der Krebschen unterstützen bei farbigen Arten die Bildung und Erhaltung der gelben und roten Farbtöne. Bei reichlicher Verabreichung an Flamingos z. B. bleibt die rote Gefiederfärbung ebenfalls besser erhalten. Außerdem bilden sie für diese Vögel ein sehr natürliches Futter.

Vor- und Nachteile der Zucht:

Vorteile:

- Bei richtiger Handhabung unkompliziert
- Auch im Freiland möglich (nur im Sommer)
- Sehr gutes Futter
- Große Ausbeute

Nachteile:

- Größerer Platzbedarf, außer für *Moina macrocopa*
- Möglichkeit des Einschleppens von Schädlingen und Parasiten in die Bekken, hauptsächlich bei Frischfängen

Salinenkrebschen
(Artemia salina)

Richtiger müßte die Überschrift lauten: *Artemia gracilis,* das Amerikanische Salzkrebschen, denn die im Handel angebotenen Krebseier stammen fast ausschließlich aus den Salzseen der Vereinigten Staaten. Eine salzundurchlässige Haut sichert den Tieren das Überleben in ihrem extremen Biotop mit seinem schwankenden Salzgehalt. Etwa mit der Nahrung aufgenommenes Salz wird durch die Anhängsel der Beinpaare wieder ausgeschieden.

Beschreibung: Die erwachsenen Krebse werden 12–15 mm lang. Die 15 Rumpfsegmente tragen 11 Paar Ruderfüße, die der Fortbewegung und dem Herbeistrudeln von Nahrung – kleinen Schwebeteilchen – dienen. Die Farbe der Tiere schwankt von rosa bis kräftig rot, je nach Salzkonzentration. Die Männchen haben zangenförmige Antennen ausgebildet, während bei den Weibchen hinter den Ruderbeinen die Eiersäcke sichtbar werden. Die Tiere schwimmen mit dem Bauch nach oben nahezu unablässig umher.

Beim Austrocknen des Gewässers steigt der Salzgehalt. Ist nun der Salzgehalt sehr hoch, setzen die Krebschen braune Dauereier von 0,2 mm Durchmesser ab. Diese Dauereier werden überall im Fachhandel angeboten. Sie bleiben, trocken aufbewahrt, jahrelang entwicklungsfähig.

Die Nauplien sind tropfenförmig, etwa 0,5 mm groß und tragen kräftige Ruderantennen. Geringe Salzkonzentration bewirkt ein Schlüpfen dieser Larven im Mutterleib unmittelbar vor dem Absetzen. Finden die Nauplien genügend Futter im Wasser, so häuten sie sich in kurzen Abständen. Die Gestalt der Tiere streckt sich, und langsam entwickeln sich die Ruderbeinchen, die nun auch der Fortbewegung dienen. Schließlich ist nach der 17. Häutung das Tier geschlechtsreif, das heißt, das Larvenstadium ist beendet.

Entwicklungszeiten und Temperaturbedürfnis: Bringt man die Eier in Salzwasser, so schlüpfen je nach Temperatur die Nauplien nach etwa 1–3 Tagen, und zwar bei 15–20 °C nach etwa 48 Stunden, bei 24 °C nach 24–36 Stunden. Artemien sind gegenüber Temperaturschwankungen überaus widerstandsfähig. Soeben geschlüpfte Nauplien können im Kühlschrank ohne weiteres bei etwa + 4 °C bis zu einer Woche aufbewahrt werden. Bei normaler Zimmertemperatur würden sie innerhalb von

3 Tagen absterben. Für eine ergiebige Zucht benötigt man jedoch konstante höhere Temperaturen. Eine Heizung des Beckens mit einem Aquarienstabheizer oder Heizkabel kann also durchaus sinnvoll sein.
Bei 20 °C sind die Salinenkrebschen nach etwa 37 Tagen geschlechtsreif, bei 30 °C schon nach 18 Tagen. Bei optimaler Fütterung rund um die Uhr können sie bei 20 °C schon nach 18–21 Tagen und bei 28 °C nach 12 Tagen ausgewachsen sein. Der Liebhaber wird diese Zeiten aber wohl nicht erreichen. Leider ließen sich keine Angaben über Produktivität und Lebensdauer der Artemien finden.

Lichtbedürfnis: Keine besondere Beleuchtung benötigen Kulturen, bei denen die Nauplien nur zum Schlüpfen gebracht und dann verfüttert werden sollen. Dort aber, wo die Tiere bis zur Geschlechtsreife heranwachsen, sollte das Licht so stark sein, daß sich Grünalgen bilden können. Erstens bleibt dann das Wasser klar, und zweitens sind die Algen, wenn sie im Wasser schweben – man schabt sie mit einem Stöckchen ab –, ein gutes zusätzliches Futter für die Nauplien. Ist kein sonniger Platz vorhanden, genügt eine über den Behältern angebrachte Lichtquelle; Beleuchtungsdauer etwa 12 Stunden.

Zuchtbehälter und Hinweise für die kleine Zucht: Da der Preis für die Artemieneier in den letzten Jahren kräftig in die Höhe geschnellt ist, gewinnt die Zucht der Salinenkrebschen auch für den Liebhaber an Bedeutung. Dazu sollen möglichst unkomplizierte Wege aufgezeigt werden, darüber hinaus sind noch weitere Zuchtmöglichkeiten angedeutet. Für die meisten Aquarianer, die ihre Becken nur aus Freude betreiben, lohnt sich der Aufwand für eine größere Zucht in keinem Fall. Vielfach wird auch die Zeit zu knapp sein, um erfolgreich eine aufwendige Zucht betreiben zu können.
Für solche Liebhaber-Aquarianer eignen sich die vielen im Handel angebotenen Artemia-Kulturgeräte vorzüglich, auch wenn die Ausbeute mäßig bleibt: sei es zum Beispiel die sogenannte Flaschenmethode oder der Inkubator. Diese relativ billigen Geräte sind für den normalen Futterbedarf völlig ausreichend. Eine weitere Möglichkeit ist die Zucht in größeren flachen Gefäßen, beispielsweise Foto-Entwicklungsschalen, die man im Sommer auf dem Balkon oder im Garten aufstellt. Auch hier wird Salzlösung 6–7 cm hoch eingefüllt und das Ganze der Sonne ausgesetzt. Sobald die Schale gut veralgt ist, gibt man frisch geschlüpfte Nauplien oder auch Eier hinein. Die Algen sind das beste Futter, und die Tiere wachsen schnell heran. Verdunstetes Wasser füllt man natürlich nach. Wenn die Artemien alle Algen herausgefiltert haben, muß die Fütterung nach der im Abschnitt „Futter“ beschriebenen Weise einsetzen. In größeren Becken aus Glas oder Kunststoff von 15–18 cm Höhe läßt sich die Zucht ebenso gut durchführen. Man kann den Zeitaufwand für die Pflege niedrig halten, wenn man einigermaßen natürliche Verhältnisse schafft. Dazu bedeckt man den Boden mit einer 3–5 cm starken Schicht ungedüngter Gartenerde und füllt etwa 10 cm hoch Meerwasser ein (Siepe, 1977). Als Ansatz gibt man etwa 100 Nauplien pro Liter Wasser dazu. Die Erde enthält viele Mikroorganismen, und es entwickeln sich laufend einzellige Lebewesen, die von den Nauplien gefressen werden. Man braucht also erst 2–3 Wochen nach dem Einsetzen der Nauplien zuzufüttern. Ausgewachsene Tiere wühlen bei der Futtersuche immer wieder den Boden auf, deshalb muß man auch bei trübem Wasser vorsichtig nachfüttern.
Bei allen Zuchtmethoden ist zu beachten, daß bei hohen Temperaturen von 25–30 °C der Sauerstoffgehalt des Wassers stark

sinkt. In diesem Fall ist eine Durchlüftung besonders wichtig. Auch das Schlupfergebnis wird günstig beeinflußt, da sich bei bewegtem Wasser mehr Krebschen von den Eihüllen befreien können. Die Durchlüftung sollte aber nicht so stark perlen, daß der Bodengrund oder die Krebschen aufgewirbelt werden.

Schließlich sei noch auf eine ganz einfache Methode des Ausbrütens hingewiesen. Sie eignet sich insbesondere für alle diejenigen, die über wenig Platz verfügen. Hierbei finden Petrischalen oder andere flache Glasschalen Verwendung, die man 2 cm hoch mit Salzwasser füllt. Da der Wasserstand so niedrig ist, entfällt eine Belüftung. An der dem Licht abgewandten Seite wird ein Futterring eingelegt, den wohl jeder Aquarianer hat. Die Artemieneier werden in den Ring gestreut, die Eierschalen bleiben später darin zurück. Nach Möglichkeit sollte Licht nur einseitig einfallen, denn nach dem Schlupf streben die Nauplien der hellsten Stelle zu und sammeln sich dort. Mit einer Pipette können sie mühelos abgesaugt werden.

Kulturmedium: Einer der wichtigsten Faktoren bei der Zucht des Salinenkrebschens ist das Salz. Will man die Artemien nur zum Schlüpfen bringen, so spielt es keine Rolle, ob man Seesalz oder Speisesalz verwendet; nur jodhaltiges Salz eignet sich nicht. Speziell zur Zucht sollte man jedoch dem Seesalz den Vorzug geben. Sehr zu empfehlen ist ein fertiges Salz-Artemieneier-Gemisch (im Zoofachhandel erhältlich) im richtigen Verhältnis. Das hierzu verwendete Salz wurde speziell für Artemien entwickelt, in diesem Fall entfällt der Ansatz von Meerwasser. Setzt man das Meerwasser selbst an, wird man bei einer Dichte von 1,024 g/cm^3 gute Ergebnisse erzielen können. Dieser Wert entspricht bei 20 °C einer Konzentration von etwa 3,4 %, wir müssen also 34 g Salz in einem Liter Wasser auflösen. Auch das Wasser aus einem Meeresaquarium, das beim regelmäßigen Wasserwechsel anfällt, kann man noch gut verwenden, nachdem man es saubergefiltert hat. Salinenkrebschen lassen sich in 1,5–4,0 %iger Salzlösung erfolgreich züchten, also bei einer Dichte von 1,0097–1,0286 g/cm^3 bei 20 °C. Konzentrationen im unteren Bereich begünstigen die Bakterienentwicklung.

Die Dichte läßt sich mit einem Aräometer feststellen. Auch hartes Leitungswasser kann ohne weiteres verwendet werden, da der Kalkgehalt keine große Rolle spielt. Es ist günstig, wenn das Meerwasser einige Tage vor Gebrauch absteht und nach Möglichkeit durchlüftet wird. Durch Verdunsten erhöht sich der Salzgehalt des Wassers; man muß deshalb mit abgestandenem Wasser nachfüllen. Artemien sind ziemlich widerstandsfähig gegenüber diesen Schwankungen; auch gegen unvermeidliche Stoffwechselprodukte besteht keine große Empfindlichkeit. Nach längerem Betrieb ist es angebracht, ⅓ der Wassermenge zu wechseln.

Futter: Das einfachste Futter für die Salinenkrebschen ist Backhefe. Bei der Kultur mit Gartenerde als Bodengrund hat sie sich sehr gut bewährt. Man kann die Hefe in den bekannten kleinen Würfeln überall kaufen. Sie wird mit etwas Wasser aufgeschwemmt und sorgfältig verrührt, bis sich die größeren Brocken aufgelöst haben. Danach läßt man das Ganze noch einige Zeit abstehen. So gelöst hält sich die Hefe im Kühlschrank wochenlang. Trockenfutter für Fische, besonders TetraPhyll, allein oder gemischt mit TetraMin, bringt nach Zahn (1972) gute Ergebnisse. Wichtig ist hierbei, das Trockenfutter in einem Porzellanmörser mit dem Stößel fein zu zerreiben und in Wasser zu einer homogenen Brühe aufzurühren; die Artemien können ja nur feinste Teilchen aufnehmen. Je nach

Größe und Besatz füttert man täglich mengenmäßig von einigen Tropfen bis zu mehreren Millilitern der Hefe- oder Trockenfutteraufschwemmung. Manche Autoren empfehlen staubfein gemahlene, getrocknete Brennesseln oder Algenmehl. Auch im Handel befindliches Aufzuchtfutter, zum Beispiel Mikrozell, Liquizell oder ähnliche Präparate, die aus Salzen, Spurenelementen und Phytoplankton bestehen, kann man jederzeit verwenden.

Ein weiteres ausgezeichnetes, weil ebenso natürliches Futter ist Süßwasserplankton (s. den Abschnitt über Plankton). Man impft ein Gefäß, möglichst aus Glas, Plexiglas oder ähnlichem, mit etwas Phytoplankton und stellt es hell, jedoch nicht direkt im Sonnenlicht auf. Nach einiger Zeit hat sich das Plankton so stark vermehrt, daß das Wasser eine intensiv grüne Farbe angenommen hat. Zur Fütterung der Artemien schüttet man soviel von der Flüssigkeit ins Zuchtbecken, bis eine leichte Grünfärbung eintritt. Vorsicht, das Süßwasserplankton stirbt im Salzwasser relativ schnell ab! Nach einiger Zeit wird dann das Wasser wieder klar.

Wer sich eine Zucht der Futteralgen *Dunaliella* aufgebaut hat (s. unter Meeresplankton), hat natürlich keinerlei Probleme bei der Fütterung der Krebschen.

Nun noch einige Bemerkungen zur Futterdosierung, denn von ihr hängt in hohem Maße das Gelingen einer Zucht ab. Nauplien wie auch die erwachsenen Krebschen sind starke Fresser. Trotzdem sollten wir immer nur soviel Futter geben, wie die Artemien innerhalb von längstens 12 Stunden vertilgen. Sonst bringen Bakterien, die sich schnell entwickeln, die Zucht zum „Umkippen". Grundsätzlich füttert man erst dann nach, wenn das Wasser wieder ganz klar geworden ist. Nur wer *Dunaliella* verfüttert, kann die Futtermenge großzügiger bemessen.

Verfütterung: Das Fangen der Salinenkrebschen ist einfach: Man deckt den Behälter gegen Licht ab; nur an einer Stelle soll Helligkeit einfallen. Dort sammeln sich in kurzer Zeit die lichthungrigen Tiere. Mit einem Schlauch werden sie abgesaugt und über ein feinmaschiges Sieb gegossen. Man spült sie in Süßwasser ab; anschließend können sie verfüttert werden.

Ausgewachsene Krebschen sind ein ausgezeichnetes Futter für alle Fische und Niederen Tiere, wie beispielsweise Aktinien. Frischgeschlüpfte Artemien bilden ein vorzügliches Futter für Planktonverzehrer wie Röhrenwürmer, Korallen, junge Seepferdchen und Seenadeln. Selbstverständlich dienen sie auch der Brut der Süßwasser- und Meeresfische als Aufzuchtfutter.

Große Zucht: Das Thema „Großanlagen" soll andeutungsweise gestreift werden. Verständlicherweise benötigt man für Großaquarien stets ausreichende Futtermengen. Dort lohnt sich die Zucht in Behältern, die bis zu 500 l fassen. In solchen Anlagen halten elektrische Rührwerke das Wasser in Bewegung. Gleichzeitig spülen diese Riesenquirle die in großen Mengen anfallenden Abfallprodukte in dafür vorgesehene Vertiefungen. Vielfach befördern von Zeitschaltuhren gesteuerte Luftpumpen eine Futterlösung in genau dosierten Mengen und Zeitabständen in die Becken. Als Futterlösung leisten Algensuspensionen gute Dienste, auch Fischfutter-Suspensionen bringen gute Ergebnisse.

Wer sich näher mit diesen Großanlagen beschäftigen will, sei auf verschiedene Aufsätze in der „DATZ" oder anderen Fachzeitschriften verwiesen (s. Literaturverzeichnis).

Vor- und Nachteile der Zucht:

Vorteile:

- Dauereier überall käuflich erhältlich
- Äußerst nahrhaftes Futter auch für empfindliche Tiere

- Kein Einschleppen von Schädlingen in die Zuchtbecken möglich

Nachteile:

- Großer Arbeitsaufwand
- Zucht sollte zweimal am Tag kontrolliert werden
- Vernachlässigte oder vergessene Zuchtansätze beginnen stark zu riechen

Mauerassel
(Oniscus asellus)
Kellerassel
(Porcellio scaber)
Nasen-Kugelassel
(Armadillidium nasatum)
Gewöhnliche Kugelassel
(Armadillidium vulgare)

Beschreibung: *Oniscus asellus:* Der Körper der Mauerassel ist breitoval und flach, 15–18 mm lang, 6–10,5 mm breit und 1,5–2,5 mm hoch, meist glänzend und schwärzlichbraun bis rötlichbraun gefärbt, mit heller Marmorierung beidseits längs der Rückenmitte. Die Seitenteile der Peraeon-Segmente sind besonders flach ausgezogen. Die Antenne setzt sich aus 5 Schaft- und 3 Geißelgliedern zusammen und ist charakteristisch abgewinkelt; das letzte Schaftglied ist etwa dreimal so lang wie das erste Geißelglied. Auf der Bauchseite des Hinterleibes sind keine weißen Flecken zu sehen.

Mit etwa 7 mm Körperlänge, im Alter von rund vier Monaten, werden die Tiere geschlechtsreif. Die Eizahl steigt mit zunehmender Größe des Muttertieres von 13 beim ersten Gelege bis zu 80 bei voll ausgewachsenen Tieren; durchschnittlich legen die 12 mm langen Weibchen 43 Eier ab. Die schlüpfenden Jungtiere sind etwa 2 mm groß. Die Lebenserwartung beträgt 3–4 Jahre.

Porcellio scaber: Die Kellerassel erreicht die gleiche Größe wie die Mauerassel, ist aber schmaler als jene; ihr fehlen die flach ausgebreiteten Seitenränder. Die matte dunkelgraue Färbung herrscht gewöhnlich vor, seltener treten hell gerandete oder gleichmäßig hell rötlich, gelblich oder weißlich marmorierte Tiere auf. Die Antenne trägt nur zwei Geißelglieder. Auf der Bauchseite erkennt man an den ersten beiden Segmenten des Hinterleibes beidseitig je zwei weiße Flecken, die Trachealorgane, also hochentwickelte Luftatmungsorgane.

Die Weibchen der Kellerasseln legen mehr Eier als die Mauerasseln, durchschnittlich 57 bei 12 mm langen Tieren und bis zu 119 bei 17 mm großen.

Armadillidium vulgare und *A. nasatum:* Der Körper ist hoch gewölbt, bis zu 4 mm dick und kann vollkommen zu einer Kugel eingerollt werden. Die Tiere werden bis zu 21 mm lang und 11 mm *(A. vulgare)* oder 7 mm *(A. nasatum)* breit, meist bleiben sie aber etwas kleiner. Den dunkelgrau bis bräunlich gefärbten *A.-nasatum*-Männchen fehlt gewöhnlich ein heller Rückenstreifen, auch sind sie dunkler als die Weibchen. Beide Geschlechter weisen an den Rückenseiten helle Strichelchen auf. Die Jungtiere und Weibchen der gewöhnlichen Kugelassel sind auf dunkelbraungrauem Grund hell gelblich oder rötlich marmoriert, die Männchen erscheinen einfarbig dunkel- bis bleigrau. Bei beiden Arten treten gelegentlich rötliche, rote und albinotische Tiere auf. Ferner besitzen sie alle zwei Paar Tracheenlungen.

Beide Arten lassen sich am Kopf leicht unterscheiden: Der nasenartige Vorsprung bei *A. nasatum* ist auch mit bloßem Auge gut zu erkennen. Betrachtet man die Tiere von der Seite, fällt auf, daß das erste Rumpfsegment bei *A. nasatum* am Hinterrand winkelig eingebuchtet ist, bei *A. vulgare* dagegen nur leicht bogig gerandet.

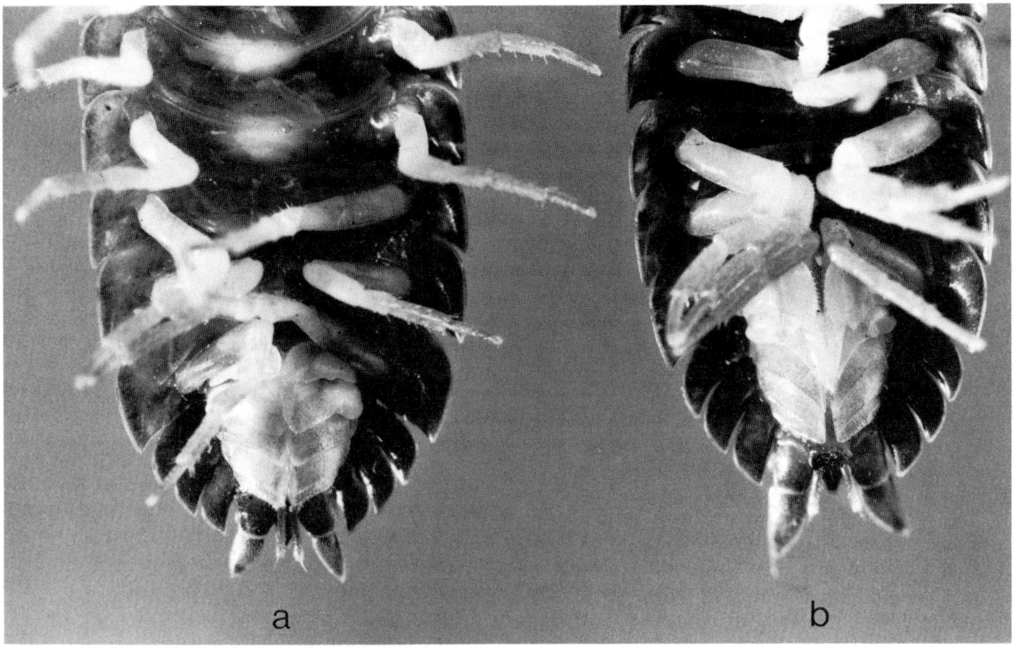

Abb. 15 Unterseite des Körpers der Kellerassel. a) trächtiges Weibchen, b) Männchen.

Von der zuletzt genannten Art ist bekannt, daß sie bis zu vier Jahre alt wird. Auch die Kugelasseln legen mit zunehmender Größe mehr Eier ab. Die Anzahl beträgt 14–120 je Brut bei *A. nasatum,* bis zu 300(!) bei großen *A. vulgare,* allerdings sind frisch geschlüpfte Jungen dieser Art nur 1,5 mm lang. Mit ihrer noch unverkalkten weichen Haut (Cuticula) sind sie gegen Austrocknen ebenso empfindlich wie die Mauerassel. Alle Asseln findet man am leichtesten in der Nähe von Häusern und Gärten unter Steinen, Holz und Laub. Auch in Gewächshäusern trifft man sie an. Dort kommt auch die wärmebedürftige Nasen-Rollassel am häufigsten vor, die sich im Freien nur an solchen Stellen aufhält, wo sie im Winter wieder einen frostgeschützten Platz findet.

Entwicklungszeiten: Wie bei allen wechselwarmen Tieren hängt die Entwicklung der Asseln ebenfalls stark von der Temperatur ab. Am besten bekannt sind die Entwicklungszeiten bei *A. vulgare.* So beträgt hier die Spanne von der Eiablage bis zum Schlupf der Jungtiere bei 30 °C 14 Tage, bei 25 °C 21 Tage, bei 22 °C 28 Tage, bei 18 °C 42–48 Tage und bei 14 °C 70–77 Tage (bei tieferen Temperaturen sind die Embryonen nicht entwicklungsfähig). Nach fünf Häutungen kann man die Geschlechter unterscheiden; bei 30 °C benötigen die Tiere dafür 28–35 Tage, bei 18 °C 63–70 Tage.

Über die Mauerassel ist bekannt, daß die Embryonen bei 17–20 °C nach 47–49 Tagen ausschlüpfen. Schneller verläuft die Entwicklung der Kellerassel: bei 20 °C durchschnittlich in 27 Tagen. Unter guten Bedingungen kann nach 6 Wochen bereits die nächste Generation zur Welt kommen.

Weitere Daten unter kontrollierten Bedingungen sind uns nicht bekannt. Alle 8–12

Wochen läßt sich sicherlich jede der besprochenen Arten zur Fortpflanzung bringen.

Behälter, Substrat, Futter und Einrichtung: Jedes wasserdichte glattwandige Gefäß von mindestens 20 cm Höhe eignet sich für die Haltung und Zucht von Asseln. Haushaltswanne, Eimer, ausgedientes Plastik- oder Glasaquarium seien als Beispiele genannt. Für die feuchtigkeitsliebenden Mauer- und Kellerasseln deckt man den Behälter mit einer Glasscheibe oder durchsichtigen Kunststoffolie ab, allerdings keinesfalls luftdicht; die Tiere können an den glatten Wänden nicht emporklettern, brauchen aber Luft zum Atmen. Die Wanne für die Kugelasseln, die mehr Trockenheit vertragen, kann offen bleiben.

Die unterste Schicht von 2–4 cm Höhe bildet Gartenerde, sie nimmt überschüssiges Wasser gut auf. Darauf füllen wir 10–15 cm hoch feuchtes Fallaub auf, das weich und möglichst etwas zersetzt sein sollte. Dazwischen legen wir einige morsche Holzstücke, an denen Pilzmyzelien wachsen. Unmittelbar auf die Laubschicht oder auf eine Tonscherbe kommt eine halbierte, leicht ausgehöhlte Kartoffel oder Karotte. Etwas alter Mörtel, Kreide oder pulverisierte Eierschale dienen als Kalkspender. Dies alles fressen die Asseln im Lauf der Zeit auf! Sie ernähren sich nämlich hauptsächlich von weichen, zerfallenden Pflanzenteilen, also Fallaub, und in geringerem Umfang von frischen Teilen wie gequollenen Samen und Sämlingen, Würzelchen und allerlei Früchten wie Kartoffeln, Karotten, schwarzen Rettichen und Äpfeln. Außerdem verzehren sie Pilzmyzelien und auch tierische Stoffe; sie machen zum Beispiel Milben den Garaus und fressen tote, nicht vergiftete Schnecken. Ein halb eingegrabenes Stück Holz und zwei schräg übereinander gelegte flache Steine, unter denen sich die Tiere gern aufhalten, vervollständigen

Abb. 16 oben: Mauerassel *(Oniscus asellus)*, unten: Kellerassel *(Porcellio scaber)*. a) Männchen, b) Weibchen.

die Einrichtung für die Keller- und Mauerassel.

Den kalkliebenden, mehr Trockenheit bevorzugenden Rollasseln richten wir eine Hälfte des Behälters folgendermaßen ein: Auf die Gartenerde schichten wir kalkhaltige Steine und versetzen das Laub der anderen Hälfte mit feinem kalkhaltigem Grus. Für alle Asseln halten wir die Laubschicht feucht, nicht naß, und besprengen auch gelegentlich die Steine der Rollasseln.

Zuchtbedingungen:

Licht: Asseln sind nachts aktiv und laufen bei Helligkeit nur dann umher, wenn sie

Abb. 17 a) und b) Gewöhnliche Kugelassel *(Armadillidium vulgare)*, c) und d) Nasen-Kugelassel *(Armadillidium nasatum)*. a) und c) Männchen, b) und d) Weibchen.

einen geeigneten Unterschlupf suchen, sei es, daß der alte zu trocken oder zu naß geworden ist. Trotzdem ist es verkehrt, die Tiere in einem völlig dunklen Keller halten zu wollen. Asseln reagieren nämlich auf die Lichtdauer, auch schon bei geringer Lichtstärke (50–100 lx). Unter natürlichen Verhältnissen haben die Weibchen übers Jahr drei Bruten, von Frühjahr bis Sommer. Hält man sie ab September unter Langtagbedingungen (16 Stunden Licht am Tag), haben sie nur noch eine Brut im Herbst, die nächste erst wieder im folgenden März. Wechselt man bei Kulturen unter Kurztag (7 Stunden Licht) die Zeitspanne der Belichtung, regt das die Tiere an, sich fortzupflanzen, wenn auch nur prozentual weniger Weibchen als in den Langtag-Kulturen (Wieser, 1963). Diese Befunde sind schwierig zu deuten. Unsere Erfahrungen sind die, daß sich die Kellerasseln das ganze Jahr über vermehrten in einem Raum, in dem täglich mehrere Stunden lang, aber unregelmäßig, Licht brannte.

Temperatur: Als Vorzugstemperaturen hat man folgende Werte ermittelt, jeweils bei 100 % relativer Luftfeuchte: Mauerassel-Weibchen 11–14 °C und -Männchen 15–18 °C, Kellerassel-Weibchen 7–11 °C und -Männchen um 12,5 °C, Gewöhnliche Kugelassel-Weibchen 14–19 °C und -Männchen 19–21 °C. Für die Nasen-Kugelassel liegen die Werte wahrscheinlich etwas höher. Eine rasche Vermehrung setzt eine wärmere Aufstellung voraus, für die Keller- und Mauerassel bei 18–20 °C, für die Kugelasseln bei 25 °C.

Feuchtigkeit: Wie bereits erwähnt, benötigen die Asseln eine gleichmäßig hohe Feuchtigkeit, aber keinesfalls Staunässe. Regelmäßiges Gießen des Laubes, am besten mit einem Wäschesprenger, ist deshalb notwendig.

Besondere Hinweise: Beachtet man die in den vorhergehenden Abschnitten erwähnten Angaben, läuft die Zucht von allein. Es ist sogar besser, möglichst selten im Laub herumzuwühlen, da sonst die Tiere, die sich gerade häuten, empfindlich gestört werden. Mindestens 30 Weibchen und 20

Männchen bilden einen guten Zuchtansatz. Allerdings sollen die Asseln einige Wochen bis Monate Gelegenheit haben, sich zu vermehren, ehe man mit dem Verfüttern beginnt. Zweckmäßigerweise legt man die Zucht bereits im Sommer an, damit sie bis zum Winter viel Nachwuchs produziert, und holt sich solange zum Verfüttern freilebende Asseln.

Will man Tiere aus der Zucht entnehmen, gibt es mehrere Möglichkeiten. Entweder sucht man sie unter den Asseln aus, die unter der Kartoffel, dem Holz und den Steinen sitzen. Durch Antippen lassen sie sich fallen oder laufen aus den eingefressenen Höhlungen, so daß man sie in ein bereitstehendes Glas fallen lassen kann.

Schöne (1979) regt an, die Tatsache auszunützen, daß Asseln nicht an glatten Wänden hochlaufen können. Ein glattwandiges Büchschen wird außen aufgerauht (mit Silicon oder Klebstoff bestreichen und mit Sand bestreuen) und in den Behälter gestellt. Die Asseln können nun hinaufklettern, fallen in das Döschen, sind dort gefangen und lassen sich bequem sortieren. Eine tägliche Kontrolle ist wichtig, sonst vertrocknen die Tiere im Fangbehälter. Deshalb sollte man die Dose entfernen oder mit Futter versehen, wenn man für einige Tage keine Zeit findet, sie zu leeren.

Schädlinge und Krankheiten: Krankheiten sind uns nicht bekannt. Wolfspinnen, die manchmal mit dem Laub eingebracht werden, sollte man nicht im Behälter dulden, da sie gern Asseln fressen. Springschwänze, die man ebenso mit der Erde und dem Laub einbringt, dürften die Zucht sicherlich nicht beeinträchtigen.

Verfütterung: Nicht alle Tiere fressen Asseln, aber es gibt einige, die geradezu versessen auf sie sind. Daher heißt es ausprobieren und immer wieder anbieten.

Manche Seewasserfische fressen sie sehr gern, so die Schleimfische (Blenniidae) und Kugelfische (Tetraodontidae) (nach Quitschau, 1976 und Schöne, 1979). Für Kröten und Landsalamander sind sie geschätzte Leckerbissen, und viele Echsen, besonders manche Chamäleonarten, und Wasserschildkröten mögen Asseln als Abwechslung im Futterplan. Auch Wolf-, Trichter-, Walzen- und Vogelspinnen sowie Skorpione fressen Asseln sehr gern.

Vor- und Nachteile der Zucht:

Vorteile:

- Asseln erfordern wenig Pflegeaufwand
- Haltung völlig gefahrlos, da entwichene Tiere in der Wohnung vertrocknen
- Besonders gut für nachts aktive Tiere wie Frösche, Kröten und Geckos geeignet

Nachteile:

- Sie sind nur mäßig produktiv
- Vögel fressen sie nicht gern, vor allem nicht die Kugelassel

Insekten

Schier unübersehbar ist das Heer der Insekten, auch Hexapoda = Sechsfüßer genannt. Mit über 1000000 Arten bilden sie nicht nur die größte Tierklasse, sondern übertreffen mit ihrem Artenreichtum alle anderen Tiergruppen zusammen. Um so erstaunlicher ist daher ihre Übereinstimmung in der Gliederung des Körpers und der Zahl der Beine. Stets lassen sich Kopf, Brust (Thorax) und Hinterleib (Abdomen) erkennen. Der Kopf trägt die Augen, Antennen und Mundwerkzeuge, die je nach ihrer Ausbildung eine unterschiedliche Nahrungsaufnahme gestatten. Die Brust setzt sich aus drei Segmenten zusammen, die unbeweglich miteinander verbunden sind und je ein Beinpaar tragen. An den beiden hinteren Brustgliedern setzen in der

Regel je ein Paar Flügel an, blattartige Hautausstülpungen, die die Insekten zu einem bedeutsamen Schritt befähigten: der Eroberung des Luftraumes. Nur die Urinsekten, zu denen u. a. die Springschwänze gehören, haben keine Flügel, sie sind primär flügellos. Am beweglichen Hinterleib mit maximal 11 Segmenten (6 bei Springschwänzen) sitzen beim erwachsenen Tier niemals Beine.
Alle Insekten legen Eier. Der weitere Entwicklungsgang teilt sie in zwei Hauptgruppen: solche mit unvollständiger Verwandlung (Heterometabolie) und solche mit vollständiger Verwandlung (Holometabolie). In der erstgenannten Gruppe schlüpfen aus dem Ei kleine Larven, die den Elterntieren bereits ähnlich sehen. Nach mehreren Häutungen, meist 5–8, sind sie ausgewachsen und häuten sich dann nicht mehr. Erst nach der Häutung zum adulten Tier, der Imago, werden sie geschlechtsreif, und die Flügel, die vorher als Anlage zu erkennen waren, entfalten sich voll. In diese Gruppe gehören Schaben, Grillen, Schrecken und auch die Springschwänze. Bei denen sind die erwachsenen Tiere von den Jugendstadien nur dadurch zu unterscheiden, daß die Geschlechtsöffnung nach einer bestimmten Häutung offen ist und die Tiere dann geschlechtlich aktiv werden. Auch erwachsene Springschwänze häuten sich noch mehrere Male.
Bei den Insekten mit vollständiger Verwandlung schlüpft aus dem Ei eine Larve, die mit dem Vollinsekt keinerlei Ähnlichkeit hat und häufig eine eigene Bezeichnung trägt, wie Made oder Raupe. Diese bewegliche, gefräßige Larve verwandelt sich in eine unbewegliche, ruhende Puppe. Während des Puppenstadiums vollziehen sich die tiefgreifenden Umbildungen zur Imago, die nach einer gewissen Zeit aus der Puppe schlüpft. Zu dieser Gruppe zählen Käfer, Fliegen und Schmetterlinge.

Springschwänze (Collembolen)

Die Springschwänze bilden eine eigene Ordnung (Collembola). Die sehr kleinen Urinsekten von 0,2–9 mm Körperlänge sind mit über 3500 Arten weltweit verbreitet. Sie leben an den unterschiedlichsten Orten, z. B. an Meeresküsten, in Höhlen und Vogelnestern und sogar auf Schnee und Eis im Hochgebirge oder auf der Wasseroberfläche von Seen, wo sie in ungeheuren Massen auftreten können. Die Bewohner der Streu- und oberen Bodenschicht helfen das Laub und andere pflanzlichen Teile zersetzen. Sie sind wichtige Glieder in der Kette der humusbildenden Organismen.
Der deutsche Name bezieht sich auf die bemerkenswerte Weise, wie sich die Springschwänze fortbewegen können. Der „Schwanz" ist allerdings ein paariger Anhang des 4. Hinterleibssegments, die sogenannte Sprunggabel (Furca). In Ruhe wird die Gabel nach vorn an den Bauch gelegt und vom Tenaculum, einem Anhang des 3. Segments, festgehalten. Beim Sprung löst das Tier mit Hilfe der starken Muskulatur im Abdomen die Furca aus dem Tenaculum und schleudert sich – vergleichbar einem Spielzeug-Springfrosch – nach vorn und oben. Nur bei wenigen Arten ist die Sprunggabel so mächtig ausgebildet, daß die Tiere 20 cm und weiter springen können. Arten, die tief im Boden leben, haben keine Furca; zwischen den beiden Extremen gibt es viele Übergangsstufen.
Ein weiteres besonderes Organ der Collembolen ist der Ventraltubus, der am 1. Hinterleibssegment sitzt und nach den bisherigen Untersuchungen vielfältige Aufgaben erfüllt: er dient als Hilfe beim Festhalten am Untergrund, beim Aufrichten nach einem Sprung, zur Wasseraufnahme und Osmoregulation, zur Atmung sowie zum Putzen und Einfetten (Beier, 1970).

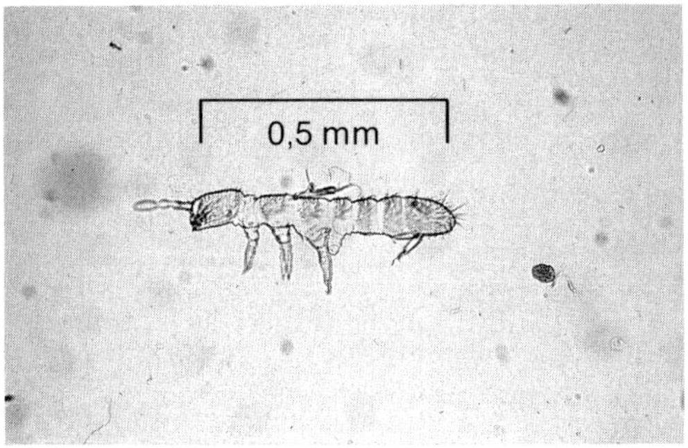

Abb. 18 Der Springschwanz *Folsomia nana*.

Bisher ist nur wenig über Springschwänze als Futtertiere geschrieben, doch halten sich seit Geyer's Zitat (1957: 122) eines Schreibens von W. Wallner gleich zwei Fehler in der jüngeren Literatur (z. B. Zimmermann, 1982; Stute, 1989).

Der Gattungsname *Aphonura* ist falsch, richtig ist *Aphorura*.

Außerdem ist *Aphorura armata* dort so beschrieben, daß diese Collembolen-Art in Blumentöpfen häufig zu finden sei und die Tiere „namentlich nach dem Gießen recht lebhaft umherhüpfen". *A. armata,* bekannter unter dem heute wieder gültigen Namen *Onychiurus armatus,* ist jedoch eine Art, die keine Sprunggabel hat und folglich nicht umherhüpfen kann. Zur Abwehr von Feinden können die *Onychiurus*-Arten ein Sekret absondern aus Pseudocellen in der Haut. Als Futtertiere sind sie daher wenig geeignet.

Fragt man Terrarianer, was für Collembolen sie züchten, erhält man fast immer die Antwort: „weiße". Es handelt sich wohl am häufigsten um *Folsomia candida* aus der Familie Isotomidae (Gleichringler), seltener um *Sinella coeca* aus der Familie Entomobryidae (Laufspringer), die beide zu der Unterordnung Arthropleona gehören, also den Springschwänzen mit einem länglichen Körper und deutlich segmentiertem Hinterleib.

Schneeweißer Gleichringler
(Folsomia candida)
Blinder Laufspringer
(Sinella coeca)

Beschreibung: Für eine genauere Beschreibung müßte man die Tierchen unter ein Binokular legen, wie man das mit der *Folsomia nana* in Abb. 18 gemacht hat. *F. nana* ist *F. candida* sehr ähnlich. Die Springschwanz-Arten kann nur der Fachmann bestimmen.

Wir beschränken uns darauf festzustellen, daß *Folsomia candida* 1,5–3 mm lang wird, weiß ist und keine Augen hat. Von oben betrachtet ist der Körper über die ganze Länge gleich breit. Die Weibchen legen winzige, kugelige, hellbraune Eier dicht an dicht an solchen Stellen ab, wo diese nicht unmittelbar mit Wasser in Berührung kommen. Die frisch geschlüpften Jungen sind etwa 0,2 mm lang. Zahlreich findet man die Art in lebhaft gärenden organischen Substanzen, z. B. in Kompost.

Die ebenfalls augenlose und weiße *Sinella coeca* wird bis 1,5 mm lang, der Körper ist aber mehr oval. Sie liebt Wärme und Humus und kommt daher oft in Warmhäusern, Blumentöpfen und Mist vor. Beide Arten springen einige Zentimeter weit.

Entwicklungszeiten: Hier können wir keine genauen Angaben machen, sondern nur schätzen, daß die Generationen einander alle 2–3 Monate folgen. Besonders *F. candida* vermehrt sich sehr gut.

Behälter, Substrat und Einrichtung: In viereckigen Plastikdosen ab 20 × 10 × 8 cm mit Deckel, also handelsüblichen Lebensmittelbehältern, in großen Petrischalen oder in kleinen Aquarien aus Plastik oder Glas mit Deckscheibe lassen sich Springschwänze züchten. Wieder verwendbare Boxen (von Eis, Salaten, Frischkäse usw.) ersparen die Anschaffung neuer Gefäße. Der Deckel sollte sich ohne Mühe abheben

Abb. 19 Blick von der Seite in eine Zucht von *Folsomia candida* auf Backkork-Platten. In der Mitte sitzen einige Tiere um eine Hefeflocke, am rechten Bildrand besonders viele Jungtiere.

lassen. Solche Behälter schließen nicht luftdicht, so daß sie auch ohne Löcher im Dekkel ausreichend belüftet werden. Senkrechte glatte Wände bilden für Collembolen kein Hindernis, vorausgesetzt, die Luft ist gespannt.

Als Bodengrund nehmen wir faserigen Torf, nach Biesôt (1988/89) ⅔ Torf und eine Mischung aus altem Eichen- oder Buchenlaub, kleingeschnittenen Farnwurzeln sowie wenig Blumenerde zu ⅓, Dämmplatten aus Backkork, Gips oder, nach Stute (1989), Gips und darauf Mexifarn-Platten. Den Torf setzen wir unter Wasser, bis er sich vollgesogen hat, drücken ihn fest aus und gleich in die Behälter hinein, etwa 3 cm hoch. Wenn der Torf nach einem Tag aufgequollen ist, kommt der Ansatz Springschwänze dazu. Eine hauchdünne Kartoffelscheibe als Futter und der Deckel auf den 5-l-Eisbehälter (20 × 13 × 20 cm) ergänzen die Einrichtung zu der Grundausstattung, mit der Horst Schlaile, Weissach im Tal, seit mehreren Jahren gleichmäßig ertragreich Springschwänze züchtet.

Die Backkork-Platten schneiden wir mit einem Teppichmesser zu, die unterste paßgenau, die beiden darüber etwas kleiner, so daß wir sie noch greifen können. Überbrausen mit heißem Wasser genügt als Vorbehandlung.

Für den Gipsboden rührt man feinen Alabastergips mit Wasser im Volumenverhältnis 1:1 an (Wyninger, 1974). Nach Bretz (mündl. Mitt.) vermischt man den trockenen Gips mit pulverisierter Holzkohle (keine technisch gewonnene Holzkohle!) oder Aktivkohle etwa 1:3, nach Zimmermann (1982) mit Aktivkohle; die Kohle bindet Stoffwechselprodukte, und auf dem dunklen Untergrund sieht man die weißen Springschwänze besser. Füllen wir den Gips 2–3 cm hoch in die Zuchtbehälter und ziehen in die abbindende Masse mit einem Messer viele Furchen, vergrößern wir die Oberfläche beträchtlich.

Schützen wir den Rand der Petrischale mit Paraffin, bevor der Gipsboden eingefüllt wird, geht die Schale nicht zu Bruch, wenn wir später den alten Gipsblock durch leichtes Klopfen an Wand und Unterseite ablösen und er dann herausfällt. Durch geschicktes Drehen der Schale verteilen wir das erwärmte, flüssige Paraffin. Es sollte die Wand innen ganz auskleiden und bis auf den Boden reichen sowie die obere Kante abdecken (Bretz, mündl. Mitt.).

Futter: Für die am häufigsten gezüchteten Arten sind ganz dünne Scheiben von Kartoffeln, Gurken, Zucchinis, Kürbissen, Möhren oder Äpfeln sowie Hefeflocken, Bierhefe, Backhefe, Sojaflocken, Weizenkeime, gemahlene Futterwürfel für Grillen (Nr. 360) (Bretz, mündl. Mitt.), Roggenmehl (Schiller, 1958) und gemahlene Tetra-Tips-FD-Futtertabletten (Stute, 1989) geeignete Nahrung. Kartoffeln sind von den Gemüsesorten das sicherste Futter, da die Scheiben schnell antrocknen und deshalb weder verschimmeln noch verfaulen, was die anderen Gemüsesorten tun, wenn nach einigen Tagen noch Reste vorhanden sind. Die Futterwürfel sowie Hefe- und Sojaflocken übertreffen an Beliebtheit noch die Kartoffeln, sie müssen aber in kürzeren Zeitabständen sparsam ausgestreut werden, damit sie aufgefressen sind, bevor sie verschimmeln. Da es vorkommen kann, daß die genannten trockenen Nahrungssorten bereits beim Kauf vermilbt sind, friert man sie sicherheitshalber einige Tage lang ein.

Sammeln wir Collembolen aus Bodenproben (Rusek, 1971; Zimmermann, 1982) und wollen sie halten oder weiterzüchten, geben wir als erste Nahrung das Substrat, in dem sie gelebt haben. Wahrscheinlich fressen alle Tiere auch Grünalgen, die auf der Rinde vieler Bäume wachsen. Kleine mit Algen bewachsene Rindenstücke geben wir den Springschwänzen zum Abweiden.

Zuchtbedingungen:

Licht: Als lichtscheuen Tieren ist den Springschwänzen ein dunkler Platz gerade recht.

Temperatur: Die Zucht gedeiht bei Zimmertemperatur, 20–22 °C, sehr gut. Niedrigere Temperaturen verlangsamen die Entwicklung. *Sinella coeca* bevorzugt 25–28 °C. Man denke daran, daß mit steigender Wärme mehr Feuchtigkeit verdunstet.

Feuchtigkeit: 100 % relative Luftfeuchte sind den meisten Springschwänzen am angenehmsten. Der Untergrund sollte feucht sein, aber nicht sumpfig oder überschwemmt.

Besondere Hinweise: Das schwierigste an der Springschwanz-Zucht sind die Entscheidung für eine bestimmte Zuchtmethode und das erste Vierteljahr.

Zuerst schildern wir Herrn Schlailes Methode ausführlich, beginnend mit der eingespielten Zucht. Fünf Eisboxen bilden den Grundbestand. Reihum kommt alle 2 Tage ein anderer Behälter dran – nach anderthalb Wochen also wieder der erste – in der Weise, daß Durchspülen, Befeuchten, Entnehmen von Tieren und Füttern der Collembolen miteinander kombiniert sind. Er gießt einen Becher Wasser in die Box und über ein feines Teesieb vorsichtig wieder ab, so daß die Kartoffeln nicht herausfallen. Da Collembolen auf Wasser schwimmen, werden etliche Tiere mit abgegossen, die sich in dem Sieb sammeln. Die können nun verfüttert oder wieder zurückgeschüttet werden, falls die Eisbox nicht stark besetzt ist. Dann kommt eine Lage dünner Kartoffelscheiben in die Box obenauf, Deckel drauf – fertig! Die Restmenge an Wasser genügt, bis derselbe Behälter nach anderthalb Wochen wieder an der Reihe ist.

Nach dieser Methode werden die Futterreste nicht entfernt, so daß im Lauf der Zeit der Behälter immer voller wird und die Springschwänze kaum mehr auf dem Torf, sondern hauptsächlich zwischen den Kartoffelschichten leben. Allerdings ist es unerläßlich, daß man alle anderthalb Wochen durchspült, sonst werden die Kartoffeln schmierig. Die Methode ist auch ausschließlich mit Kartoffeln als Nahrung durchführbar. Die anderthalb Wochen Ruhezeit sind andererseits nötig, damit sich die Tiere ungestört vermehren können. Die Zucht steht bei 21–22 °C. Die Einrichtung des ersten Behälters ist auf S. 67 beschrieben. Die Futtergaben erhöht man mit dem wachsenden Besatz, bis man die ganze Fläche mit Kartoffelscheiben belegt.

Alle anderen Methoden sind so ausgelegt, daß man den Springschwänzen von Anfang an viel „Wohnraum" in kleinen Hohlräumen bietet und nur so viel Nahrung einbringt, wie die Tiere innerhalb von 2–3 Tagen auffressen. Eventuell vorhandene Reste entfernt man vor einer neuen Gabe oder wartet noch einmal 1–2 Tage.

Springschwanz-Zuchten haben den Vorteil, daß wir die Zucht bis zu einem Monat stehen lassen können, ohne daß wir die Tiere zu füttern brauchen. Das überstehen sie gut, sie vermehren sich nur nicht in dieser Zeit. Wichtig ist allerdings, daß genügend Feuchtigkeit vorhanden ist. Deshalb wässern wir vorher noch einmal gründlich. Auch Herrn Schlailes Zucht überlebt die Ferienzeit ohne Betreuung. Hinterher ist das Durchspülen dann jedoch dringend notwendig.

Jede Zucht, egal nach welcher Methode, muß in den ersten Monaten besonders aufmerksam betreut werden (s. Schädlinge). Außerdem achte man darauf, daß der Zuchtansatz sich zu einem kräftigen Besatz entwickelt hat, ehe man regelmäßig Tiere entnimmt. Nach 4–6 Monaten ist es erforderlich, die Tiere in einen neu eingerichteten Behälter umzusetzen.

Die Einteilung in kleine und große Zucht erübrigt sich, da sich die beiden nur in der Anzahl der Behälter und vielleicht noch deren Größe unterscheiden. Als Anhaltspunkt für die Ausbeute mag stehen, daß H. Schlaile pro Box etwa 1 Eßl. Springschwänze alle anderthalb Wochen entnehmen kann.

Schädlinge: Wie in fast allen Zuchten können Milben lästige Mitesser werden, ebenso die Larven der Trauermücken, und Raubmilben zu Freßfeinden. Füttern wir zu reichlich, vermehren sich Milben schneller als Collembolen und machen eine ertragreiche Zucht unmöglich. Alle Methoden, sie zu entfernen, wie sie z. B. Stute (1989) empfiehlt, sind eine Sisyphus-Arbeit. Die Zucht völlig neu beginnen mit einem milbenfreien Ansatz heißt deshalb unser Ratschlag. Den Ansatz besorge man sich entweder oder lese unter einer starken Lupe wenige Tiere aus der vermilbten Zucht aus und züchte sie in kleinen Gefäßen unter sorgfältiger Kontrolle wieder zu einem Stamm heran. Beim zweiten Anlauf knapper füttern!

Raubmilben (hellbraune, lebhaft umherlaufende Milben) können zwar eine florierende Zucht nicht „auffressen", wohl aber eine dünn besetzte. Wir sollten sie nicht dulden und wie beschrieben verfahren. Da sie nicht in solchen Massen auftreten wie die anderen Milben, führt auch ihr Auslesen nach mehreren Wochen zum Erfolg: Einzeltiere zerdrücken wir (mit dem Nagel eines Fingers an der Wand des Behälters oder mit einer Pinzette), mit ihnen besetzte Gemüsescheiben oder Fleischstückchen, mit denen wir sie köderten, entfernen wir.

Trauermücken bleiben an Leimtäfelchen (z. B. Neudorff's Gelbtafeln) kleben, die wir vom Deckel herunterhängen lassen. Ihre Larven leben zwischen den Springschwänzen, wir verfüttern sie einfach mit ihnen.

Durch Pilzfäden werden Springschwänze stark geschädigt (Mayer, 1957). Die Pilze überwachsen das Futter. Deshalb sollten wir knapp füttern, damit die Collembolen die Pilzfäden auffressen können, bevor sie sich ausbreiten.

Vor allem eine neu angelegte Zucht ist anfällig für die genannten Schädigungen. Ihre tägliche, genaue Kontrolle, am besten mit Hilfe einer Lupe, läßt uns die Möglichkeit, gleich zu Beginn eines Befalls mit geringem Aufwand die Zucht wieder in Ordnung zu bringen.

Verfütterung: Brauchen wir nur wenige Springschwänze, klopfen wir die Futterscheibe in das Terrarium ab. Tiere sammeln sich auch in Stückchen groben Stoffs, z. B. Sackleinen oder Nylonstrümpfe (Schiller, 1958), die wir angefeuchtet auf den Bodengrund legen. Ebenso lassen sich Dämmkork- und Mexifarn-Platten abklopfen.

Größere Mengen können wir durch Überfluten gewinnen, denn Collembolen schwimmen auf dem Wasser. Horst Schlaile hat diese Eigenschaft in seine Zuchtmethode eingebaut (s. Besondere Hinweise). Aus den Zuchten mit festem Bodengrund lassen sich die Tiere mit einer Spritzflasche herausspülen, entweder in eine Schüssel, aus der man sie mit einem feinstmaschigen Sieb schöpft, oder direkt in ein Sieb (z. B. feines Teesieb, Kaffeefilter aus Metall) mit einer Schüssel darunter.

Für alle Fröschchen aus der Familie Dendrobatidae, für junge wie alte, sind Springschwänze unentbehrliche Nahrung. Wichtiges Erst- und Aufzuchtfutter sind sie für kleinere Schwanzlurche und die übrigen Froschlurche, für die meisten Fische, vor allem solche Arten, die die mittlere und obere Wasserschicht bewohnen, sowie für Zwergchamäleons und Spinnen.

Vor- und Nachteile der Zucht:

Vorteile:

- einziges Mikrofutter für Landtiere, das sich leicht züchten läßt
- in Massen mit verhältnismäßig geringem Arbeitsaufwand zu züchten
- hochwertiges Futtertier
- Zucht übersteht drei bis vier Wochen ohne Versorgung

Nachteile:

- Zucht vermilbt und verschimmelt leicht
- Tiere vertrocknen sehr schnell

Schaben

Die altertümliche Ordnung der Schaben (Blattariae) mit etwa 3500 Arten ist durch ihre Vertreter, die sich als unliebsame Gäste in Wohnungen weltweit verbreitet haben, in Verruf geraten. Hierzu sind die Orientalische Schabe *(Blatta orientalis)*, die Amerikanische Schabe *(Periplaneta americana)* oder die einheimische Küchenschabe *(Blatella germanica)* zu nennen. Die meisten Schaben aber, die vor allem in den Tropen häufig auftreten, leben außerhalb von menschlichen Ansiedlungen und führen wegen ihrer nächtlichen Lebensweise ein recht unbeachtetes Dasein.

Auffällig ist ihre flache, breite Körperform, die sie als Bodentiere kennzeichnet. Kopf und erstes Brustsegment sind durch ein Halsschild geschützt. Manche Arten sind sekundär wieder flügellos, teils nur in einem Geschlecht. Mit ihren beißend-kauenden Mundwerkzeugen können sie feste Nahrungsstoffe vorzüglich verarbeiten.

Bei allen Schaben legen die Weibchen die Eier nicht einzeln ab, sondern in Zweierreihen dicht gepackt in einer Eikapsel (Oothek). Die vier Arten, deren Zucht beschrieben wird, sind ovovivipar, d. h. die Oothek wird nicht abgelegt, sondern verbleibt im mütterlichen Körper bis kurz vor dem Schlüpfen der Larven. Ragt bei einem Weibchen die Oothek aus dem Hinterleib, wird sie gerade gebildet; das dauert mehrere Stunden. Die fertige Eikapsel wird mit

Hilfe von Anhängen der 8. und 9. Abdominalsegmente wieder in den Körper zurückbefördert, und zwar in einen besonderen Abschnitt des Uterus, den Brutsack. Stößt ein Weibchen den frischen Kokon aus, was bei einer groben Störung vorkommen kann, entwickeln sich die Keimlinge nicht.

Ruhigen Gewissens kann man wirklich niemandem raten, die oben genannten Schaben im Haus oder in der Wohnung zu züchten, da sie ungemein flink sind, winzige Junge bekommen, auch an den glattesten Wänden umherlaufen und durch jeden Spalt entweichen.

Anders sieht es mit *Blaptica dubia* aus, der Argentinischen Schabe, und der Totenkopfschabe, *Blaberus craniifer,* beide aus der Familie Blaberidae, die seit mehreren Jahren in vielen Zoos und von Vivarianern gezüchtet werden. Diese Arten bewegen sich ziemlich langsam, besonders *Blaptica dubia,* und können an senkrechten, glatten Flächen nicht hinauflaufen. Deshalb lassen sie sich gut handhaben und eignen sich bei entsprechend sorgsamer Unterbringung ausgezeichnet für eine Zucht, auch in Wohnräumen.

Mehr Vorsicht im Umgang erfordern die Gewächshausschabe, *Pycnoscelus surinamensis* (Familie Pycnoscelidae), und die Grüne Schabe, *Panchlora nivea* (Familie Panchloridae). Denn beide sind flinker als die Blaberiden, und Gewächshausschaben erklimmen ab dem 5. Larvenstadium Glas oder glatte Wände; Grüne Schaben können das nur als Adulti, fliegen dann aber auch meterweit. Grüne Schaben brauchen so viel Feuchtigkeit, daß sie in Wohnräumen wohl einige Tage am Leben bleiben, sich aber nicht vermehren. Damit müßte man höchstens in einem Regenwaldterrarium rechnen, wo die Tiere nach unserer Einschätzung aber nicht zur Plage werden. Bedeutend unangenehmer kann die Gewächshausschabe werden, da sie mit weniger Feuchtigkeit auskommt und im Boden lebt, sei es in der Erde von Blumentöpfen, Terrarien oder – wie der Name sagt – Gewächshäusern. Trotzdem: Jede Art weist besondere Vorzüge auf, die eine Beschreibung der Zucht begründet erscheinen lassen. Die ausgewachsenen *P. surinamensis* sind so klein, daß wir sie auch an mittelgroße Echsen verfüttern können. Die noch zierlichere *P. nivea* ist vor allem für Chamäleons und größere baumlebende Frösche ein besonderer Leckerbissen.

Argentinische Schabe
(Blaptica dubia)
Totenkopfschabe
(Blaberus craniifer)
Gewächshausschabe
(Pycnoscelus surinamensis)
Grüne Schabe
(Panchlora nivea)

Beschreibung: *Blaptica dubia:* Mit etwa 4 cm Körperlänge und knapp 2 cm Breite geben diese Schaben als Imago kräftige Happen ab. Die Männchen sind geflügelt und flach gebaut, etwa 3–5 mm dick, die Weibchen flügellos und stärker, nämlich 5–7 mm. Der glänzend schwarzbraune Körper trägt an jedem Segment an der Seite je einen hellen Fleck. Mehr oder weniger deutlich erscheint er auch längs der Mittellinie. Der Flügelansatz des Männchens und der Flügelstummel des Weibchens heben sich durch ihre rotbraune Färbung ab. Der Rand des Halsschildes und der Flügel färbt sich mit zunehmendem Alter von hellbraun bis mittelbraun.

Die Eikapsel ist honigfarben. Die frisch geschlüpften Jungtiere sind 5–6 mm lang, zunächst weißlichgrau und nach dem Aushärten des Chitinpanzers stumpf braungrau gefärbt. Sie behalten diese Farbe bis zur letzten Häutung bei und sehen einer Kellerassel recht ähnlich. Ab etwa 2 cm Länge lassen sich die Geschlechter leicht unterscheiden: Die Flügelanlagen der Männchen sind etwa doppelt so lang wie die der Weibchen. Die Länge der Fühler beträgt etwa die Hälfte der Körperlänge.

Blaberus craniifer: Diese Schabe besitzt als Futtertier ähnlich gute Eigenschaften wie die vorige, nur wird sie größer, so daß sich der Pfleger größerer Echsen für sie interessiert. Beide Geschlechter erreichen 50–53 mm Körperlänge; die mächtigen Flügel überragen den Körper nochmals um einige Millimeter, so daß die Tiere die beachtliche Gesamtlänge von etwa 60 mm aufweisen. Auch seitlich bedecken die Flügel den etwa 18 mm (Männchen) und etwa 21 mm (Weibchen) breiten Leib, so daß die Tiere von oben gemessen 27–30 mm breit sind. Beide Geschlechter sind 10 mm hoch. Die dunkelbraune Grundfärbung des Leibes wird von dunkelgelben Flecken unterbrochen, die ein regelmäßiges Muster bilden. Die häutigen Flügel und das Halsschild sind hellbraun, unterbrochen von einem schwarzen Fleck im Halsschild und einem mittelbraunen Fleck in der vorderen Hälfte der Flügel. Die Fühler sind etwa 30 mm lang.

Die Geschlechter lassen sich mit einiger Übung recht gut unterscheiden. Von oben betrachtet zeichnet sich das Weibchen durch ein größeres Halsschild aus. Auf der Unterseite des Hinterleibes fällt auf, daß beim Weibchen die beiden letzten Segmente miteinander verwachsen sind und im Umriß ungefähr ein Dreieck bilden. Das letzte Segment erscheint beim Männchen schmaler, etwas abgesetzt von den übrigen und lappig (s. Abb. 22). Wie erwähnt, ist der Körper eines Männchens schmaler als der eines Weibchens. Dieses Merkmal und die unterschiedliche Ausbildung des Hinterleibsendes auf der Bauchseite sind auch bei Larven ab etwa 4 cm Länge zu erkennen. Mit etwas Übung lassen sich sogar

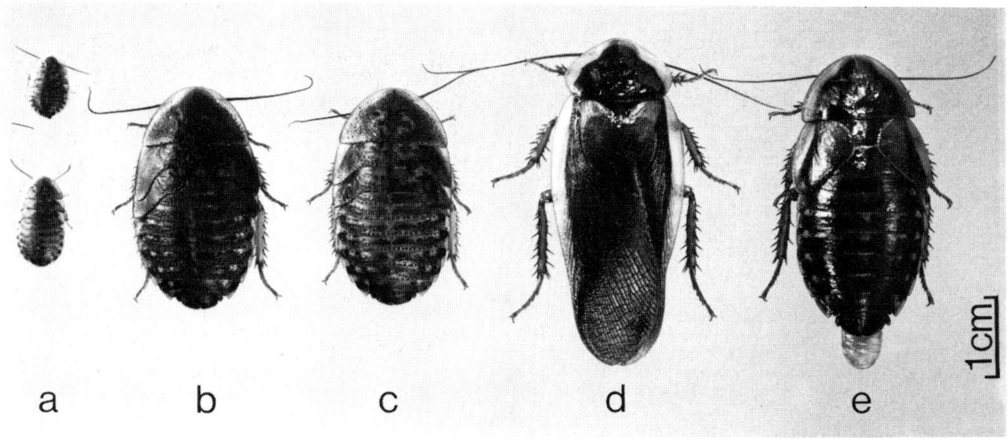

Abb. 20 Argentinische Schabe *(Blaptica dubia)*. a) junge Larven, b) männliche Larve, c) weibliche Larve, d) Männchen, e) Weibchen.

Abb. 21 Totenkopfschabe *(Blaberus craniifer)*. a) junge Larven, b) große weibliche Larve, c) Männchen, d) Weibchen.

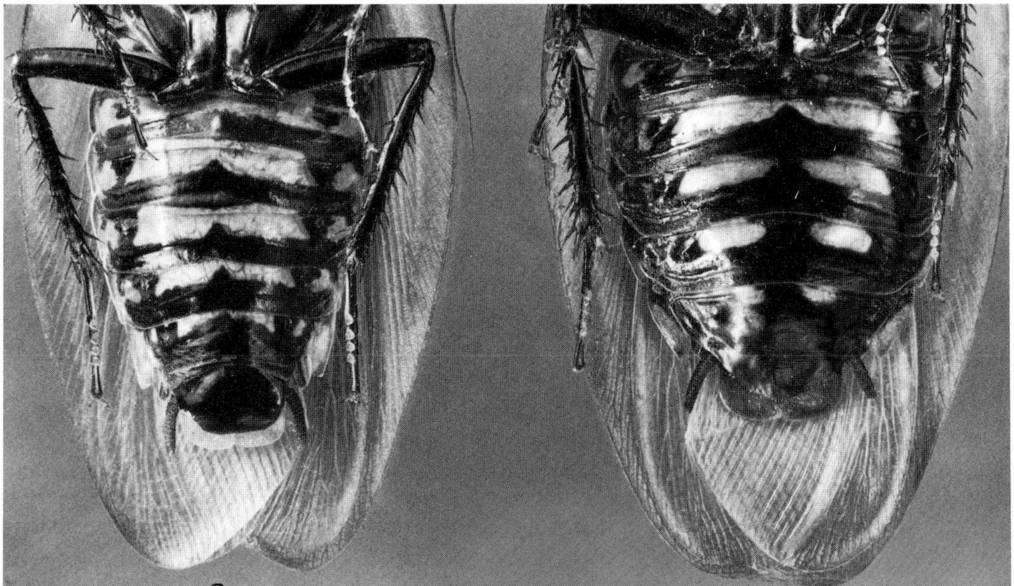

Abb. 22 Unterseite des Hinterleibs der Totenkopfschabe. a) Männchen, b) Weibchen.

Larven ab etwa 3 cm Länge anhand des Hinterleibsendes nach Geschlechtern sortieren.

Der dunkelbraunen Eikapsel entschlüpfen Jungschaben von 6–7 mm Länge. Die kleinen Larven schaffen es, an Klebefugen oder Kunststoffflächen, wenn diese nicht außerordentlich glatt sind, hinaufzulaufen. An Glas können sie nicht emporklettern.

Im Gegensatz zu *Blaptica dubia* stößt die Totenkopfschabe beim Anfassen ein stark riechendes Sekret aus.

Manche Freßfeinde meiden sie deshalb, andere bevorzugen sie.

Pycnoscelus surinamensis: Die Gewächshausschabe pflanzt sich ausschließlich parthenogenetisch fort: Weibchen haben nur weibliche Nachkommen. Die adulten Tiere sind 20–28 mm lang, 8–9 mm breit und 3–4 mm hoch. Grundfarbe ist Braun. Auf dem Rücken ist jedes Segment am hinteren Rand hell gefärbt, an der Seite bis nahezu zum vorderen Rand, so daß hier helle, dreieckige Flecke sichtbar werden, wenn die Tiere die rot- bis graubraunen Flügel etwas anheben. Die letzten beiden Segmente sind schwarzbraun, ebenso das Halsschild und der Kopf. Die Fühler sind etwa 1 cm lang. Die Flügel bedecken gerade oder knapp den Hinterleib. Die Borsten an den Beinen sind recht kurz und relativ weich.

Die frisch geschlüpften Larven sind etwa 4 mm lang. Die Larven glänzen rotbraun, nur die hinteren 5 Abdominalsegmente scheinen matt.

Die ursprüngliche Heimat sind die Inseln des Malayischen Archipels, wo *P. surinamensis* wohl aus der bisexuellen Form entstand, die heute als eigene Art, *Pycnoscelus indicus,* angesehen wird (Roth, 1967). Heute ist *P. surinamensis* weltweit verbreitet; unsere Tiere stammen aus Florida. Der Trivialname (im Amerikanischen greenhouse roach) bezeichnet den Ort, wo die Gewächshausschabe am häufigsten zu finden ist, sofern sie in die gemäßigten Zonen verschleppt wurde. In den Ballen von Pflanzen reiste sie unbemerkt. Da sie in den oberen Bodenschichten lebt, entdeckte man sie meist erst dann, als man nachforschte, weshalb zum Beispiel Rosensträucher nicht recht gedeihen wollten: die Schaben hatten den unterirdischen Stamm und die Wurzeln angenagt. In warmen Ländern richtet sie auch in Freilandkulturen Schaden an, zum Beispiel an Kartoffeln (Hoffmann, 1927).

Panchlora nivea: Menschen, denen sonst jede Schabe Schauder einjagt, betrachten adulte *P. nivea* ohne Abscheu. Die zarten, lichtgrünen Geschöpfe passen auch gar nicht in das Bild, das man sich üblicherweise von Schaben macht. Der Körper der Weibchen ist 19–21 mm lang, etwa 8 mm breit und 2–3 mm hoch, der der Männchen nur etwa 15 mm lang und 6–7 mm breit. Der Hinterleib ist schmal weißlichgelb umrandet. In den Vorderflügeln und im Halsschild setzt sich die Umrandung als heller Streifen fort, der den Körperumriß markiert. Die durchsichtigen Flügel und das Halsschild überragen den Körper seitlich ein wenig, hinten um etwa 4 mm. Die etwa 13 mm langen Fühler sind goldbraun. Am Kopf verläuft quer über die Augen eine dunkelbraune Binde. Die Unterseite des Körpers und die fein beborsteten Beine sind weißlich-grün.

Die Eikapsel ist gebogen, dünnwandig und nahezu farblos. Die Larven sind nach dem Schlüpfen etwa 3 mm lang, vorn schmal und hinten breit, also nahezu dreieckig, und hellbraun, die älteren Stadien dunkel rotbraun und von den Larven der Gewächshausschabe nur am grünlichen Schimmer auf der Bauchseite zu unterscheiden.

Panchlora nivea ist auf den Großen Antillen, in Mexiko, ganz Mittelamerika und im

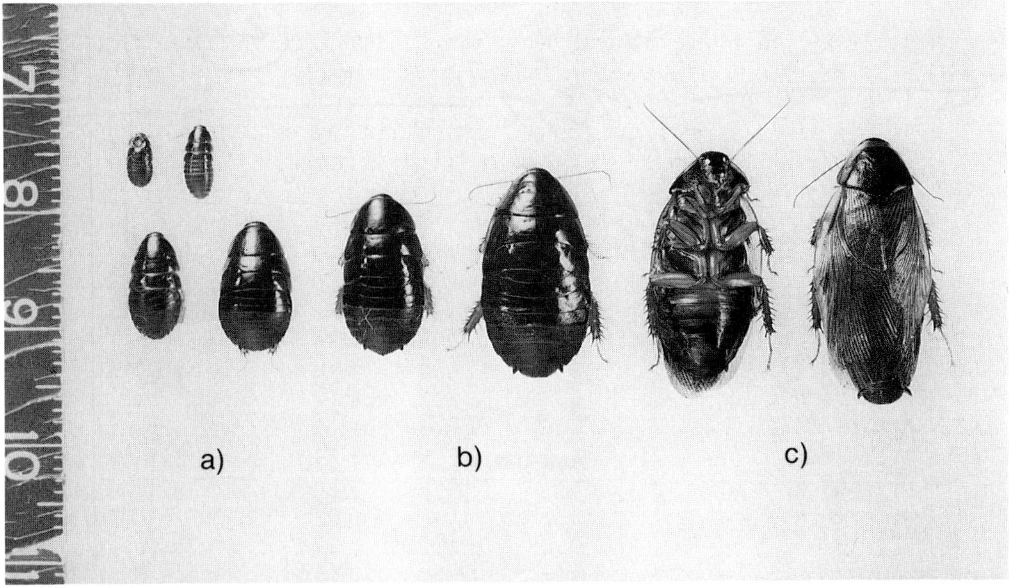

Abb. 23 Gewächshausschabe *(Pycnoscelus surinamensis)*. a) junge Larven, b) große Larven, c) Weibchen.

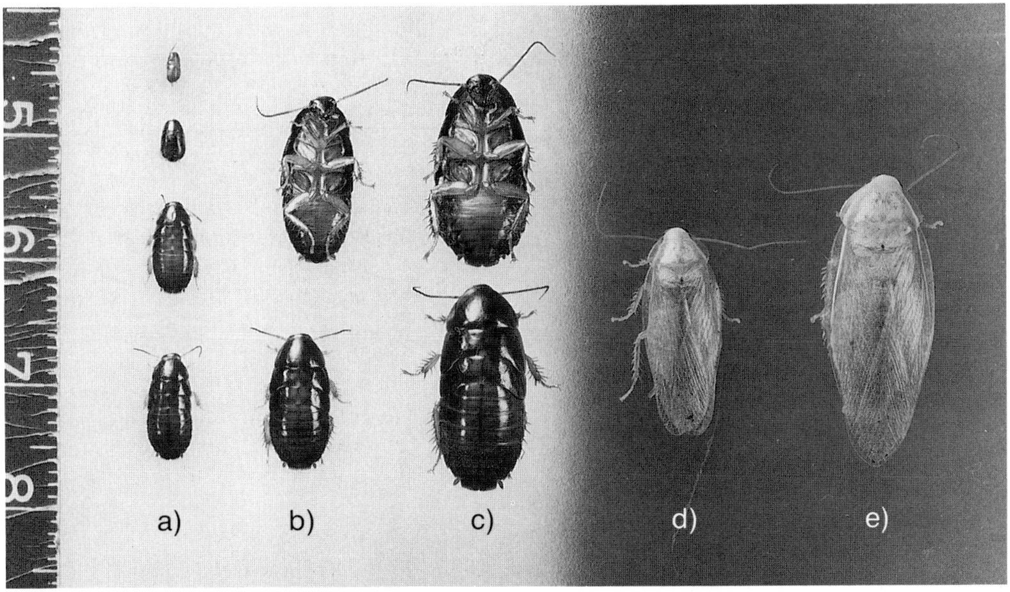

Abb. 24 Grüne Schabe *(Panchlora nivea)*. a) junge Larven, b) männliche Larve, c) weibliche Larve, d) Männchen, e) Weibchen.

nördlichen Südamerika beheimatet. Sie zählt zu jenen tropischen Schabenarten, die nur im Freien auftreten und in Häusern nicht überleben können (Roth und Willis, 1958). Über ihre Biologie weiß man wenig.

Entwicklungszeiten: *Blaptica dubia:* Bei einer Temperatur von 23–25 °C brauchen die Jungtiere etwa 6 Monate bis zur letzten Häutung, bei 28–32 °C dagegen nur 6½–9½ Wochen. Etwa 6 Wochen später sind die Tiere dann geschlechtsreif. Die Lebensdauer beträgt 1–1½ Jahre.

Aus einer Oothek schlüpfen 15–30 Jungtiere. Alle 7–8 Wochen entläßt ein Weibchen eine Eikapsel, wenn es konstant bei 23–25 °C gehalten wird. Während des Schlüpfvorgangs sitzt das Tier schützend über den Eiern, bis die Jungen in alle Richtungen davonkrabbeln; es ist wohl eine einfache Art der Brutfürsorge.

Blaberus craniifer: Diese Art ist fruchtbarer als die Argentinische Schabe. Eine Eikapsel enthält durchschnittlich 34 Eier. Bei 25–27 °C setzt das Weibchen alle 3–4 Wochen eine Oothek ab, und nach 4–5 Monaten sind die Tiere ausgewachsen und geschlechtsreif. Allerdings liegt die Sterblichkeit der Larven recht hoch, nur 55 % erreichen die Geschlechtsreife (nach Willis et al., 1958). Die Lebensdauer beträgt gut ein Jahr.

Pycnoscelus surinamensis: Bei 22–25 °C sind die Larven nach etwa 5½ Monaten adult und haben 2 Monate später die erste Brut, bei 30 °C entsprechend nach 4–4½ Monaten und ca. 40 Tagen. Diese Schabe packt in jede Oothek durchschnittlich 26 Eier, daraus schlüpfen ca. 20 Larven bei der ersten Brut. Ein Weibchen bringt drei- bis viermal Nachwuchs hervor. Als adulte Tiere leben Gewächshausschaben etwa ein Jahr (Willis et al., 1958, eigene Beob.).

Panchlora nivea: Bei 24 °C brauchen männliche Larven etwa 5 Monate, bis sie adult sind, weibliche etwa 6½ Monate. Bei konstant 28–30 °C verkürzt sich die Dauer auf 2½–3 Monate (W. Schmidt, schriftl. Mitt.). Sechs Tage nach der Reifehäutung sind die Weibchen bereit, sich zu paaren, zwei Monate später schlüpfen die ersten Jungen. Wiederum nach gut zwei Monaten haben die Weibchen die zweite Brut, selten dann noch eine dritte. Diese Zeiten sind bei 24 °C festgestellt. 28–60 Larven, durchschnittlich ca. 46, schlüpfen aus einer Oothek (Roth und Willis, 1958).

Behälter, Substrat und Einrichtung: Zur Unterbringung eignet sich jeder glattwandige Behälter mit dicht schließendem Dekkel, wie ein Glas- oder Plastikaquarium, ein Farbkübel oder eine Plastikwanne, wie sie im Haushalt verwendet wird. Zur Belüftung soll der Deckel mit Fliegengitter bespannt sein, großflächig für alle Arten außer *P. nivea,* für die eine kleine Lüftungsfläche günstiger ist, damit sich die Feuchtigkeit besser hält. Besonders praktisch ist ein Behälter mit Gitterboden, durch den der Kot fällt und somit die Reinigung sehr erleichtert. Beispiele dafür wären der selbst gebaute Kasten (Abb. 25) und eine Plastikwanne, deren Boden man aussägt, mit Fliegendraht (2–2,5 mm Maschenweite) versieht und durch grobes Gitter verstärkt. Man stellt die Wanne dann auf Füßchen in einen passenden Untersetzer. Etwa 800 cm^2 Grundfläche (z. B. 20 × 40 cm) reichen für 300–500 Tiere, 1600 cm^2 für 700–1200 Tiere, bei jeweils 15 cm Höhe des Behälters. Diese Höhe reicht für die Gewächshausschabe und die Grüne Schabe nicht aus, sie sollte hier mindestens 20 cm betragen. Auch können wir keinen Behälter mit Gitterboden verwenden, da die beiden Arten viel Substrat brauchen.

Die Einrichtung für *Blaptica dubia* besteht nur aus mehreren Lagen Eierkartons, wobei eine Stelle bis zur Bodenfläche für die Feuchtfütterung frei bleiben sollte. Bei *Blaberus craniifer* hat sich eine 2 cm hohe

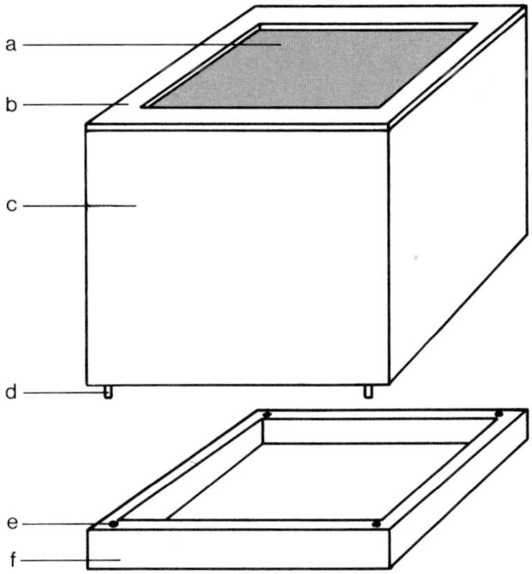

Abb. 25 Schaben-Zuchtkasten aus PVC. a) Gitter, b) Deckel, c) Zuchtbehälter mit Gitterboden, d) Zapfen, e) Bohrung für Zapfen, f) Auffangwanne.

Schicht Hobelspäne oder ungedüngten Torfs, die man leicht feucht hält, als Einstreu gut bewährt; darauf schichtet man die Eierkartons. Gewächshausschaben wühlen sich gern tiefer in strukturierten, leicht feuchten Bodengrund ein. Grober, faseriger Torf ist alleiniger oder hauptsächlicher Bestandteil, Komposterde, Hobelspäne, morsches Holz und Rindenschrot können dazukommen. Auch ungedüngte Blumenerde (Aussaaterde) mit Lehm- oder Bentonitanteil eignet sich. Die Schicht sollte mindestens 5 cm hoch sein, besser 10–20 cm. Obenauf legt man ein Stück Korkrinde oder Eierkarton. Für die Grünen Schaben verwenden wir reinen Torf oder gemischt mit Lauberde, Rindenmulch oder Laub. Dieses Substrat sei sehr feucht, beinahe naß, und locker, wenn wir es einfüllen, etwa 5 cm hoch. Darauf stellen wir zwei Lagen Eierkartons dicht nebeneinander, etwas in den Bodengrund eingedrückt.

Wichtig ist, daß man alle Behälter von oben bedienen kann, da sich Schaben als lichtscheue Tiere unter den Eierkartons aufhalten und vor allem bei starkem Besatz durch eine seitliche Tür regelrecht „davonfließen“ könnten.

Die Zucht wird sich allein bei Zimmertemperatur nicht günstig entwickeln. Als zusätzliche Heizquellen können dienen: Heizkörper, Kachelofen, Vorschaltgerät, Heizkabel oder -matte, Widerstandskabel, Elstein-Strahler, Wärmeschrank (Heizkabel oder -matte sollten in einem doppelten Boden untergebracht sein, damit die Schaben keine stromführenden Teile annagen können).

Futter: Die meisten Schaben sind bekanntlich Allesfresser. Da sie ihre Inhaltsstoffe an unsere Pfleglinge weitergeben, sollten wir sie schon ein wenig verwöhnen. Als trokkene Futterauswahl bieten wir Hafer- oder Hundeflocken (Welpenkost), Flockenfutter für Fische, Weizenkeime, den Futterwürfel Nr. 360, Preßlinge für Hühner, Kaninchen, Katzen, Fische oder Mäuse. Manche Preßlinge sind sehr hart und können deshalb von den Schaben kaum gefressen werden. In einer alten Kaffeemühle mit Schlagwerk kann man sie zerkleinern. Dieses Futter streut man den beiden Blaberiden einfach auf den Boden der Zuchtwanne und auf die Eierkartons, für die Totenkopfschabe nur zwischen die Eierkartons. Bei einem Behälter mit Gitterboden wird man selbstverständlich die Flocken auf den Eierkartons verteilen. Den Gewächshausschaben gibt man das Trockenfutter wie auch das Feuchtfutter unter das Rindenstück auf das Substrat. Da bei dieser Zucht Milben eine besonders unangenehme Plage sind und leider so manche Tiernahrung vermilbt ist, mache man es sich zur Gewohnheit, wirklich sämtliche Futterreste vor einer neuen Gabe zu entfernen (Ulrich Ziegler, mündl. Mitt.). Den Grünen Schaben legen wir an ein, zwei

Plätzen auf die Erde einige Preßlinge (auf dem feuchten Grund weichen sie schnell auf) oder einen Löffel Flocken. Hier zwingt uns die Schimmelbildung dazu, sparsam zu füttern. Überhaupt sollte man alles Trokkenfutter knapp bemessen; nach spätestens einer Woche sollte es aufgefressen sein. Weizenkeime trocknen besonders schnell aus.

Trinkwasser erübrigt sich bei saftreicher Nahrung. Den Flüssigkeitsbedarf deckt man durch feuchtes Futter, das man im Abstand von 1–2 Tagen frisch reicht. Vorher Reste entfernen! Man stellt es in flachen Schälchen auf den Boden des Zuchtbehälters, legt es auf den Boden oder auf das Substrat. Löwenzahn, Endiviensalat, Apfel, Apfelsine, Gelbe Rübe (Karotte, Möhre), gekochter Reis, eingeweichter Getreideschrot, Quark und angerührte Milch-Fertigbreie für Kleinkinder stellen eine Auswahl an Futtersorten dar, mit denen man das ganze Jahr hindurch Schaben gut und abwechslungsreich ernähren kann. Grüne Schaben mögen hauptsächlich Obst, vor allem Apfelsine und Banane, und die Imagines brauchen unbedingt Honig, den man am Eierkarton heruntertropfen läßt oder in einem flachen Näpfchen auf die Erde stellt. Hat sich die Zucht eingespielt, brauchen Grüne Schaben nur einmal in der Woche versorgt zu werden.

Zuchtbedingungen:

Licht: Schaben lieben die Dunkelheit und werden erst nachts munter. Deshalb ist ein dunkler Platz gerade richtig. Dennoch ist es natürlicher und besser, wenn sie für einige Stunden am Tag so viel Licht trifft, daß sie inaktiv werden.

Temperatur: Die angeführten Arten fühlen sich erst bei Temperaturen von 25–30 °C wohl und vermehren sich dann auch gut. Die Höchsttemperatur sollte aber nur knapp über 30 °C liegen, denn bei längerer Erwärmung auf 35 °C verfallen Schaben in eine Wärmestarre und sterben schließlich (Beier, 1974). Das erklärt auch, weshalb einige Züchter der *Blaptica dubia* feststellten, daß sich die Tiere bei 33–34 °C nicht mehr vermehrten. Bei Temperaturen von unter etwa 15 °C pflanzen sich die Schaben ebenfalls nicht mehr fort. Bei +5 °C stirbt *P. surinamensis* bereits (Zappe, 1918; Saupe, 1929).

Feuchtigkeit: Die Luftfeuchtigkeit sollte bei der Grünen Schabe nicht unter 80 % sinken, bei der Totenkopfschabe nicht unter 60 % und bei der Gewächshausschabe nicht unter 50 %. Die Argentinische Schabe begnügt sich mit 30–50 % Luftfeuchtigkeit.

Besondere Hinweise: Die große Zucht unterscheidet sich nur vom Umfang her und nach der Anzahl und Größe der Behälter von der kleinen Zucht. Schaben sind bis auf *Panchlora nivea* ausgesprochen leicht zu züchten. Durch ihre langsame Entwicklung und ihr langes Leben läuft auch die Zucht kontinuierlich ab, ohne so große Schwankungen, wie zum Beispiel bei Wanderheuschrecken. Deshalb ist die Zucht von Schaben auch für einen Vivarianer bestens geeignet, der nur wenige Tiere versorgt, da man mit Schaben „immer etwas im Hause hat". Vor allem *Blaptica dubia,* die sich von den vier Arten am langsamsten bewegt, erweist sich für eine Zucht in der Wohnung als nahezu ideal und kann die Mehlwürmer weitgehend ersetzen. Uns ist kein Fall bekannt, bei dem sich entwichene Schaben in einer Wohnung, die das übliche Maß an Sauberkeit aufweist, auf Dauer gehalten oder gar vermehrt hätten. Sie können wohl wochenlang ohne Nahrung auskommen, werden dann aber immer schwächer, und irgendwann findet man die Ausreißer entkräftet oder tot. Falls doch nötig, stellt man Fallen auf. (s. Bezugsquellen). Allerdings ist es möglich, daß sich Schaben in einem größeren Terrarium, in dem sie günstige Bedingungen, wie Wärme, Futter und Versteckmöglichkeiten vorfinden, fortpflanzen. Gelegentliche Kontrollen sind deshalb unumgänglich. Der Zuchtansatz sollte bei *Blaptica dubia* und *Blaberus craniifer* nicht zu klein sein: 25–30 Weibchen, 5–10 Männchen und 50–100 Larven in verschiedenen Größen sind die Mindestmenge. Bei *Pycnoscelus surinamensis* genügen 30–50 Exemplare, bei *Panchlora nivea* 10–20 Paare.

Ein einziger Behälter reicht aus zur kleineren Zucht, wenn wir für *B. dubia* und *B. craniifer* einen Behälter mit Gitterboden haben. Ein zweiter zum Wechseln ist notwendig für die Grünen Schaben, und er erleichtert ansonsten die Reinigung, die wir regelmäßig, alle 3–6 Monate je nach Besatz, durchführen sollten. Der günstigste Zeitpunkt für die Reinigung ist dann gekommen, wenn gerade das ganze Futter aufgefressen ist und das Substrat so trokken, daß man es sieben kann (Ausnahme: Grüne Schaben). Am schnellsten läßt sie sich durchführen, wenn man den zweiten Behälter vorbereitet hat. Bei den beiden Blaberiden dreht man nacheinander jede Lage der Eierkartons im Zuchtkasten um, klopft sie vorsichtig ab, damit möglichst nur Kot und Abfall herausfallen, und legt sie in den zweiten Behälter. (Es ist nicht jedes Mal nötig, die Eierkartons auszuwechseln). Dann siebt man Kot und feine Substratreste ab. Bei Kasten oder Wanne mit Gitterboden dreht man im Behälter die Eierkartons um und reinigt am nächsten Tag die Auffangwanne, wenn die ganzen Abfälle durchgefallen sind.

Bei einer Generalreinigung der beiden großen Schabenarten und jeder Reinigung der Gewächshausschabe nimmt man Siebe mit glattem hohem Rand zu Hilfe (Haushaltssiebe). Am besten arbeitet man in zwei Etappen, zuerst mit einem Sieb von 3–4 mm Maschenweite, dann von 1,5–2 mm. Auf diese Weise wandern Adulti und große Larven, die dem Licht ausgesetzt sehr unruhig umherlaufen, schnell in den frischen Behälter. Achtung, da die ausgewachsenen Gewächshausschaben und ihre großen Larven am Rand hochlaufen, darf man die Siebe niemals unbeaufsichtigt lassen!

Da sich der nasse Bodengrund von *P. nivea* nicht sieben läßt, müssen wir hier anders vorgehen: Wir setzen die adulten Tiere in den frischen Behälter um, dann einmal pro Woche die junge Imagines, bis nach mehreren Wochen alle Larven herangewachsen und schließlich umgesetzt sind. Wir haben also für eine gewisse Zeit nebeneinander den alten und neuen Behälter.

Schädlinge und Krankheiten: Als Schädlinge sind verschiedene Milben bekannt, die man meist durch Wildpflanzen oder Tiernahrung einschleppt. Sie schmarotzen zwar normalerweise nicht an den Schaben, sondern naschen am Futter, durch ihr massenhaftes Auftreten stören sie jedoch die Zucht in jedem Fall. Bei uns sind zwei Arten aufgetreten, die sich auch in ihrem Verhalten erheblich unterscheiden. Die eine Art, *Caloglyphus berlesei,* ist weißlich, unter 0,5 mm groß, recht schlank und überall im Behälter zu finden: Die Milben sitzen und laufen am Futter, zwischen Kot und Abfall, an den Wänden innen und außen und an unseren Händen nach jedem Hantieren. Zum Glück sind sie nach einer Generalreinigung oft schon verschwunden.

Zusätzlich kann man Argentinische Schaben und Totenkopfschaben abbrausen, in einem Sieb mit hohem Rand unter lauwarmem Wasser. Erst wenn sie ganz trocken sind (abgetropft auf Papierhandtücher setzen), kommen sie in den gereinigten Behälter zurück. Man sollte nicht vergessen, auch den Deckel sowie die Außenseite und die Umgebung des Kastens zu säubern. – Gewächshausschaben vertragen keine Dusche. (Ihre Wasserscheu kann man sich zunutze machen, wenn man überprüfen will,

ob sie in Blumentöpfen hausen: Überfluten treibt sie aus der Erde.)
Die andere Milbenart, *Caloglyphus michaeli,* ist beige, um 0,5 mm groß, kugelrund und am Futter, vor allem am feuchten, und am Kot zu finden. Meist stellt man ihre Anwesenheit zuerst am unangenehm süßlichen Geruch fest, der aus dem Kasten aufsteigt. Dann fängt man an, die Reste des Feuchtfutters mit einem großen Löffel herauszuschöpfen, da die Milben sich dort dicht drängen, und stellt schließlich fest, daß die Nymphen (= Larvenstadien) zwischen den Segmenten an den Schaben sitzen. Das tun die Milben dann, wenn ihre Nahrung knapp wird. Treffen sie wieder günstigere Bedingungen an, lassen sie sich fallen (Eberhard Wurst, mündl. Mitt.). Es ist geradezu unglaublich, wie schnell sich diese Milbenart vermehrt und dann in solch ungeheuren Mengen auftritt, daß ihr selbst das für die Schaben vorgesehene Futter nicht ausreicht! Dann fallen ihnen auch die Schaben, die sich gerade häuten, zum Opfer, und sie gefährden schließlich die Zucht.
So entpuppte sich diese Milbe als Medusa, die nicht zu bändigen ist. Jahrelang plagten wir uns damit (einige Nymphen sitzen immer an den Schaben), bis uns der Zufall zu Hilfe kam: Getreideschimmelkäfer gerieten in die Zucht und fraßen die Milben auf – so vermuten wir wenigstens – zumindest waren sie nach einiger Zeit weg! Nun müssen wir nur dafür sorgen, daß die Getreideschimmelkäfer nicht überhandnehmen ...
Die Arbeitsgruppe „Nieuwe voedseldieren“ um den Belgier Peter de Batist gibt in ihren Arbeitsblättern an, daß der starke Geruch des Wermutkrauts (*Artemisia absinthium*) Milben aus den Zuchtbehältern treibt. Sie rät, regelmäßig einen Eßlöffel voll Kraut in den Behälter zu geben, dies sei ein probates Mittel.
Da man keine wildlebenden Schaben verfüttert, sondern eingewöhnte Zuchttiere, werden auch keine Krankheiten übertragen. Immer wieder wurde darauf hingewiesen, daß die in allen Schabenzuchten vorhandenen Gregarinen (Sporentierchen der Familie Gregarinidae) für Amphibien und Reptilien schädlich sind. Diese Behauptung trifft jedoch nicht zu, sie sollte endgültig der Vergangenheit angehören.
Erfreulich ist die geringe Sterblichkeit der *Blaptica dubia* während der Entwicklung; selten muß man ein totes Tier entfernen. Die vielen vermeintlichen Leichen entpuppen sich bei genauerem Hinsehen als Exuvien, die abgestreiften Häutungshüllen. Auch Kanibalismus kommt nur bei zu hoher Populationsdichte vor. Mit mehr Ausfall ist dagegen bei *Panchlora nivea* und *Blaberus craniifer* zu rechnen, letztere ist allerdings auch produktiver als die anderen Arten. Nur gut die Hälfte der geschlüpften Tiere erreicht die Geschlechtsreife, wenn wir sie nicht vorher verfüttern.
Verfütterung: Beim Verfüttern müssen wir daran denken, daß Schaben sehr lichtscheue Tiere sind, die bei Helligkeit nicht aus ihren Verstecken kommen. Tags aktiven Pfleglingen reicht man sie deshalb mit einer Pinzette (Gewächshausschaben sind so rundlich, daß wir ihren Körper mit einer Pinzette kaum packen können), von der Nadel oder aus einer glattwandigen Schale (den Rand oben mit Vaseline sichern für große Larven und Adulti der Gewächshausschabe). Entwischt uns eine Schabe, schauen wir in den warmen, dunklen Verstecken so lange nach, bis wir den Ausreißer eingefangen haben. Auch bei nachts aktiven Tieren achtet man darauf, daß nur die Anzahl Schaben ins Terrarium kommt, die auch sofort aufgefressen wird, da die übrigen sonst schnell an Nährwert verlieren. Chamäleons setzt man sie am besten in Reichweite auf einen Ast; finden die Scha-

ben dann keinen Anklang, nimmt man sie sogleich wieder weg. Mit einer Grünen Schabe wird man das wohl höchst selten tun müssen, denn sie ist ein unwiderstehliches Futter. Bei Wasserschildkröten soll man ebenfalls darauf achten, daß die Schaben sofort aufgefressen werden, damit sie sich nicht auf dem Landteil verkriechen können.

Schaben sind beliebte Futtertiere bei sehr vielen Echsen, kräftigeren Amphibien, den meisten Wasserschildkröten, vielen Kleinsäugern, Vögeln, Raubinsekten und anderen Gliedertieren (Skorpione, Vogelspinnen) sowie größeren Oberflächenfischen.

Vor- und Nachteile der Zucht:

Vorteile:
- *Blaptica dubia* und *Blaberus craniifer* sind mit wenig Zeitaufwand auf einfachste Art in großen Mengen zu züchtende Futtertiere; darin übertreffen sie noch die Mehlwürmer/Mehlkäfer
- Bei entsprechender Fütterung hochwertige, gut verdauliche, kräftige Happen; Grüne Schaben eher Zusatzkost
- Zucht nahezu geruchlos, ohne Geräuschbelästigung
- Die Zucht lohnt sich auch, wenn man nur wenige Vivarientiere pflegt

Nachteile:
- Schaben benötigen für eine schnelle Zucht hohe Temperaturen
- Entwichene Tiere verstecken sich sofort
- Viele Menschen haben eine unüberwindbare Abscheu vor Schaben
- Ausgekommene Gewächshausschaben können Pflanzenwurzeln abfressen
- Grüne Schaben sind etwas heikel in der Zucht und nur mäßig produktiv

Geradflügler: Grillen, Wanderheuschrecken und Stabschrecken

Zwei Dinge fallen uns bei diesen Insekten ein: das Zirpen der Grillen, das uns so angenehm an laue Urlaubsabende im Süden erinnert, und eine der sieben Plagen Ägyptens – die Wanderheuschrecken. Damit haben wir aus der Überordnung Orthopteroidea (Geradflügler) bereits zwei wichtige Gruppen genannt, die aus dem Futterangebot für alle Insektenfresser nicht fortzudenken sind.

Die eine Ordnung Saltatoria (Heuschrekken) mit den beiden Unterordnungen Ensifera (Langfühlerschrecken) und Caelifera (Kurzfühlerschrecken) umfaßt etwa 20000 Arten. Es sind mittelgroße Insekten mit dickem Kopf und Hinterextremitäten, die zu kräftigen Sprungbeinen umgestaltet sind. Sie leben räuberisch, als Pflanzenfresser oder sind Gemischtköstler.

Von den Langfühlerschrecken wollen wir unsere Futtergrillen vorstellen aus den Familien Gryllidae und Phalangopsidae, die beide mit anderen Familien in der Überfamilie Grylloidea (Grillen) zusammengefaßt sind. Von den Kurzfühlerschrecken stehen alle beschriebenen Arten in der Familie Acrididae (Feldheuschrecken) und zählen zu den Wanderheuschrecken.

Die zweite Ordnung Phasmida (Stabschrecken) ist mit ihrem deutschen Namen recht anschaulich gekennzeichnet. Die überwiegende Zahl der etwa 2500 Arten weist einen dünnen, stabförmigen Körper auf. Viele tragen große Flügel, die sie zu einem mehr oder weniger flatternden Flug befähigen. Die nachts aktiven Tiere ernähren sich von Pflanzen, und zwar von deren Blättern. Wo sie in den Wäldern der Tropen in Massen vorkommen, meint man, das Fallen von Regentropfen zu hören – es sind aber Eier, die die weiblichen Tiere entweder einfach fallen lassen oder fortschleudern! Die beiden hier behandelten Stabschrecken gehören zur Familie Phasmatidae.

Heimchen
*(Acheta domesticus)**
Steppengrille
(Gryllus assimilis)
Zweifleck-Grille
(Gryllus bimaculatus)
Kurzflügel-Grille
(Gryllodes sigillatus)
Höhlengrille
(Phaeophilacris bredoides)

Beschreibung: Alle Grillenarten haben einen kompakten Körper mit rundlichem Hinterleib und Hinterbeinen, die als lange, kräftige Sprungbeine ausgebildet sind. Sofern Flügel vorhanden, sind die vorderen derb und kurz, kürzer als das Abdomen, die hinteren dünn und lang, sie liegen gefaltet etwa zur Hälfte unter den Vorderflügeln und ragen noch über das Körperende hinaus. Die Vorderflügel bezeichnet man als Deckflügel (= Elytren). Die Fühler sind anderthalb- bis zweimal so lang wie der Körper, bei den Höhlengrillen gar dreimal (Weibchen) bzw. fünfmal (Männchen) so lang. Frisch geschlüpfte und frisch gehäutete Larven sind in den ersten Stunden weißlich.

Die Weibchen erkennt man am Ei-Legebohrer (Ovipositor), der schon bei mittelgroßen Larven angelegt und bei alten Tieren der Länge nach aufgespalten ist. Mit ihm legen Weibchen die Eier einzeln ins Erdreich ab, etwas tiefer als der Bohrer lang ist (Ovipositor = 10–17 mm). Als Liebeswerben zirpen die Männchen aller Grillen, außer Höhlengrillen, anhaltend. Sie erzeugen das Zirpen, indem sie die angehobenen, sich überlappenden Deckflügel gegeneinander reiben. Dabei streicht eine verdickte Rippe des einen Flügels über die Schrillkante des anderen und versetzt durch die Reibung die Membranen der Schrillader in Schwingung. Sind viele Männchen beisammen, zirpen sie während des ganzen Tages, besonders in den Abend- und frühen Nachtstunden. Das Höhlengrillen-Männchen umrundet ein Weibchen mit ruckartigen Bewegungen und betrillert es mit seinen langen Fühlern. Die Flügel hat es hochgestellt; schlägt es sie ruckartig nach vorn, entstehen niederfrequente Schallschwingungen, die die Weibchen mit den Cerci empfangen. Dambach und Lichtenstein (1978) beschreiben das Werbeverhalten von *Phaeophilacris spectrum.*
Heimchen und auch Zweifleck-Grille zählen schon seit Jahrzehnten zu den gut züchtbaren Futtertieren, 1977 kamen Kurzflügel- und Steppengrille hinzu (J. Rotter, schriftl. Mitt.). Die Höhlengrille ist zwar bereits seit 1968 bekannt, doch sie verbreitete sich recht langsam und gewinnt erst allmählich mehr Freunde. Herr Rotter teilte auch mit, daß die Steppengrille aus savannenähnlicher Landschaft in Ekuador stammt und die Kurzflügel-Grille aus Westafrika und der Mongolei.
Acheta domesticus: Heimchen sind hellbraun gefärbt mit dunkler Sprenkelung, die sich bei den Larven zu einem dunklen Rückenstreifen verdichtet, und je einem dunkelbraunen Band zwischen den Augen und

---
* Der Name Acheta kommt aus dem Griechischen, heißt „Sänger" und ist männlichen Geschlechts. Darum muß die Endung des Artnamens *domesti***cus** heißen und nicht **-ca.**

Fühlern. Ausgewachsen sind sie 18–23 mm lang, dabei sind die Weibchen im Durchschnitt größer als die Männchen. Aus den 2 mm langen und sehr schmalen weißen Eiern schlüpfen etwa ebenso große, hell graubraune Jungtiere.

Der Hinterleib fühlt sich fest an. Tote Imagines trocknen aus.

Heimchen sind sehr lebhaft und springen erstaunlich weit und hoch. Hungrige Larven sind besondere Springkünstler, 30 cm Höhe schaffen mittelgroße problemlos! Die Adulti, vor allem die Weibchen, fliegen gern und gut.

Gryllus assimilis: Die erwachsenen Steppengrillen sind 23–27 mm lang und 8–10 mm dick. Sie sind braun; im einzelnen: der Kopf hell mit dunklem „m" zwischen den Augen (von hinten gesehen), das Halsschild dunkel, Deckflügel und Beine mittel, der Hinterleib schwarz.

An den Hinterbeinen fallen kräftige Dornen auf. Frisch geschlüpfte Larven sehen aus wie die der Zweifleck-Grille, nur ein bißchen kleiner. Ältere Larven sind graubraun bis braun, immer mit einem dunklen Mittelstreif auf dem Abdomen und der charakteristischen Kopfzeichnung.

Der Hinterleib fühlt sich fest an. Tote adulte Tiere werden trocken.

Steppengrillen sind relativ träge Grillen, sie springen nicht viel und nicht weit. Den Heimchen ähnlich, fliegen die Weibchen gern und gut. Im Osten Deutschlands hatte sich der Name Bananengrille eingebürgert. Beim Artnamen steht noch ein kleines Fragezeichen, da die Bestimmung nicht abgeschlossen ist.

Abb. 26. Heimchen *(Acheta domesticus)*. a) junge Larven, b) männliche Larve, c) weibliche Larve, d) Männchen, e) Weibchen.

Gryllus bimaculatus: Zweifleck-Grillen sind ausgewachsen 30–35 mm lang und 12–15 mm dick. Neben der schwarzen Grundfärbung findet man bei Weibchen schwarzbraune und bei Männchen goldbraune derbe Vorderflügel, die am Ansatz zwei helle Flecken zeigen (bimaculatus = zweigefleckt). Diese Flecken sind auch bei den frisch geschlüpften Tieren zu erkennen, verschwinden aber nach der ersten Häutung. Die rotbraunen Hinterbeine der Männchen fallen gegenüber den anderen schwarzen Gliedmaßen auf.

Zweifleck-Grillen wirken, ähnlich wie die Steppengrillen, kräftig gebaut.

Die Eier sind 3 mm lang, die ameisenähnlichen Jungen ebenfalls. Kleinste Larven sind schwarz, mit zunehmender Größe werden sie heller, graubraun, und sehen auf den ersten Blick den Larven der Steppengrille zum Verwechseln ähnlich. Der dunkle Kopf und der einfarbige Hinterleib unterscheiden sie aber von ihnen bei genauerem Hinsehen.

Schnüffelt man über einem Kasten mit adulten Tieren, dringt ein unangenehmer Geruch in die Nase – sie riechen, als ob sie schwitzen. Der Hinterleib ist bei allen Stadien ziemlich weich. Tote Tiere werden matschig, was besonders bei adulten auffällt.

Diese Grille springt mäßig, ähnlich wie die Steppengrille. Allerdings können die Imagines sehr gut fliegen, vorausgesetzt, sie sind ausreichend warm. Das merken wir spätestens dann, wenn wir ein flüchtendes Tier

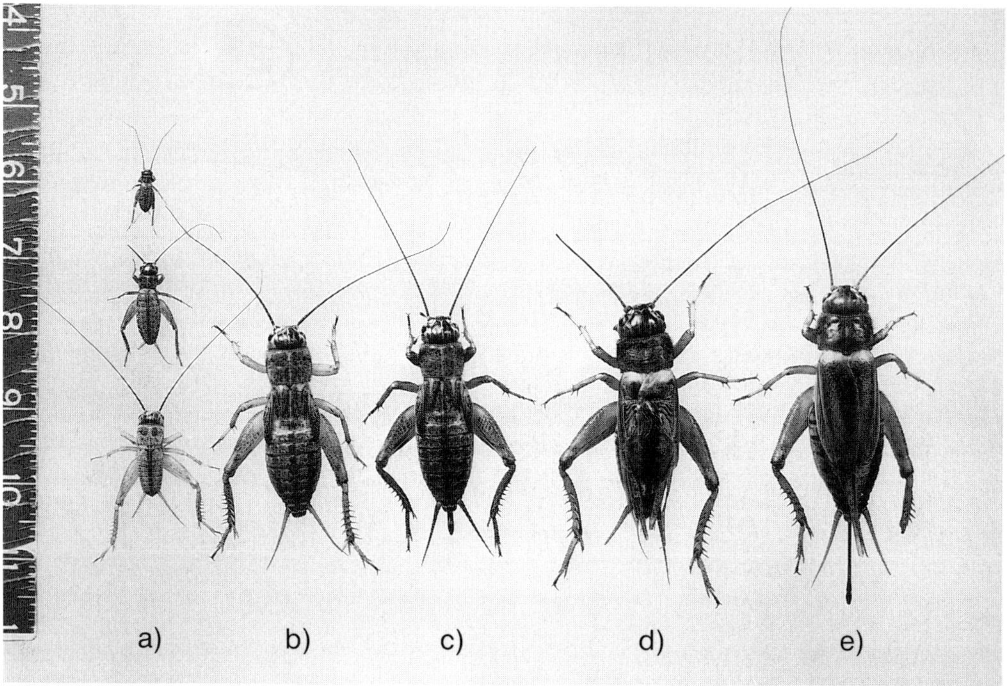

Abb. 27 Steppengrille *(Gryllus assimilis)*. a) bis e) siehe Abb. 26

einfangen wollen. Zweifleck-Grillen zeigen sich am Tage häufiger als Hausgrillen.

Gryllodes sigillatus: Diese Grille ist eine in den Tropen weit verbreitete Art, die meist in Wohnnähe der Menschen gefunden wird. Man könnte sie daher treffend auch als Tropen-Hausgrille bezeichnen (S. Ingrisch, in litt.).

Die zierliche Grille bleibt mit 17–22 mm Körperlänge und um 6 mm Dicke etwas kleiner als das Heimchen. An den hellbraunen, schwach gefleckten Tieren fällt bei Weibchen und Larven zuerst ein dunkles Band über dem ersten Hinterleibssegment auf, das bei den Männchen von den kurzen Deckflügeln verdeckt wird. Bei den Weibchen sind beide Flügelpaare zu Schüppchen reduziert, bei den Männchen das hintere Paar. Ein zweites, schmaleres dunkles Band begrenzt das Halsschild hinten, das dritte zwischen den Augen ist noch schwächer ausgeprägt. Die Beine sind ganz hell, durchscheinend. Aus den etwa 2 mm langen gelblichen Eiern schlüpfen ebenso große, in den ersten Tagen grau gefärbte Larven.

Der Hinterleib fühlt sich ziemlich weich an. Tote Tiere vertrocknen.

Mit den kräftigen Hinterbeinen springen die Tiere hoch und weit, besser und häufiger als das Heimchen.

Phaeophilacris bredoides: Diese afrikanische Höhlengrille hat Dobroruka 1968 in der Chipongwe-Höhle in Zambia gesammelt, einer Höhle, in der auch Flughunde lebten. Er hat sie als *Pholeogryllus geertsi* vorgestellt (Dobroruka, 1972). Kaltenbach erkannte, daß es sich nicht um diese Art handelt, sondern um eine noch nicht beschriebene, der er den Namen *bredoides* gab (Kaltenbach, 1986). *Phaeophilacris* ist der ältere, gültige Gattungsname.

Die Weibchen werden mit 19–24 mm Körperlänge, 7–9 mm Breite und 8–10 mm Höhe meist etwas größer als die Männchen mit 18–23 mm Länge und 5–7 mm Dicke.

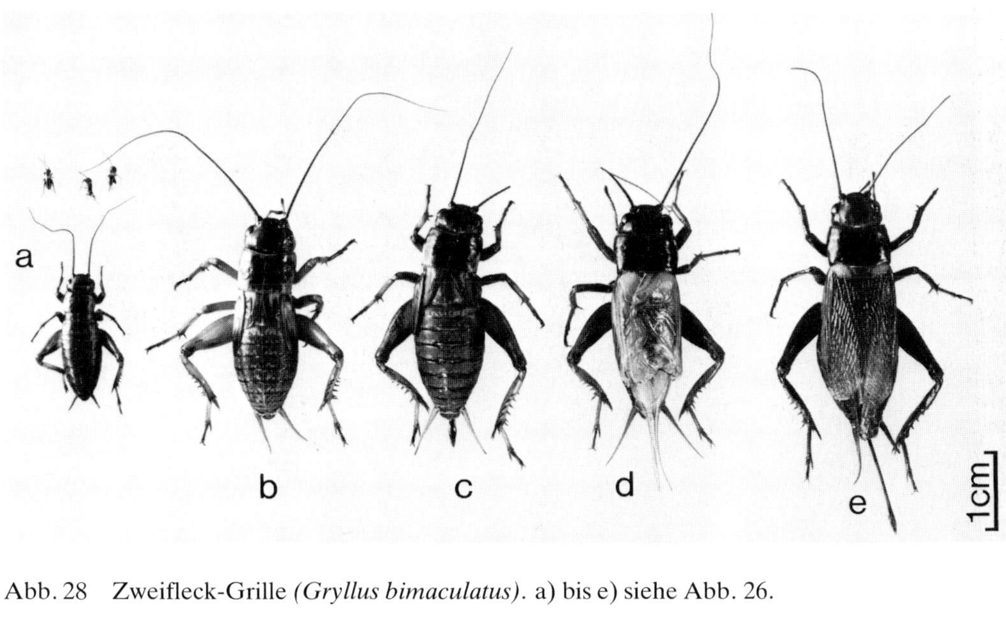

Abb. 28 Zweifleck-Grille *(Gryllus bimaculatus)*. a) bis e) siehe Abb. 26.

Der Unterschied zwischen den Geschlechtern ist augenfällig. Bei den Weibchen ist der markant gebuckelte Körper am breitesten hinter dem Ansatz der Sprungbeine. Ihnen fehlen selbst Flügelrudimente. Stattdessen bedecken zwei Schildchen den Rumpf. Das vordere, ganz kurze, übersieht man leicht, das hintere, dunkelbraune Schild weist meist je einen kleinen hellen Fleck nahe der Mitte und des vorderen Randes auf. Eine dünne helle Linie verläuft entlang der Rückenmitte. Bei den Männchen ist der Körper immer gleich breit und gerade. Die Elytren sind hinten abgerundet, sie überdecken etwa Zweidrittel des Hinterleibes. Höhlengrillen sind hellbraun mit dunkler Fleckenzeichnung und helldunkel gebänderten Beinen. Das Halsschild weist am vorderen Rand zwei, am hinteren drei dunkle Flecken auf und an der Seite je einen verwaschenen Fleck. Solche verwaschenen braunen Flecken ziehen sich auch am Kopf von jedem Auge und zwischen den Fühlern nach unten bis zum Ansatz der Mundwerkzeuge. Die Bauchseite ist hell. Die außerordentlich langen Hinterbeine (bei Imagines rund 5 cm) stehen weit nach oben und außen, noch einmal so hoch wie der Körper, und der Abstand zwischen den Kniegelenken beträgt 2,5–3 cm (bei Imagines). Auch die beiden vorderen Beinpaare sind langgliedrig. Die Dornen an den Beinen sind ziemlich lang, aber relativ weich. Eier und die frisch geschlüpften graubraunen Larven sind rund 3 mm lang.

Die Höhlengrillen riechen etwas streng. Ihr Hinterleib fühlt sich ziemlich weich an.

Die langen Hinterbeine mit den kräftigen Oberschenkeln lassen keinen Zweifel aufkommen am meisterlichen Sprungvermögen der Tiere.

Bei den folgenden Angaben gilt der Begriff „Grille“ für alle Arten, wenn nicht eine Art besonders erwähnt ist.

Entwicklungszeiten:

Acheta domesticus: Die Zeitigungsdauer der Eier beträgt bei 20 °C etwa 21 Tage, bei

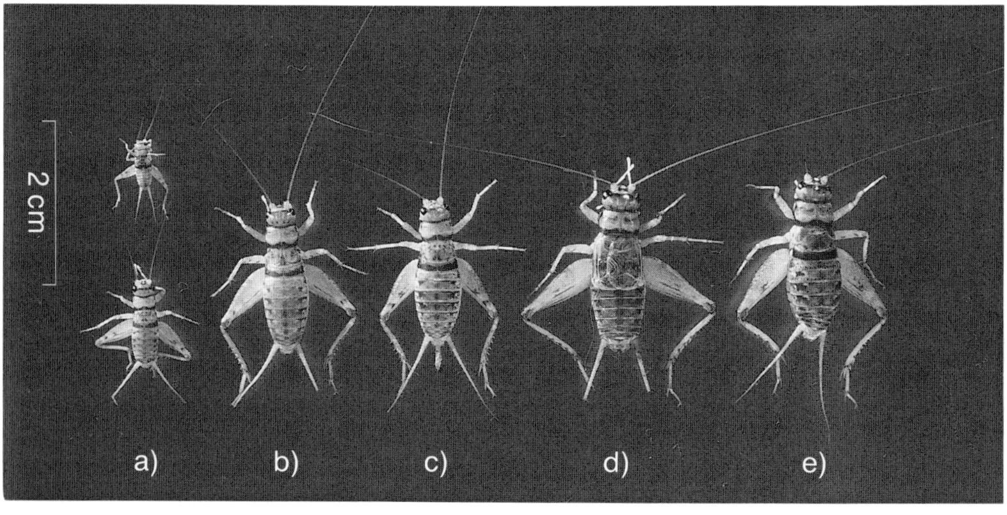

Abb. 29 Kurzflügel-Grille *(Gryllodes sigillatus)*. a) bis e) siehe Abb. 26.

25 °C 14 Tage und bei 30–33 °C 9–10 Tage. Bei 25 °C sind die Larven nach 5–6 Wochen ausgewachsen, bei 30–33 °C nach 4 Wochen. Ein Weibchen hat im Laufe seines etwa 12wöchigen Lebens 200–300 Nachkommen.

Gryllus assimilis: Bei 25 °C schlüpfen nach 13 Tagen die jungen Grillen, bei 30–33 °C nach 9 Tagen. Die Entwicklung bis zur Imago dauert bei den beiden Temperaturen 6–7 Wochen bzw. 5 Wochen. Die Nachkommenzahl pro Weibchen beträgt 250–350. Die Weibchen leben etwa 12 Wochen.

Gryllus bimaculatus: Bei 25 °C schlüpfen nach 12 Tagen die Larven, bei 30–33 °C nach 8 Tagen. Zur Entwicklung brauchen die Larven bei 25 °C 8 Wochen, bei 30–33 °C 5–6 Wochen. Im Laufe seines etwa 6wöchigen Lebens hat ein Weibchen 200–300 Nachkommen.

Gryllodes sigillatus: Bei 22 °C schlüpfen die kleinen Grillen nach 22–25 Tagen aus den Eiern, bei 25 °C nach etwa 16 Tagen, bei 28–31 °C nach 14 Tagen. Die Larven sind bei 22 °C nach 8–9 Wochen ausgewachsen, bei 25 °C nach etwa 7 Wochen, bei 28–31 °C nach 5 Wochen. Jede Woche hat ein Weibchen 250–300 Nachkommen, und das bis ans Lebensende, also etwa 6 Wochen lang, insgesamt 1500–1800 Tiere!

Phaeophilacris bredoides: Bei Zimmertemperatur von 20–22 °C dauert die Entwicklung sehr lange: Nach etwa 8 Wochen schlüpfen die Larven, rund 9–10 Monate später sind sie erwachsen. Bei 26–27 °C verkürzt sich die Generationenfolge auf 5–6 Monate; etwa 3 Wochen dauert die Embryonalentwicklung, die Larven sind nach 4–5 Monaten erwachsen. Dann werden sie noch 4–6 Monate alt. Ein Weibchen hat etwa 150–200 Nachkommen. Temperaturen ab 30 °C wirken hemmend auf die Entwicklung.

Behälter, Substrat und Einrichtung: Es eignen sich alle Behälter mit glatten Wänden von mindestens 25 cm Höhe, für Kurzflügel-Grillen von 30 cm, für Höhlengrillen von 35 cm, also Plastik- oder Glasaquarien,

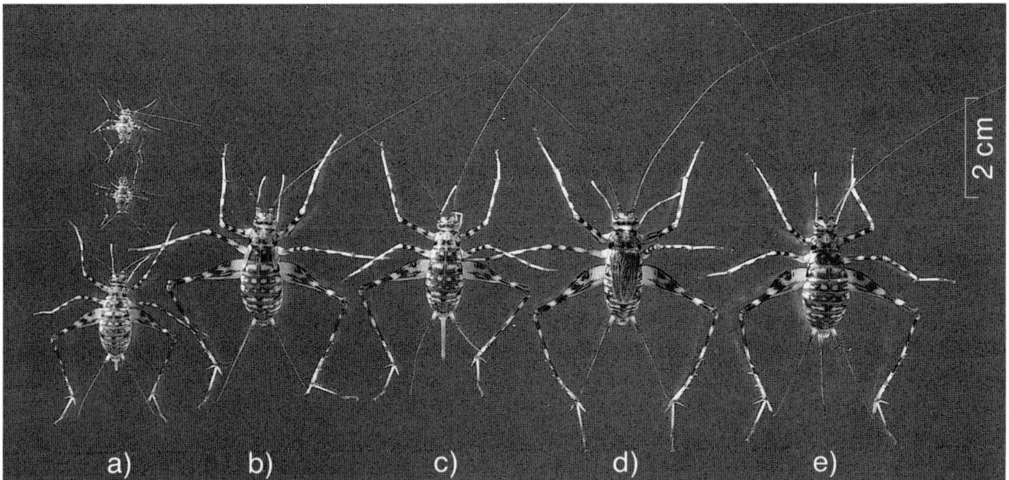

Abb. 30 Höhlengrille *(Phaeophilacris bredoides)*. a) bis e) siehe Abb. 26.

Stapelboxen, Eimer, sowie die in Abb. 31 und 37 gezeigten Kästen. Für die springfreudigen Höhlengrillen ist ein Kasten mit einer relativ kleinen Schiebescheibe in der unteren Hälfte der Vorderseite besonders günstig, also etwa ein höherer Heuschreckenkasten oder der Stabschreckenkasten mit Schiebescheiben als Grundmodelle. 50 × 40 × 80 cm sind das optimale Maß für die Tiere und eine ertragreiche Zucht. Da diese Grillen gern an senkrechten Flächen und kopfüber sitzen, kleidet man den Kasten für sie mit Preßpappe aus, mit der rauhen Seite nach innen.

In jedem Fall brauchen wir einen dicht schließenden Deckel, der zur Belüftung wenigstens zur Hälfte mit feinmaschigem Drahtgewebe von etwa 0,5 mm Maschenweite bespannt sein muß. Bei hohen Behältern ist zusätzlich eine kleine vergitterte Fläche an einer Seitenwand dicht über dem Boden angezeigt. Der Behälter für die Zweifleck-Grillen sollte besonders gut belüftet sein, da zumindest die Imagines keine hohe Luftfeuchtigkeit vertragen.

Die Größe des Behälters hängt nicht nur von der Anzahl der Tiere ab, die wir halten und züchten wollen, sondern auch von der Grillenart und sogar von der Temperatur (s. Besondere Hinweise). Heimchen und Kurzflügel-Grillen lassen sich am dichtesten halten: in einem Kasten von 50 × 20 × 25 cm je etwa 500 adulte Tiere. 250 Steppen- oder Zweifleck-Grillen würden in einem solchen Kasten Platz haben; wäre er 10 cm höher, 75 Höhlengrillen. Halten wir Tiere unterschiedlicher Größe beieinander, passen jeweils knapp doppelt so viele Exemplare hinein. Aus Gründen, die später erläutert werden, ist es sinnvoll, mindestens zwei Zuchtkästen zu betreiben. Für eine kleine Zucht genügt schon eine Grundfläche von 20 × 15 cm je Kasten, nur für die langbeinigen Höhlengrillen sind 30 × 20 cm die Mindestfläche.

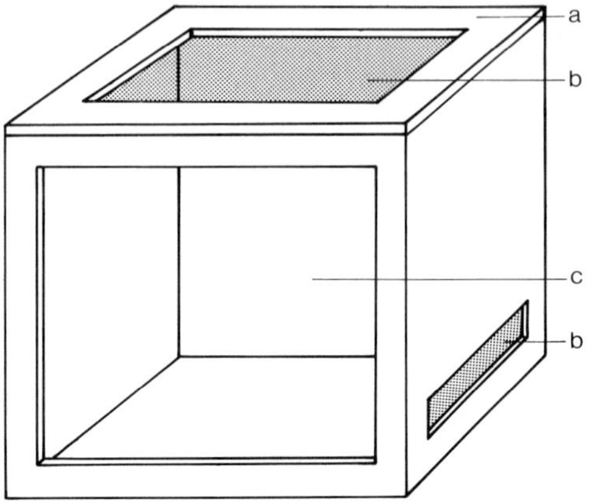

Abb. 31 Grillen-Zuchtkasten aus PVC oder lackiertem Holz zum Selbstbau. a) Deckel, b) Gaze, c) Frontscheibe.

Zweifleck-Grillen brauchen eine konstante hohe (Tages-)Temperatur und deshalb eine eigene Heizung. Ist man nicht auf eine völlig gleichmäßige Zucht angewiesen, kann man für die anderen Arten eine fremde Wärmequelle mitbenutzen. Bei dunklem Stand verwendet man zweckmäßigerweise Glühbirnen, bei hellerer Unterbringung auch Elstein-Strahler oder Heizkabel.

Als Bodengrund empfehlen wir eine dünne, etwa 2 mm hohe Schicht Sand oder feine Hobelspäne oder, nach Ehlert (1982), eine Lage Wellpappe, damit überschüssige Feuchtigkeit aufgenommen wird. Um die Behälter mit möglichst vielen Grillen besetzen zu können, baut man für Steppen- und Zweiflecken-Grillen Etagen aus Eierkartons, die senkrecht oder waagrecht lose eingebracht werden, aufeinandergestapelt für die großen Tiere, ineinandergestapelt für die kleinen Larven. Für Heimchen bricht man die Eierkartons in handliche Stücke von 10 × 10 cm. Oder man verwendet Pappröllchen, z. B. von Toilettenpapier, die man neben- und übereinander

Abb. 32 Blick in einen Heimchen-Zuchtkasten.

in die Behälter packt. Zur Vergrößerung der Lauffläche steckt man in jede Rolle noch zwei weitere, längst geknickte Rollen hinein. Für die kleinen Larven nimmt man zusammengerollte Wellpappe. Diese Rollen sind für die springfreudigen Kurzflügel-Grillen ein Muß. In den Rollen fühlen sich die Tiere nämlich ziemlich sicher und bleiben darin sitzen, wenn wir die Rollen vorsichtig, mit ruhigen Bewegungen transportieren. Höhlengrillen sitzen ebenfalls gern in den Rollen, allerdings vorzugsweise in einseitig geschlossenen. Nur in denen bleiben die Tiere auch – meist – ruhig sitzen, wenn wir die Rollen bewegen. Wegen der Größe der Tiere nehmen wir hier für die mittleren Larven und die Imagines ungefüllte Rollen bis zu 12 cm Durchmesser und 20 cm Länge. Auch offene Pappkästchen von 10 × 10 cm Grundfläche und 12–15 cm Seitenlänge füllen die Rückwand eines Kastens vorteilhaft.

Beim Einrichten achten wir darauf, daß Platz bleibt für die Eiablagebüchse und die Feuchtfütterung. Zum oberen Rand sollte ein Abstand von mindestens 10 cm – für die springfreudigen Grillen 25 cm – eingehalten werden, sonst springen beim Entfernen des Deckels Tiere davon.

Grillen-Weibchen legen ihre Eier in feuchtes Substrat ab. Deshalb füllt man in eine kleine Büchse mit den Mindestmaßen 8 × 8 × 5 cm bis etwa 1 cm unter den Rand entweder reinen Sand oder Lavagrus von 1–2 mm Körnung, Torf, Aussaaterde oder ein Gemisch aus gleichen Teilen Torf und Sand. Den Inhalt feuchtet man an und hält ihn ständig feucht, aber nicht naß. Ist das

Substrat zu trocken, scharren die Weibchen zu stark und werfen vor allem den Torf heraus. Weiches Steckmoos für Blumen, wie „mosy" oder „Flory", bewährte sich ebenfalls. Man schneidet es für die Büchsen passend zu. Es hält vorzüglich eine gleichmäßige Feuchtigkeit, kann aber nur zwei- bis dreimal verwendet werden. Damit die Weibchen und später die Jungen hinein- und herauskrabbeln können, läßt man die kleine Dose an die Eierkarton-Lagen anstoßen und legt ein Stückchen Karton als Brücke aus.

Wenn man dafür sorgt, daß die Tiere immer feuchtes Futter zur Verfügung haben, brauchen sie nicht unbedingt Trinkwasser, sie nehmen es aber gern auf. Sehr praktisch ist eine Vogeltränke, die man auf den Boden des Behälters stellt. Ein Gummisauger mit einem offenen Haltering, den man an der Wand befestigt, sichert die Tränke vor dem Umfallen und ermöglicht ein einfaches Entnehmen für den Wasserwechsel. In der freien Wasserfläche würden die Grillen allzuleicht ertrinken, deshalb paßt man ein Stückchen Schaumstoff ein, das man öfter auswäscht, oder man gibt ein zerknülltes Blatt Klopapier hinein, das man jedoch häufig erneuern sollte.

Futter: Grillen ernähren sich von pflanzlichen und tierischen Stoffen. Bewährt hat sich eine Trennung in Trocken- und Feuchtfutter. Als Trockenfutter gibt man Hafer- und Hundeflocken, Fischfutter, Preßlinge aller Art, wie für Hühner, Mäuse, Küken, Meerschweinchen, Hunde, Schildkröten oder den Futterwürfel Nr. 360, sowie Weizenkeime. Die Preßlinge legt man auf den Boden des Behälters, die Flocken reicht man in flachen Schälchen (eine Brücke für die Kleinsten nicht vergessen!) oder in einer bestimmten Vertiefung im Eierkarton, damit sich der Futterkonsum besser überwachen läßt. Etwa alle 2 Wochen wirft man die noch vorhandenen Flockenreste fort, da sie dann durch die hohe Wärme hart geworden sind. Die Weizenkeime schüttet man entweder gesondert in ein Schälchen oder streut sie immer in die gleiche Ecke auf den Boden. Da sie sehr schnell austrocknen und dann kaum mehr gefressen werden, gibt man nur soviel Keime, wie die Grillen an einem Tag auffressen. Deshalb fängt man lieber mit kleinen Portionen an, etwa einem Teelöffel voll für 200 kleinere bis mittlere Tiere. Selbstverständlich bietet man nicht alle Futtersorten gleichzeitig an, sondern wechselt ab. Höhlengrillen fressen besonders gern auch Hefeflocken. Eingeweichter Getreideschrot und gekochter Reis leiten über zum Feuchtfutter.

Apfel, Gelbe Rübe (Karotte) und Salat (möglichst kein Kopfsalat) bilden die Grundlage für das Feuchtfutter. Im jahreszeitlichen Wechsel kommen dazu noch allerlei Obst, wie Kirschen, Aprikosen, Weintrauben oder Apfelsinen, und Wildkräuter, wie Löwenzahn, Wegerich oder Miere. Wichtig ist es in jedem Fall, daß Obst und Grünzeug frei von Insektiziden und anderen Schadstoffen sind; man sollte also Löwenzahn zum Beispiel nicht dicht an einer Straße sammeln. Täglich oder alle 2–3 Tage reicht man frisches Futter. Grünzeug trocknet schnell aus, Apfelsinenringe oder -schnitze halten sich am längsten frisch. Man füttert nur wenig mehr, als in den entsprechenden Zeitabständen gefressen wird. Da vor allem die Weibchen von *Gryllus bimaculatus* ihre Eier gern in größere Apfelstücke abstechen, gibt man nur schmale Schnitze. Selbstverständlich entfernt man jeweils die Futterreste, damit sich für Schimmel und Milben keine Brutstätten ergeben.

Zuchtbedingungen:

Licht: Die Zuchtbehälter können dunkel oder hell stehen. Die lichtscheuen Höhlengrillen können dauernd dunkel gehalten werden. Wenigstens einige Stunden lang am Tag ist für sie völlige Dunkelheit notwendig, damit die Tiere aus den Verstekken hervorkommen und ans Futter gehen.

Temperatur: Florierende Zuchten sind ab 24°C zu betreiben. Für die Höhlengrillen sollten 29°C nicht überschritten werden. Da fangen die anderen Arten gerade an, richtig warm zu werden. Über 33°C sind auch für sie zu viel. Nach den Untersuchungen von Merkel (1977) wachsen die Larven von *G. bimaculatus* bei einer konstanten Temperatur von 27°C und einer Nahrung, die zu 30% Proteine enthält, am besten heran. Auch bei 20–22°C pflanzen sich die Grillen noch fort, nur dauert dann die Entwicklung recht lange. Nachts vertragen alle Arten Zimmertemperatur gut, das entspricht eher den natürlichen Verhältnissen als eine sehr hohe Dauertemperatur.

Feuchtigkeit: Grillen lieben trockene Wärme, deshalb sollte man den Behälter nie aussprühen. Der Flüssigkeitsbedarf wird nur durch Futter und Trinkwasser gedeckt. 50–60% rel. Luftfeuchte sind optimal, nur die Höhlengrillen und alle Junggrillen bevorzugen 60–80%. Um diese Werte zu erreichen, können wir hier beispielsweise täglich kurz sprühen.

Besondere Hinweise

Kleine Zucht: Wenn Heimchen auch keinen wirklichen Schaden anrichten können, zählen sie doch zu den Hausschädlingen, und wir müssen entsprechend sorgfältig mit ihnen umgehen; das empfiehlt sich auch für die Kurzflügelgrillen. Wenden wir einige Vorsichtsmaßnahmen an, lassen sich die Tiere durchaus in der Wohnung züchten.

Dazu gehört folgendes:

1. Beim Wechseln des Feuchtfutters ist darauf zu achten, daß sich keine Jungtiere in Höhlungen oder zwischen Schale und Fruchtinnerem verstecken; man klopft die Stücke im Behälter ab.
2. Man arbeitet unter einer hellen Lampe und stellt den Kasten frei auf einen Tisch oder den Fußboden, von dem sich die Grillen farblich möglichst abheben sollen; so entdecken wir entwichene Tiere sofort. Meist sind sie nur schwer einzufangen; oft ist es dann besser, sie zu erschlagen, ehe sie uns entkommen.
3. Bevor man den Deckel abnimmt, überprüft man, ob sich keine Tiere an ihm befinden. Vor allem die Heimchen-Weibchen fliegen gern auf und landen dann am Deckel. Den offenen Behälter läßt man aus dem gleichen Grund keinen Augenblick unbeobachtet.
4. Wenn man Tiere herausfangen will, legt man ein enghalsiges Gefäß in den Behälter. Wenn sich genügend Tiere darin gesammelt haben, stellt man es rasch auf und deckt es mit der Hand oder einem Stück Pappe ab. Eine weitere Möglichkeit besteht darin, ein kleines Stück Eierkarton in den Kasten zu legen, das man aufnimmt; die Grillen schüttelt man dann in ein passendes Glas – natürlich innerhalb des Zuchtbehälters. Das kleine Gefäß läßt sich leicht für etwa 10 Minuten im Kühlschrank unterbringen, bis die Tiere fast bewegungsunfähig geworden sind; die gewünschten Größen kann man dann heraussuchen.

Selbstverständlich gelten diese Hinweise auch für die anderen Grillen, doch besteht nach unserer Erfahrung keine Gefahr, daß sie sich in einer Wohnung einnisten. Auch sind Steppen- und Zweifleck-Grillen nicht so flink und durch ihre dunklere Färbung meist besser zu erkennen.

Sind doch einmal einzelne Tiere entkommen, sucht man bei Dunkelheit den Boden der Zimmer an den Wänden entlang mit einer Taschenlampe ab. Dort laufen die Grillen häufig umher. Die Wärme eines Heizkörpers oder eines Heizkissens, das man auslegt, und ein Schnitz Apfel als Köder locken die Tiere an. Schließlich ist auch eine Spinne, die irgendwo am Boden ihr Netz gespannt hat, eine recht wirkungsvolle Hilfe – sie freut sich über die unverhoffte Beute. Sind viele Tiere entwichen, stellen wir besser Schabenfallen auf (s. Bezugsquellen).

Wie bereits erwähnt, empfehlen sich auch für eine kleine Zucht mindestens zwei Behälter, weil man den Becher für die Eiablage in regelmäßigen Abständen austauschen muß. Spätestens nach 2 Wochen ist dies beim Torf-Sand-Gemisch notwendig, damit man einem Milbenbefall vorbeugen oder ihn unter Kontrolle halten kann. Verwendet man ausschließlich Sand, genügt ein Wechseln alle 4–6 Wochen. Dann ist das Substrat auch mit Exkrementen und Eihäuten so verunreinigt, daß es schlecht zu riechen beginnt und sich möglicherweise Schimmel bildet, was man natürlich nicht zulassen darf. Zudem dauert es noch ungefähr 2 Wochen, bis alle Jungtiere geschlüpft sind. Je nachdem, welche Stadien man hauptsächlich verfüttert, ergibt sich der Besatz der Behälter. In jedem Fall ist eine Auslese der Zuchttiere wichtig; nur große, kräftige Exemplare mit vollständigen Fühlern, Flügeln und Sprungbeinen sowie – bei Weibchen – einer Legeröhre suchen wir zur Vermehrung heraus. Da alte Weibchen gern die Eier ausgraben und auffressen, tauscht man die Zuchttiere rechtzeitig aus, das heißt nach 6–7 Wochen.

Alle kleinen Larven bis zur dritten Häutung brauchen eine höhere Luftfeuchtigkeit als die großen Tiere, andernfalls ist die Ausfallquote sehr hoch. Die feuchte Erde des Ablagegefäßes reicht zunächst aus. Hat man das Gefäß entfernt, nachdem alle Larven geschlüpft sind, feuchtet man den Bodengrund täglich leicht an. Dabei dürfen keine stehenden Tropfen zurückbleiben, da vor allem kleinste Larven in ihnen sehr schnell ertrinken. Vorsicht, falls man sprüht: Aus einer Druckspritze kann der Strahl so stark sein, daß er die Larven hochwirbelt und aus dem Behälter schleudert.

Steppengrillen sind sehr robust und tolerant, was Temperatur und Luftfeuchtigkeit anbelangt. Viele Vivarianer züchten sie inzwischen lieber als die Zweifleck-Grillen, die sehr temperaturempfindlich und überhaupt streßanfällig sind, was sich u. a. beim Versand der Tiere mit einer relativ hohen Ausfallquote bemerkbar macht. Hoffmann (1973) hat zwar festgestellt, daß sich *G. bimaculatus* über mehrere Wochen bei konstanten Temperaturen von 5–34°C halten lassen und auch langfristig Tagesschwankungen von −1,5 bis +20°C ertragen, aber er hat die Tiere einzeln gehalten. Auch die höchst mögliche Zahl der Eier liegt bei den einzeln gehaltenen Weibchen mit etwa 1000 Stück (bei 34°C Haltungstemperatur, Hoffmann, 1974) viel höher als die tatsächliche Nachkommenzahl in einer Zucht.

Kurzflügel-Grillen vermehren sich weitaus am stärksten. Wer besonders viele „Froschgrillen“ braucht, also frisch geschlüpfte Larven, und auch sonst viele kleinere Grillen verfüttert, sieht über die Nachteile dieser Art wohl hinweg. Sie springen und bewegen sich sehr schnell.

Zudem lassen unsere Erfahrungen den Schluß zu, daß sie sich genauso wie das Heimchen unter bestimmten Bedingungen in Häusern und Wohnungen ausbreiten können. Verschwiegen sei auch nicht, daß sie große Räuber sind. Im Insekten-Zuchtraum und in einigen Groß-Terrarien des Zoos Frankfurt hat man sie deshalb absichtlich ausgesetzt, damit sie die Schaben kurzhalten, was sie auch erfolgreich tun (R. Wicker, mündl. Mitt.). Andererseits kann es vorkommen, daß größere Exemplare junge oder kleine Echsen anfressen.

Das Zirpen der Männchen empfinden wir Menschen auf unterschiedliche Weise, von angenehm bis qualvoll. Höhlengrillen sind stumm, Steppengrillen singen am leisesten, dann folgen Kurzflügel-Grillen und Heimchen, Zweifleck-Grillen sind mit Abstand am lautesten. Bei allen gilt, daß einsame (= entwichene!) Männchen viel lauter zirpen als Tiere, die in der Gruppe leben.

Höhlengrillen sind keine Grillen, die sich mit vertretbarem Aufwand in Massen züchten lassen. Da sie zudem schöne Insekten sind, die sich anders verhalten als die „normalen" Grillen, findet man sie in vielen Insektarien ausgestellt. Wer nicht gerade eine Brut Glanz-Stare zu versorgen hat, sondern wenige Echsen pflegt und auch mit Freude Insekten beobachtet, wird die Höhlengrillen nicht missen wollen. Das Schicksal, wegen ihrer langen Entwicklungszeit und mäßig starken Vermehrung aus den Futtertierzuchten verbannt zu werden, wie Arnold (1983) von Leipziger Terrarienfreunden berichtet, haben sie nicht verdient. – Die Angaben zur großen Zucht gelten also für die anderen vier Grillenarten.

Große Zucht: Für eine große Zucht der Grillen ist es günstig, viele mittelgroße Behälter zu verwenden. Dann lassen sich die einzelnen Entwicklungsstadien getrennt aufziehen. Eine Serie mit 5 Kästen könnte so aufgebaut sein: Ein Kasten mit erwachsenen Zuchttieren, darin für je 150–200 Weibchen eine Eiablagebüchse mit 10 × 10 cm^2 Grundfläche (jeweils nach einer Woche auswechseln); ein Kasten mit den Eibehältern und den schlüpfenden Jungen; zwei Kästen mit jeweils größeren Larvenstadien; ein Kasten mit ausgewachsenen Tieren zum Verfüttern.

Meist wird ein besonderer Raum für die Zuchten zur Verfügung stehen, den man dann auf etwa 30 °C heizt.

Für eine Massenzucht ist ein geheizter Zuchtraum unabdingbar. Im Prinzip baut man eine solche Zucht folgendermaßen auf: Die Eiablagebüchsen nimmt man aus dem Kasten mit den Zuchttieren, kurz bevor die ersten Larven schlüpfen. Je nach Menge der schlüpfenden Tiere stellt man die Büchsen täglich bis alle vier Tage in einen neuen Kasten. Bis 4000 Larven haben zunächst auf einer Grundfläche von 40 × 30 cm Platz. Nach etwas mehr als der halben Entwicklungszeit läßt man die gut halbwüchsigen Larven durch zwei Siebe laufen, der beiden kleineren Arten mit 3 und 2 mm Maschenweite, der beiden größeren mit 4 und 3 mm Maschenweite. Die drei Größenklassen gibt man in je einen Kasten. Diese Maßnahmen sind aus mehreren Gründen notwendig: Sogar Larven, die am selben Tag geschlüpft sind, wachsen sehr unterschiedlich schnell heran. Die größeren Larven häuten sich in relativ kürzeren Zeitabständen als die kleineren Larven und sind überaus gefräßig. Häuten sich viele Tiere zur gleichen Zeit, können sie sich gegenseitig nicht fressen; die Verluste halten sich also in Grenzen. Große Larven brauchen mehr Platz als kleine.

Für den Umgang mit den Tieren gelten die Angaben wie für die kleine Zucht. Allerdings braucht man in einem besonderen Zuchtraum nicht ganz so genau aufzupassen, daß keine Tiere entweichen. Durch die höhere Wärme bleiben sie freiwillig dort, so daß man sie wieder einfangen kann, oder man setzt gelegentlich ein oder mehrere Geckos aus, die unter den Ausreißern aufräumen.

Lagerhaltung: (s. a. S. 21). Für die Ferienzeit lassen sich nur die Kurzflügel-Grillen nicht im Kühlschrank unterbringen; schon bei 8 °C waren nach 8 Tagen etliche Tiere nicht mehr am Leben, bei 4 °C gar keine mehr. Von den anderen Arten vertragen alle Stadien ab etwa Stubenfliegengröße einen fünfwöchigen Aufenthalt bei +5 °C ohne nennenswerte Verluste. Man packt die Grillen mit leicht angefeuchtetem Moos oder angefeuchteten Küchenkrepp-Tüchern in Dosen, die selbstverständlich Luftlöcher bekommen. Tiere nicht zu dicht packen! Eiablagebehälter mit schlupfreifen Eiern können gut 3 Wochen in der Kälte stehen. Stellt man sie wieder warm, schlüpfen nach frühestens 8 Tagen die ersten Larven.

Bewahrt jemand große Mengen auf, so etwa ab 1000 Grillen, muß er sie auf 2 Behälter verteilen, wenn bei 30 °C einer ausreichen würde und er sie bei 20 °C halten will: Grillen schwitzen bei niedrigen Temperaturen! In jedem Fall ist dafür zu sorgen, daß die überschüssige Feuchtigkeit aufgenommen wird, von Sägemehl, Kleie oder Papier. Bereits 12 Stunden Aufenthalt in der feuchten Umgebung sind für den Großteil der Tiere ein Todesurteil, selbst wenn wir sie danach wieder warm halten. Problemlos lassen sich Grillen bei 25 °C für einige Zeit auf Vorrat halten.

Schädlinge und Krankheiten: Mit Torf oder Futter werden öfters Milben eingeschleppt, die zwar für die Grillen nicht gefährlich sind, aber doch durch ihre starke Vermehrung lästig werden. Vorbeugend richtet man die Zuchtkästen zwei- bis dreimal im Jahr völlig neu ein. Stellt man Milben fest, die sich gern an den Resten des Feuchtfutters sammeln, hilft oft schon eine Generalreinigung, die man von Zeit zu Zeit wiederholt.

Verfütterung: Man reicht nur so viele Grillen, wie die Vivarientiere sofort oder innerhalb kurzer Zeit fressen. In ein sparsam eingerichtetes, dicht schließendes Terrarium werfen wir sie unmittelbar hinein. Für Fische schüttelt man sie mit Wasser durch, so daß sie versinken und nicht von Schwimmpflanzen aus fortspringen. Im übrigen füttern wir aus der Hand, von der Nadel oder Pinzette oder aus einer glattwandigen Schale, deren Höhe der Größe der Grillen angepaßt sein muß. Beim Verfüttern aus der Schale müssen wir allerdings den Heimchen und Kurzflügel-Grillen die Hinterbeine am Gelenk durchknipsen, sonst springen die Tiere davon. Das ist zwar eine unangenehme Arbeit, aber immer noch besser als eine verseuchte Wohnung.

Alle Grillen sind Leckerbissen für sämtliche Insektenfresser, einschließlich der Fische. Da sie sich von pflanzlichen und tierischen Stoffen ernähren, sind sie ein hochwertiges Futter. Als Aufzuchtfutter für Reptilien sind sie der fetten Wachsmade weit überlegen.

Für die insektenfressenden Vögel sind sie als Futter ebenso unerläßlich. Außerdem sind die Grillen durch ihr tierisches Eiweiß besonders wertvoll für Halbaffen.

Vor- und Nachteile der Zucht:

Vorteile:

- Hochwertige Futtertiere mittlerer Größe, zusammen mit den winzigen Jungen ein weitgefächertes Futterangebot
- Das ganze Jahr über in Massen zu züchten
- Bei sauberer Haltung nahezu geruchlos

Nachteile:

- Das Zirpen der Männchen kann empfindliche Menschen stören. *G. bimaculatus* zirpt so laut, daß eine Zucht in bewohnten Räumen zur Qual werden kann (hier kann man sich helfen, indem man wenigstens den Behälter mit den erwachsenen Tieren in einen Schrank oder anderweitig schallgedämpft unterbringt)
- Erfordert relativ viel Zeit und ein tägliches Versorgen, mindestens jedoch jeden zweiten Tag
- *Acheta domesticus* gilt als Hausungeziefer, die Kurzflügel-Grille kann es werden

Ägyptische Wanderheuschrecke
(Locusta migratoria)
Wüstenheuschrecke
(Schistocerca gregaria)
Südamerikanische Wanderheuschrecke
(Schistocerca paranensis)
Marokkanische Wanderheuschrecke
(Dociostaurus maroccanus)
Italienische Wanderheuschrecke
(Calliptamus italicus)

Beschreibung: Die Größe und Farbe der Wanderheuschrecken ist jeweils von Temperaturverhältnissen und Nahrung abhängig, so daß sie nur schwer zu beschreiben sind. Abwechslungsreiches Futter sowie hohe Wärme verwandeln ein Dunkelbraun in Hellbraun oder ein verwaschenes Gelb in leuchtendes Gelb und lassen die Larven kräftiger heranwachsen. Die schlüpfenden Larven sind weißlich und weich. Ihre Farbe, die sie nach dem Aushärten des Chitinpanzers bekommen, behalten sie bis zur letzten Häutung.

Die Männchen aller Wanderheuschrecken bleiben meist 1–2 cm kleiner als die Weibchen, auch verändern sie mit zunehmendem Alter ihre Färbung. Die Fühler sind bei allen Arten kurz.

Zur Eiablage bohren die Weibchen ihren Hinterleib 8–12 cm tief ins Erdreich und schaffen durch Spreizen der Körperanhänge eine Höhlung. Die Eier werden in Zweierreihen waagrecht oder senkrecht in ein schaumiges Sekret eingebettet, das die Nebendrüsen des Genitalapparats produzieren. Nach 1–3 Stunden entsteht auf diese Weise eine Schaumsäule, die 30–80 Eier enthält. Das Sekret erhärtet und schützt die Eier vor dem Austrocknen. Im Laufe ihres meist 35–45 Tage dauernden Lebens kann ein Weibchen 6–16 solcher Eigelege hervorbringen.

Locusta migratoria: Diese am häufigsten gezüchtete Wanderheuschrecke erreicht eine Länge von 4–6 cm. Sie ist hellgrau bis hellbraun gefärbt mit dunkelgrauen und braunen Flecken; die Flügel sind hellgrau marmoriert. Kopf und Vorderbrust der Männchen werden im Alter gelb. Die Larven schlüpfen mit einer Länge von 6–7 mm aus den etwa 6 mm großen, länglichen, hellbraunen Eiern. Der schwärzliche Rücken setzt sich deutlich vom mittel- bis dunkelbraun gefärbten Körper ab. Die Ägyptische Wanderheuschrecke ist in Afrika, Asien und stellenweise in Südeuropa beheimatet.

Schistocerca gregaria: Die erwachsenen Tiere dieser schönen Wüstenheuschrecke werden 6–8 cm lang. Sie sind schmutziggelb gefärbt und tragen dunkelbraun marmorierte Flügel. Die Larven, die beim Schlüpfen mit etwa 8 mm Länge ebenso groß wie die Eier sind, zeigen ein leuchtendes Gelb mit tiefschwarzen Flecken.

Diese Art kommt in Nordafrika und gelegentlich auch in Südafrika vor. Auffallend ist ihr ruhiges Verhalten, während man im Kasten hantiert.

Schistocerca paranensis: In Süd- und Mittelamerika lebt diese Wanderheuschrecke, die in der Färbung *S. gregaria* ähnelt, aber deutlich kleiner bleibt. Ausgewachsen werden sie 5–6 cm groß. Die Larven schlüpfen mit einer Länge von 5–6 mm und sind hellbraun oder gelb mit dunkelbrauner und schwarzer Zeichnung.

Dociostaurus maroccanus: Eine interessante und gut zu züchtende Art ist die Marokkanische Wanderheuschrecke. Mit 4–5 cm Körperlänge zählt sie zu den kleineren Arten. Ihre Grundfarbe reicht von hell- bis rotbraun. Ein charakteristischer weißer Streifen verläuft auf dem Rücken von der Brust bis zu den Spitzen der Flügel. Die Eier sind etwa 5 mm lang, und die

Abb. 33 Ägyptische Wanderheuschrecke *(Locusta migratoria)*. a) Larven, b) Männchen, c) Weibchen.

etwa 7 mm großen Larven tragen eine hellbraun-dunkle Streifenzeichnung.

Calliptamus italicus: Die Italienische Wanderheuschrecke, auch Schönschrecke genannt, ist ein 3,5–5 cm großes plumpes, olivgrün gefärbtes Tier. Den etwa 5 mm langen Eiern entschlüpfen ebenso große Larven, die auf schwärzlichem Untergrund grüne Flecken aufweisen.

Diese Art hat sich in Süditalien ausgebreitet und ist auch auf Kreta und Malta zu finden.

Entwicklungszeiten:

Locusta migratoria: Die Ägyptische Wanderheuschrecke gilt wegen ihrer problemlosen Zucht und der kürzesten Entwicklungszeit als klassisches Futtertier unter den Heuschrecken. Bei einer Tagestemperatur von 30–35 °C und einer nächtlichen Abkühlung auf etwa 20 °C schlüpfen die Larven nach 12–16 Tagen aus den Eiern, sie sind nach 25–30 Tagen ausgewachsen. Die Imagines werden nach 6–8 Tagen geschlechtsreif und paaren sich. 4–6 Tage später beginnen die Weibchen mit der Eiablage, ein Gelege enthält 30–40 Eier. Nach 7–8½ Wochen folgt somit eine neue Generation. Bei abwechslungsreicher guter Fütterung beträgt die Lebensdauer der adulten Tiere etwa 8 Wochen. Ein Weibchen kann in dieser Zeit 12 Gelege „abstechen“, also 360–480 Nachkommen produzieren.

Die Entwicklungszeit der Tiere verkürzt sich stark, wenn man ständig 30–35 °C Wärme aufrechterhält. Dabei muß selbstverständlich auch nachts Licht brennen, damit die Aktivität nicht unterbrochen wird. Die Larven schlüpfen bereits nach 10 Tagen und sind nach 20 Tagen ausgewachsen. 4 Tage nach der letzten Häutung paaren sich die Tiere und legen 3 Tage später schon das erste Eigelege. Nach gut 5 Wochen lebt also bereits wieder eine neue Generation.

Schistocerca gregaria: Die Wüstenheuschrecke braucht unbedingt eine starke nächtliche Temperaturabsenkung um etwa 15°C. Die Tagestemperatur sollte 35–40°C betragen. Unter diesen Bedingungen dauert die gesamte Entwicklung etwa 9–10 Wochen. Die Tiere schlüpfen nach etwa 18 Tagen, brauchen 30–40 Tage, bis sie sich das letzte Mal häuten und werden nach 10–14 Tagen geschlechtsreif. Die Eiablage beginnt 6–8 Tage später. 60–80 Eier sind in einer Schaumsäule eingebettet; 6–12 Gelege kann ein Weibchen produzieren.

Schistocerca paranensis: Diese Heuschrecke liebt keine so hohen Temperaturen, 28–30°C sind am günstigsten. Wenn man diese Temperatur Tag und Nacht beibehält, erreicht die Südamerika-Heuschrecke die Entwicklungszeiten und Produktivität der Wüstenheuschrecke.

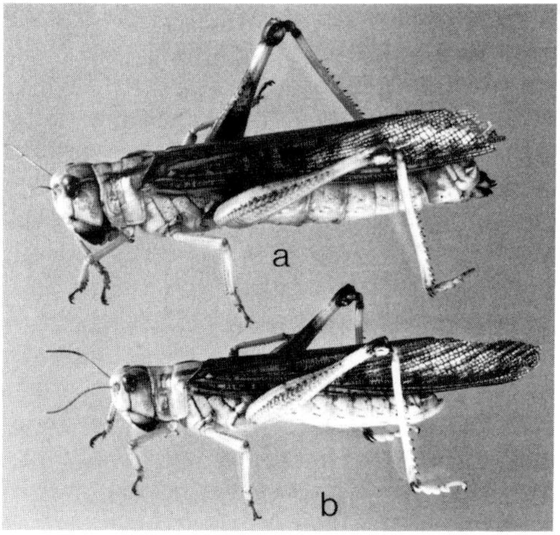

Abb. 34 Seitenansicht der Ägyptischen Wanderheuschrecke. a) Weibchen, b) Männchen.

Dociostaurus maroccanus: Die Marokkanische Wanderheuschrecke benötigt wie die Wüstenheuschrecke eine Temperaturabsenkung von etwa 35°C am Tag auf 20°C in der Nacht. Bei gleichbleibend hoher Wärme sterben die Tiere nach kurzer Zeit. Bis zu 10 Gelege, die 50–60 Eier enthalten, kann ein Weibchen ins Erdreich ablegen. Die Entwicklungszeiten sind entsprechend wie bei *S. gregaria;* die Tiere werden aber bereits nach 6–10 Tagen geschlechtsreif.

Calliptamus italicus: Diese kleinste Art hat die längste Entwicklungszeit, nämlich 12–14 Wochen. Die Larven brauchen etwa 8 Wochen bis zur letzten Häutung, nach etwa 18 Tagen sind die Imagines paarungsbereit und stechen rund 10 Tage später die ersten Schaumsäulen in den Boden. Die Larven schlüpfen nach 14–16 Tagen aus den Eiern. 8–12 Gelege mit 25–30 Eiern bringt ein Weibchen im Laufe seines 8–10wöchigen Lebens hervor.

Behälter, Substrat und Einrichtung: Zuchtkästen kann man sich bauen lassen oder das selbst tun. Die Abbildungen 35–37 zeigen einige bewährte Modelle. Die großen Kästen sind mit einem nichtrostenden Gitter als einschiebbarem Zwischenboden und einer Schublade ausgestattet. Der Kot fällt durch das Gitter in die Schublade und kann dann einfach und schnell entfernt werden. Auf Wunsch wird der Kasten mit ein oder zwei Fassungen für Glühbirnen oder Elstein-Strahler ausgerüstet und mit Lamellen, die von innen an den Deckel angehängt werden können. Bei starker Besetzung des Kastens erhalten somit die Larven weitere Möglichkeiten, für die Häutung einen Platz zu finden. Diese Behälter sind vor allem für die große Zucht gedacht. Hierbei ist es besonders wichtig, durch eine zweckmäßige Konstruktion den Arbeitsaufwand bei der Zucht gering zu halten.

Auch für eine kleine Zucht kann man sich natürlich einen solchen Behälter anschaffen, ihn aber ebenso selbst anfertigen. Folgender Kasten eignet sich gut für eine kleine Zucht und läßt sich leicht nachbauen. Er hat die Maße 40 × 30 × 30 cm und wird aus 13 mm starken Span- oder Tischlerplatten hergestellt. Wir brauchen zwei Seiten à 300 × 300 mm, einen Boden 375 × 295 mm, eine Rückwand 375 × 300 mm, einen Deckel 375 × 100 mm, zwei Alu-U-Schienen von 400 mm und zwei von 120 mm Länge, eine Glas-Scheibe 400 × 174 mm, eine Glas-Scheibe 396 × 116 mm, ein Stück Drahtgaze (Maschenweite 1 mm) 400 × 210 mm, ein Stück Drahtgaze 660 × 287 mm, eine Glühbirne mit Fassung aus Metall oder Porzellan, Kabel und Stecker.

Wir leimen und nageln den Kasten zusammen. Der Boden muß so weit vorstehen, wie die U-Schiene zur Führung der unteren Frontscheibe breit ist. Wir kleben die zwei kurzen U-Schienen senkrecht an die Vorderkanten der Seitenteile und setzen die kleine Scheibe ein, die am Boden aufstoßen muß. Für die Reinigung zieht man sie hoch und kann dann den Kot auskehren. Die obere Scheibe dient als Bedienungstür, die man so weit aufschiebt wie zum Füttern und Entnehmen der Heuschrecken notwendig. Das obere U-Profil für diese Scheibe klebt man an die Deckelkante, das untere auf die Oberkante der unteren Scheibe. Um den Heuschrecken genügend Plätze zur Häutung und Kletterfläche zu bieten, schlägt man die Rückwand und eine Seitenwand mit dem großen Stück Drahtgaze aus. Die Gaze zur Belüftung nagelt man auf die Kanten der Seitenteile und der Rückwand. 20 cm über dem Boden montiert man in der Mitte der Rückwand die Fassung für die Glühbirne, die als Heizung und Beleuch-

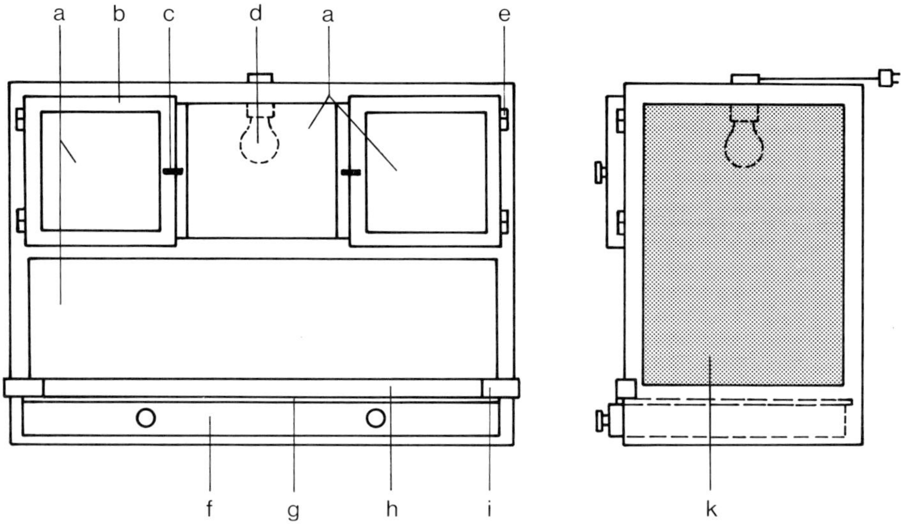

Abb. 35 Großer Zuchtkasten für Wanderheuschrecken aus Holz; Vorder- und Seitenansicht. a) Glasscheiben, b) Tür, c) Riegel, d) Fassung mit Glühbirne und Anschlußkabel, e) Scharnier, f) Schublade, g) herausnehmbares Zwischengitter, h) Schließblende, i) Führungswinkel, k) Gitter.

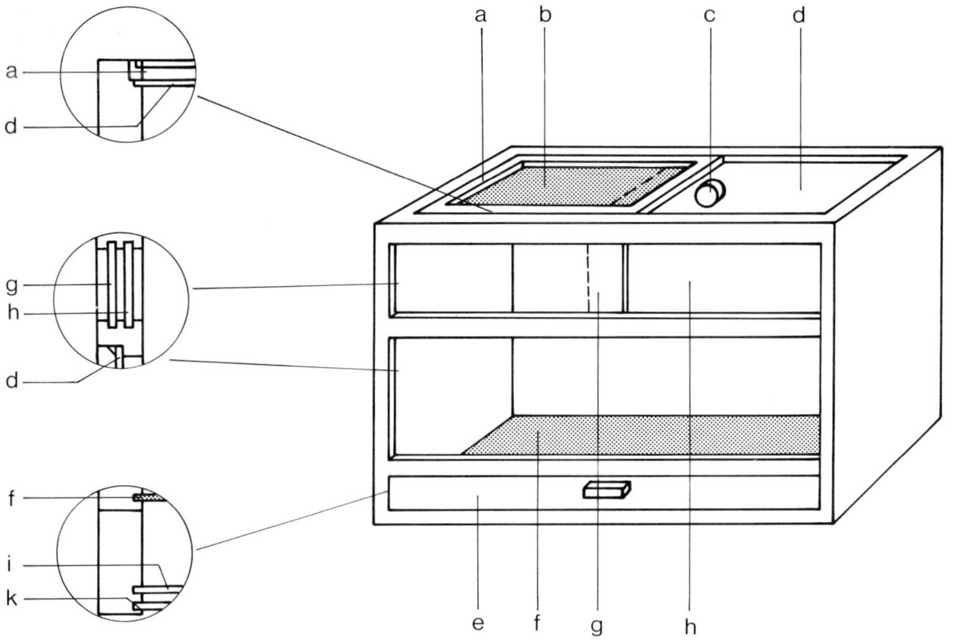

Abb. 36 Zuchtkasten für Wanderheuschrecken aus Holz. a) verschiebbarer Holzrahmen, b) Gitter, c) Fassung mit Glühbirne und Anschlußkabel, d) Glasscheibe, e) Schublade, f) Gitterboden, g) und h) verschiebbare Glasscheiben, i) Auflage für die Schublade, k) Kastenboden.

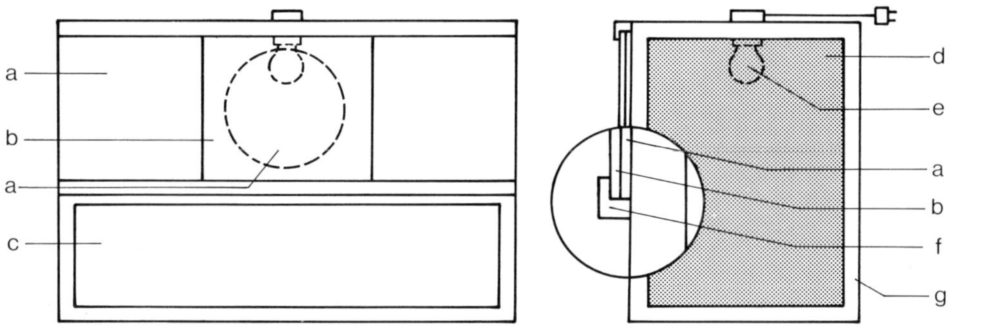

Abb. 37 Zuchtkasten für Wanderheuschrecken aus Holz; auch für Grillen geeignet. Vorder- und Seitenansicht. a) Plexiglasscheibe festsitzend, mit rundem Ausschnitt, b) Plexiglasschieber, c) Glasscheibe, d) Fliegengitter, e) Fassung mit Glühbirne und Anschlußkabel, f) untere Führungsschiene, g) Holzrahmen.

tung dient. Dieser Kasten bietet bis zu 300 Heuschrecken Platz.

Als Gefäße für die Eiablage haben sich Gefrierdosen von 10 × 10 × 8 cm oder ähnliche Büchsen gut bewährt. Nur die Wüstenheuschrecke *S. gregaria* bohrt ihre Schaumsäulen bis zu 12 cm tief ins Erdreich und benötigt entsprechend hohe Dosen. Damit überschüssiges Wasser ablaufen kann, stößt man in den Boden kleine Löcher.

Dem Substrat für die Eiablage muß man viel Aufmerksamkeit schenken, denn von ihm hängt die gute Entwicklung der Embryonen ab. Wir verwenden seit Jahren erfolgreich eine Mischung aus 40 % gut gewaschenem Sand, 30 % Lauberde und 30 % ungedüngtem Torf, beides fein gesiebt. Zur Auflockerung kann man Styroporkügelchen beimischen. Eichner (mündl. Mitteilung) verwendet mit gutem Erfolg reinen Vogelsand. Sand hat die Eigenschaften, Feuchtigkeit gleichmäßig zu halten, nicht sofort auf Temperaturschwankungen zu reagieren und locker zu bleiben. Mischungen aus Walderde mit Sand oder Sägemehl mit Torf eignen sich ebenfalls. Jeder Züchter schwört auf sein Rezept. Noch wichtiger als die Zusammensetzung ist es jedoch, daß das Substrat keim- und schädlingsfrei ist. Dazu breitet man es gut angefeuchtet auf einem Backblech aus und erhitzt es 15 Minuten lang auf etwa 130 °C.

Futter: Will man die Wanderheuschrecken möglichst lange am Leben erhalten, muß man ihnen gehaltvolle, abwechslungsreiche Nahrung bieten. Als Trockenfutter bekommen sie Weizenkleie, Haferflocken, Hundeflocken, Weizenkeime oder zerriebene Mäusepreßlinge. Preßlinge sind wegen der Mineralstoffe besonders zu empfehlen. Zusätzlich kann man altes, nicht verschimmeltes Brot oder Weckmehl (Semmelbrösel) reichen.

Das beste Frischfutter ist zweifellos Keimweizen, den alle Arten problemlos fressen. Das Laub von Eichen, Buchen, Linden, Ahornen, Platanen, sämtlichen Obstbäumen, Brombeeren und Himbeeren kann man anbieten sowie Gemüse und Salat, besonders Endivien, Äpfel, Birnen, geschabte Karotten, Luzerne, Löwenzahn, Maisblätter und anderes mehr. Bei Kopfsalat ist stets mit Insektiziden zu rechnen, deshalb sollte man ihn möglichst nicht verfüttern. Wie für alle Insekten müssen die Futtersorten unbedingt frei von Schädlingsbekämpfungsmitteln sein! Man wäscht sie auf alle Fälle gründlich. Ziersträucher, wie Flieder, Goldregen, Kirschlorbeer und Holunder enthalten giftige Substanzen in Blatt und Rinde und sind für Heuschrecken ungenießbar. Gras, zum Beispiel das Knäuelgras *Dactylus glomerata*, fressen die Heuschrecken sehr gern, aber es besteht die Gefahr, mit dem Gras bestimmte Nematoden einzuschleppen (s. unter Schädlinge und Krankheiten). Nicht nur für Großzuchten, auch für die Zucht im kleinen Umfang lohnt es sich, Keimweizen selbst heranzuziehen. Dafür braucht man einen mit Gitter bespannten Holzrahmen, den man leicht selbst zusammenbauen kann (Abb. 38). Damit der Rahmen genügend Stabilität erhält, wählt man Holzleisten von 60 × 20 mm. Die gewünschten Längen sägt man ab, schraubt die längeren Leisten auf die kürzeren und nagelt Kunststoff- oder Drahtgeflecht von 5–10 mm Maschenweite auf den Rahmen. An den Ecken bringt man Holzklötze an, damit die Luft unter dem

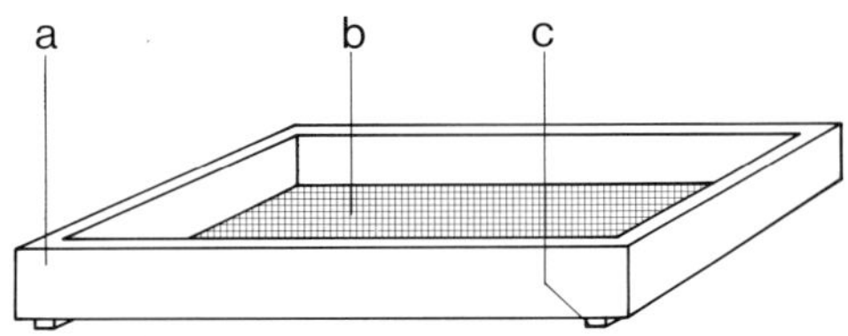

Abb. 38 Holzrost zur Anzucht von Keimweizen. a) Holzrahmen, b) Gitter, c) Füßchen.

Abb. 39 Keimweizen in verschiedenen Entwicklungsstadien.

Gitter durchstreichen kann. Man kann man auch andere Gitter verwenden; wichtig ist, daß die Luft allseits Zutritt hat.

Den Weizen erhält man bei Landwirten oder den Genossenschafts-Lagerhäusern; man kauft nur ungebeizten hellgelben Saatweizen.

Die Weizenkörner sollen in einfacher Schicht auf dem Gitter liegen, für einen Rahmen von 50 × 30 cm braucht man etwa 250 g Weizen. Man wässert ihn zunächst 12–24 Stunden lang in kaltem Wasser und verteilt ihn dann gleichmäßig auf dem Rahmen, den man mit zwei Lagen Zeitungspapier abgedeckt hat. Nach 2 Tagen beginnt der Weizen zu keimen, am 4. Tag haben sich die Wurzeln leicht ans Papier geheftet. Die Keime sind jetzt 1 cm hoch. Nun wachsen sie täglich bis zu 2 cm und können 8 Tage nach dem Ausbreiten bereits verfüttert werden. Höher als 20 cm sollten sie nicht heranwachsen, denn dann beginnen sie umzuknicken. Während der ganzen Zeit hält man die Keimlinge leicht feucht und stellt einen Tag, bevor man sie verfüttert, das Gießen ein. Keimweizen, der naß in den Zuchtkasten gebracht wird, fault und schimmelt bei den hohen Temperaturen sehr schnell. Er kann im Sommer wie im Winter in einem gut durchlüftbaren Nebenraum gezogen werden. Bei ungenügender Luftbewegung schimmeln die Keimlinge, ein kleiner Ventilator schafft Abhilfe. Bekommt der Raum kein oder nur wenig Tageslicht, muß man mit einer Leuchtstoffröhre, wie z. B. Fluora von Osram oder Gro-Lux von Sylvania nachhelfen.

Die Lampen sollten wenigstens 5–6 Stunden am Tag brennen. Bei 18–22°C wächst der Weizen am besten.
Zieht man den Keimweizen im Sommer auf dem Balkon oder im Garten, stellt man ihn an einen schattigen Platz. Bei trockenem Wetter wird man die Keimlinge zweimal am Tag gießen müssen. Das Wurzelwerk darf aber nicht faulen. Dann wäre der Weizen als Futter unbrauchbar, da die Heuschrecken auch die Wurzeln fressen.
Zum Verfüttern nimmt man den Keimweizen vom Gitter, dreht ihn um und schneidet mit einem scharfen Messer Portionen ab. Durch die starke Verwurzelung hält er gut zusammen und läßt sich kaum auseinanderreißen.
Eine andere Methode gestattet es, Keimweizen zu ziehen, wenn man weniger Zeit hat oder häufiger für 2–3 Tage außer Haus ist, da hierbei der Weizen länger feucht bleibt. 250g gequollenen Weizen vermischt man mit etwa 2l feuchten Hobelspänen, füllt Kunststoffschalen von 10 × 10 × 5cm nahezu randvoll locker mit diesem Gemisch und stellt sie aufs Fensterbrett. Das Gemisch hält man feucht. Wer mit genügend Fingerspitzengefühl wässert, läßt die Schalen dicht, ansonsten bohre man Löcher in den Boden und stelle die Schalen auf Füßchen in Untersetzer. Auch hier gilt: zuviel Wasser läßt Schimmelpilze wachsen.

Zuchtbedingungen:

Licht und Temperatur: Wanderheuschrekken sind tags aktiv und wärmeliebend, sie brauchen also zur Zucht ausreichend Helligkeit und Wärme. Mit Glühlampen oder Elstein-Strahlern plus Leuchtstofflampen können wir im Zuchtkasten günstige Bedingungen schaffen. Die erforderlichen Wattzahlen müssen wir ausprobieren; für den selbst gebauten Kasten dürfte eine Glühlampe von 40–75 W ausreichen. Die jeweiligen Vorzugstemperaturen sind im Abschnitt Entwicklungszeiten angegeben. Heizkabel werden von den Wanderheuschrecken angefressen; sie liefern auch kaum die erforderliche Wärme und müßten sicherheitshalber auf jeden Fall in einem doppelten Boden untergebracht werden.
Feuchtigkeit: Trinkwasser erübrigt sich bei allen Arten, wenn man kräftiges frisches Futter anbietet. Für *L. migratoria, S. gregaria* und *D. maroccanus* ist die Luftfeuchtigkeit bedeutungslos, *S. paranensis* und *C. italicus* muß man dagegen täglich übersprühen, ebenso bei allen Arten die Larven bis nach der zweiten Häutung.
Das Substrat für die Eiablage sollte stets gleichmäßig feucht bleiben, Staunässe ist unbedingt zu vermeiden, da sonst die Eier faulen. Eine Trockenzeit von 4–6 Tagen vertragen sie ohne weiteres, nur die Entwicklung der Embryonen verzögert sich dann um 2–3 Tage. Es bedarf einiger Routine, die gewünschte Feuchtigkeit zu halten.

Besondere Hinweise: Man fragt uns immer wieder, wie eine Heuschreckenzucht eigentlich funktioniert. Die Betreffenden haben sich schon zum x-ten Mal Zuchtpaare gekauft, aber immer sind ihnen die Tiere nach kurzer Zeit gestorben, obwohl sie meinten, alles richtig gemacht zu haben. Oft wird der Fehler begangen, nur ausgewachsene Tiere zu kaufen, die der Großzüchter ausschließlich mit Keimweizen oder im Sommer mit Luzerne und Löwenzahn füttert. Der Privatmann gibt meist nichts anderes als Salat. Diese plötzliche Futterumstellung nach dem Transport, der die Tiere ohnehin schwächt, vertragen die Heuschrecken nicht. Es gilt auf Folgendes bei neu gekauften Tieren zu achten: Man gewöhnt sie allmählich, etwa einen Tag lang, an die Vorzugstemperatur und setze ihnen nur Trockenfutter vor. Am nächsten Tag füttert man Buchen- oder Eichenlaub (im Sommer) und geschabte Karotten (im Winter) als Frischfutter. Das Trockenfutter darf nicht ausgehen, damit die Tiere ihren Wasserhaushalt in Ordnung bringen können. Erst vom dritten Tag an gewöhnt man sie allmählich an Salat oder anderes. Am besten läßt man sich Larven aller Stadien mitliefern, die die Umstellung besser vertragen. Dann entsteht auch kein Leerlauf in der Zucht.

Kleine Zucht: Wir beginnen die Zucht mit mindestens 10 Zuchtpaaren und etwa 50 Larven. Das Grünfutter legen wir auf den Boden des Kastens und reichen das Trokkenfutter und geschabte Karotten in einer flachen Schale. Eine Gefrierdose füllt man randvoll mit Substrat und stellt sie so in den Behälter, daß die Weibchen gut auf sie gelangen können. Es ist ratsam, die Zucht mit zwei Kästen zu betreiben, einen für die Zuchttiere und einen für die Larven. Haben die Weibchen fleißig Eigelege in das Substrat gebohrt, und ist 1–2 Tage später das Schlüpfen der ersten Larven zu erwarten, bringt man die Dose in den vorgewärmten zweiten Kasten. Die Zuchttiere bekommen gleich eine neue Ablegeschale. Wenn 14–20 Tage nach dem Umsetzen alle Larven geschlüpft sind, nimmt man die Dose heraus und wirft das Substrat weg. Sauber gespült steht sie für den nächsten Gebrauch bereit. Als Gedächtnisstütze ist am Kasten ein kleiner Zettel mit den Daten recht hilfreich. Während der Häutung sind die Larven für 10–20 Minuten weich und wehrlos und fallen dann oft den kannibalischen Gelüsten ihrer Artgenossen zum Opfer. Deshalb ist es besonders wichtig, daß im Aufzuchtkasten viele Gitter oder rauhe Flächen vorhanden sind, an denen sich die Larven zur Häutung anhängen können, und daß die tägliche Ration Feuchtfutter sicher bis zur nächsten Gabe reicht.

Man gibt den Heuschrecken täglich frisches Feuchtfutter, nimmt die Reste vom Vortag heraus und erneuert das Trockenfutter nach Bedarf, spätestens nach 3–4 Tagen. Im übrigen stört man die Tiere während der Häutung, Paarung und Eiablage möglichst wenig.

Große Zucht: Die Arbeitsabläufe sind bei der Großzucht die gleichen wie bei der kleinen Zucht. Nur sind hier die Kästen erheblich größer, sie bieten 200–300 Zuchtpaaren Platz oder etwa 1500 Larven bis zur dritten Häutung. Zur Eiablage stellt man 3–4 Gefrierdosen in jeden Kasten. Alle mit Eiern belegten Dosen bringt man in einem Aufzuchtkasten unter und setzt sie alle 1–2 Tage in den nächsten Behälter. Dadurch wachsen in jedem Kasten die Tiere gleichmäßig in einer Größe heran, häuten sich nahezu gleichzeitig und kommen deshalb nicht dazu, ihre Artgenossen aufzufressen. So kann man mit folgender Faustregel die Zucht betreiben: Von 100 Heuschrecken kann man 70 verfüttern, 10 sterben ab, und mit den restlichen 20 hält man die Zucht aufrecht.

Um etwa 150000 Heuschrecken im Jahr zu züchten, sind 20 Kästen à 70 × 45 × 45 cm notwendig.

Vergiftungen, Krankheiten und Schädlinge: Da Wanderheuschrecken sehr empfindlich sind, müssen Vergiftungen eigens erwähnt werden: Rückstände von Insektiziden an Obst, Salat und Gemüse wirken mit Sicherheit tödlich. Deshalb sind gekauftes Obst und Gemüse gründlich unter fließendem Wasser zu waschen, Salat wässert man mehrere Stunden lang und wechselt zwischendurch das Wasser. Wer ganz sicher gehen will, hält einige „Testheuschrecken" gesondert und gibt den Zuchttieren nur „vorgekostetes" Futter. Schon manche Zucht brach durch vergifteten Salat völlig zusammen, und nur einige Eigelege retteten den Stamm. Da Großzüchter kein Risiko eingehen können, verfüttern sie ausschließlich Keimweizen. Dies ist auch jedem Privatmann zu empfehlen, der Platz hat, sich Keimweizen heranzuziehen.

Oft werden Wanderheuschrecken von einem Hefepilz der Gattung *Torulopsis* befallen, durch den ihr Hinterleib eine korallenrote bis lila Färbung annimmt. Reptilien, die solche Heuschrecken fressen, haben „Blut" im Kot, eben die massenhaft vermehrten Hefezellen. Für die Vivarientiere ist diese Hefe unschädlich. Nach unseren Erfahrungen breitet sich die Hefe besonders dann aus, wenn das Grünfutter zu naß gereicht wird oder Äpfel und Birnen die Hauptnahrung bilden. Mit sofortigem Erhöhen der Temperatur, Nahrungswechsel und etwas Nipagin (nach Prof. Frank) ins Trockenfutter gegeben, kann man das Schlimmste verhüten. Wanderheuschrekken, die Nipagin aufgenommen haben, sollte man nur spärlich verfüttern.

Gibt man den Heuschrecken Wiesengras zu fressen, muß man damit rechnen, daß sie von Mermithiden-Larven befallen werden. Mermithiden gehören zu den Nematoden, den Fadenwürmern. Deren Larven sitzen vor allem bei feuchtem Wetter auf Grashalmen und bohren sich durch das Chitinskelett in die Leibeshöhle der Heuschrecken, wenn sie in deren Nähe gelangen. Sie wachsen im Leib heran und füllen schließlich den ganzen Insektenkörper aus. Die Mermithiden verursachen die sogenannte parasitäre Kastration, das heißt, die Heuschrekken verwandeln sich nicht mehr zur Imago, sie können sich daher nicht mehr fortpflanzen. Schleppt man viele solcher Larven ein, kann die Zucht innerhalb einer Generation aussterben.

Milben sind für viele Züchter zum Alptraum geworden. Treten sie im Zuchtbehälter auf, hilft nur eines: alle Tiere aus dem Kasten nehmen und ihn gründlich mit heißem Seifenwasser auswaschen. Auch die Umgebung des Behälters muß man abwaschen. Die Heuschrecken spült man in einem Sieb unter lauwarmem Wasser gut ab und vernichtet das Substrat für die Eiablage, auch wenn Gelege darin vorhanden sind. Milben treten vor allem dann auf, wenn man Futterreste und Kot nicht entfernt oder die Zucht zu feucht hält.

Verfütterung: Da sich Wanderheuschrekken nicht verstecken, sondern umherlaufen und springen, sind sie besonders dafür geeignet, von den Vivarientieren erjagt zu werden. Man wirft sie daher einfach in das Terrarium, den Käfig oder auf das Wasser. Dennoch sollte man Reptilien sparsam mit Heuschrecken füttern, denn die übrigbleibenden Futtertiere nagen die Pflanzen an.

Es gibt wohl kaum ein Futtertier, das von so vielen Vivarientieren gefressen wird wie die Wanderheuschrecke. Man bietet sie sämtlichen Insektenfressern unter den Fischen, Amphibien, Reptilien, Vögeln und Säugern an. Für viele Arten bildet sie die Grundnahrung. Halbaffen und Krallenäffchen zum Beispiel sind geradezu versessen darauf, Heuschrecken zu ergattern. Auch Gottesanbeterinnen, Vogelspinnen und Skorpione verschmähen sie nicht, und für manche Pflanzenfresser, wie Dornschwänze, sind sie willkommene Beikost.

Vor- und Nachteile der Zucht:

Vorteile:

- Hochwertiges, ballaststoffreiches Futter für sämtliche Insektenfresser
- Zucht kann gefahrlos in Wohnräumen betrieben werden
- mäßiger Arbeitsaufwand, aber tägliches Füttern notwendig
- geringe Kosten bei Fütterung mit Keimweizen
- nahezu geruchlos

Nachteile:

- Empfindliche Menschen stört das Zirpen der Männchen bei der Werbung.
- tägliche Kontrolle nötig
- Anzucht von Keimweizen benötigt viel Platz
- Obst, Gemüse und Salat als Futter sind im Winter teuer

Indische Stabschrecke
(Carausius morosus)
Annam-Stabschrecke
(Baculum extradentatum)

Beschreibung: Wie bei *Carausius morosus* der deutsche Name treffend angibt, sind diese Tiere stabförmig: Ausgewachsen erreichen sie 80 mm Körperlänge bei einem Durchmesser von etwa 5 mm. In der Ruhestellung liegen die langen, dünnen Beine eng dem Körper an, das vordere Paar überragt den Kopf dann um weitere 30 mm, ebenso weit wie die Fühler. Ihre grüne Färbung tarnt die Stabschrecken im Blattwerk vorzüglich, nur die roten Innenseiten der Oberschenkel heben sich farblich ab.

Auf mehrere tausend weibliche Tiere kommt nur ein Männchen. Deshalb kennt man nahezu ausschließlich weibliche *C. morosus,* die sich viele Generationen lang parthenogenetisch fortpflanzen, das

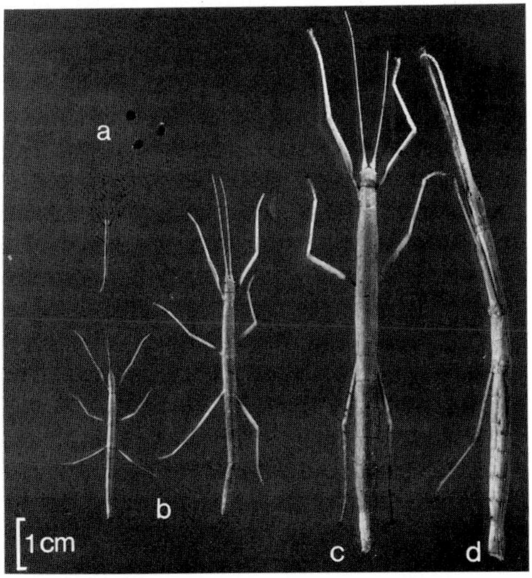

Abb. 40 Indische Stabschrecke *(Carausius morosus).* a) Eier, b) Larven, c) Weibchen von oben, d) Weibchen von der Seite.

heißt, die unbefruchteten Eier entwickeln sich wieder zu lebensfähigen Individuen. Die braunen Eier sind oval, 2 mm dick und 2,5 mm lang; aus ihnen schlüpfen 13 mm lange, knapp 1 mm dicke, braungrüne Jungtiere, die nach der ersten Häutung grün werden.

Baculum extradentatum: Bei dieser Art kennen wir Männchen und Weibchen, das Weibchen legt nach einer Paarung sowohl befruchtete Eier ab als auch unbefruchtete; aus etwa 60 % dieser Eier schlüpfen Larven (fakultative Parthenogenese). Der Größenunterschied zwischen beiden Geschlechtern ist beträchtlich: während das Männchen nur 65–70 mm Körperlänge bei einem Durchmesser von 1,5–2 mm erreicht, wird das Weibchen sogar noch etwas länger als *C. morosus,* nämlich 85–95 mm bei 4–4,5 mm Durchmesser. Die Fühler sind nur etwa 20 mm lang. Die Vorderbeine erscheinen mit 70–75 mm überlang. Ausgewachsene Tiere zeigen eine graubraune Färbung; die Beine sind rötlich überhaucht. Die mittelgroßen Larvenstadien sind hellbraun gefärbt.

Die Kanten fast aller Beinglieder sind mit feinen Dornen bewehrt, beim Weibchen auch der Körper. Bereits mittelgroße Larven von 30–40 mm Länge lassen ihre Geschlechtszugehörigkeit erkennen: Die Weibchen und ihre Larven tragen über den Augen je einen ansehnlichen Dorn, der beim ausgewachsenen Tier gut 1 mm Länge erreicht. Zudem ragt am Oberschenkel des mittleren Beinpaares je ein blattartig verbreiterter Dorn nach hinten; auch am Unterschenkel sitzen je zwei größere Dornen. Bei der männlichen Larve sind die Oberschenkel der beiden hinteren Beinpaare noch hellgrün gefärbt.

Die grauschwarz gesprenkelten Eier sind mit 3 mm Länge und 2 mm Breite größer als die von *C. morosus.* Die schlüpfenden Jungen von etwa 12 mm Länge und 1 mm

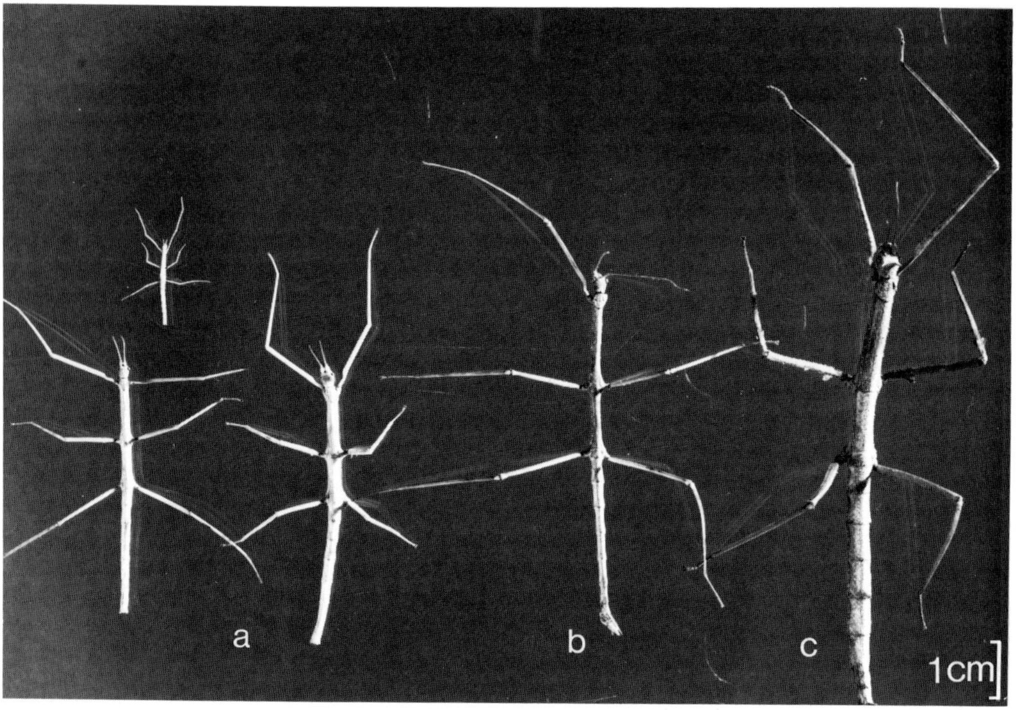

Abb. 41 Annam-Stabschrecke *(Baculum extradentatum)*. a) Larven, b) Männchen, c) Weibchen.

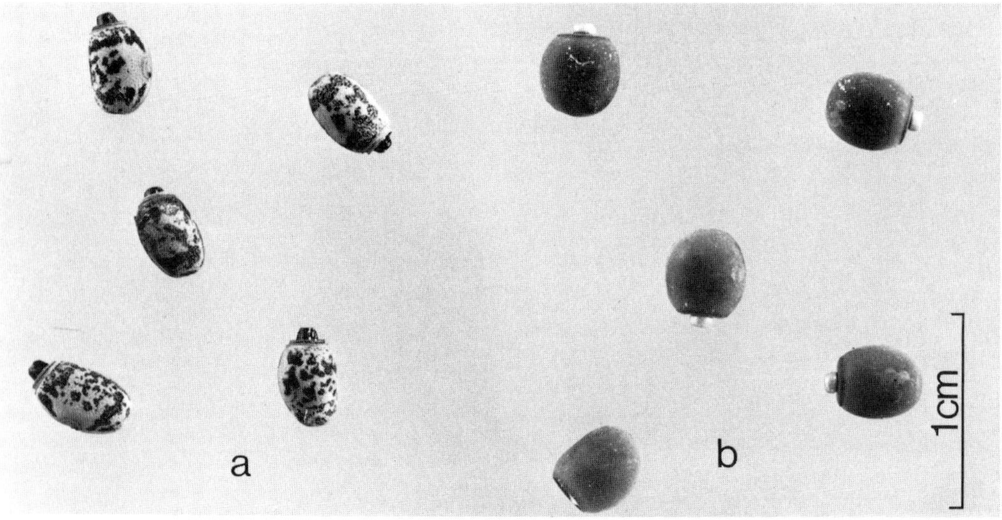

Abb. 42 a) Eier der Annam-Stabschrecke, b) Eier der Indischen Stabschrecke.

Dicke weisen einen olivgrün gefärbten Körper auf, dunkle Beingelenke und hell gelbgrüne Extremitäten.

Entwicklungszeiten:

Carausius morosus: Eine erwachsene Stabschrecke legt im Laufe ihres 6- bis höchstens 12monatigen Lebens bei guter Fütterung 1–2 Eier in jeder Nacht ab, insgesamt 200–450 Stück. Die Schlupfrate beträgt 80–90%. Bei 22–24°C befreien sich die Jungen nach 13–20 Wochen aus dem Ei. Nach 5–6 Häutungen sind sie ausgewachsen, sie benötigen dazu 4–5 Monate bei 19–22°C.

Baculum extradentatum: Diese Art entwickelt sich viel schneller. Bei 25–26°C schlüpfen die Jungen nach unseren Erfahrungen bereits nach 3–4 Wochen. Bergegard (1958) gibt dagegen bei 27°C eine Zeitdauer von 6 Wochen für befruchtete und von 8 Wochen für unbefruchtete Eier an. Bei 18°C benötigen sie nach demselben Autor sogar 7 Monate zur Entwicklung. Ausgewachsen sind die Tiere nach etwa 10 Wochen bei 25–26°C. Ihre Lebensdauer beträgt ab dem Erwachsenen-Stadium 3–5 Monate.

Behälter, Substrat und Einrichtung: Als Zuchtkästen eignen sich für die Stabschrekken größere Plastik- oder Glasaquarien. Den Deckel fertigt man aus Holzleisten an und bespannt den Rahmen mit Fliegengitter. Die Seitenflächen des Aquariums beklebt man innen mit Vorhangstoff oder Fliegengitter, damit die Tiere mehr Kletterflächen zur Verfügung haben. Besonders wichtig ist dies, wenn man in einem Kasten viele Larven hält, die dann mehr Platz für eine ungestörte Häutung finden.

Im selbst gebauten Kasten (Abb. 43 und 44) bespannt man alle Seiten und den oberen Rahmen mit Gitter; wenn man den Türrahmen verglast, ist das Innere des Behälters besser zu überblicken. Als Bodengrund verwendet man saugfähiges Papier, wie Zeitungspapier oder Küchenkrepp; bei einem Kasten mit herausziehbarem Gitterrost und Schublade erübrigt sich dies.

Die Zweige, die die Stabschrecken abfressen sollen, stellt man in ein Wassergefäß, damit sie länger frisch bleiben. Stabschrekken ertrinken leicht, deshalb verwendet man entweder eine breite niedrige, aber enghalsige Flasche oder ein niedriges Glas mit Deckel, in den man mehrere Löcher von 5–10 mm Durchmesser stanzt. Durch diese Löcher steckt man die schräg angeschnittenen oder aufgeklopften Zweige. Um Wasser nachfüllen zu können, schiebt man außerdem ein Stück Schlauch oder eine Glasröhre in die Flaschenöffnung oder in ein Loch des Deckels.

Futter: *Carausius morosus* frißt Blätter aller Art. Im Sommer gibt es deshalb keinerlei Schwierigkeiten: Zweige von – unge-

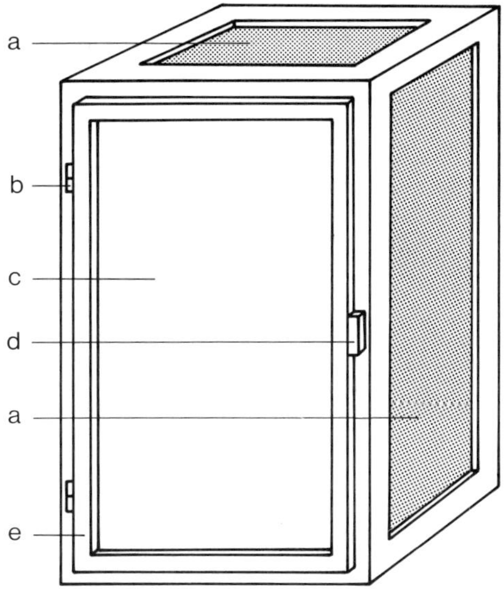

Abb. 43 Kasten für Stabschrecken aus Holz zum Selbstbau. a) Gitter, b) Scharnier, c) Glasscheibe oder Gitter, d) Türschloß, e) Tür.

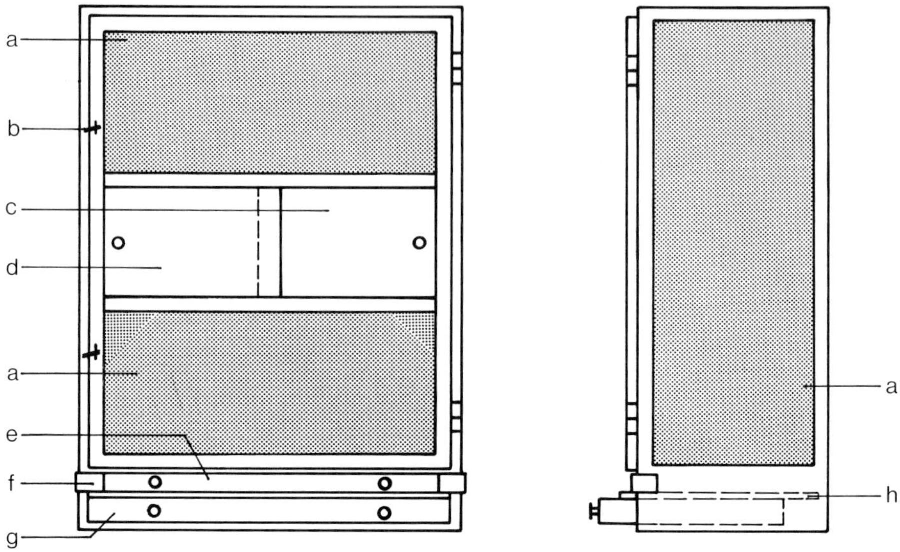

Abb. 44 Kasten für Stabschrecken aus Holz; Vorder- und Seitenansicht. a) Gitter, b) Türschloß, c) und d) verschiebbare Glasscheiben, e) Schließblende, f) Führungswinkel. g) Schublade, h) herausnehmbares Zwischengitter.

spritzten! – Obstbäumen, Linden, Haselsträuchern, Kastanien, Buchen werden ebenso kahlgefressen wie Rosen-, Himbeer- oder Brombeertriebe. Im Winter greift man auf Efeu und Brombeeren zurück. Den Tieren, die man verfüttern möchte, gibt man besser keinen Efeu. Tradeskantien heranzuziehen, wie es manchmal empfohlen wird, ist nur für eine geringe Anzahl von Tieren sinnvoll, sonst sind es zu viele Pflanzen, die man abwechslungsweise aufpäppeln muß. Stabschrekken, die mit gerbstoffhaltigen Blättern gefüttert werden, schmecken danach. Man sollte daher einige Tage vor dem Verfüttern den Stabschrecken keine solchen Pflanzen mehr anbieten, wenn man bei empfindlichen Tieren eine Abneigung gegen diesen Gerbstoffgeschmack bemerkt.

Baculum extradentatum füttern wir das ganze Jahr über mit Brombeertrieben, im Sommer noch mit Himbeerranken und Zweigen von Buchen, Eichen, Linden und anderen Laubbäumen. Efeu, Flieder, Goldregen, Kirschlorbeer und Holunder sind für die Annam-Stabschrecken giftig. Im Winter kann man noch auf die Zweige der immergrünen Eiche *Quercus × turneri pseudoturneri* zurückgreifen, eine Eiche, die die Blätter erst vor dem neuen Austrieb im Frühjahr abwirft.

Zuchtbedingungen:

Licht: Stabschrecken begnügen sich mit einem ziemlich lichtarmen Platz. Einem Wechsel zwischen Tag und Nacht sollten sie aber ausgesetzt sein.

Temperatur: Stabschrecken gedeihen bei Zimmertemperatur (18–22 °C) gut; kühler als 18 °C sollte man sie für eine Zucht nicht halten. Bei 28 °C stellt man die stärkste Vermehrung fest, bei 7–8 °C hört sie auf. Je nach der gewünschten Schnelligkeit der Generationenfolge hält man die Zucht wärmer oder kühler.

Feuchtigkeit: Stehen ständig frische Blätter zur Verfügung, reicht deren Feuchtigkeit für *C. morosus* aus. Günstiger ist es jedoch, den Behälter einmal am Tag auszusprühen. Für die Annam-Stabschrecke ist dies unerläßlich, da sie Trinkwasser benötigt. Man sollte andererseits verhindern, daß durch zu hohe Bodenfeuchtigkeit die Kotballen schimmeln.

Besondere Hinweise: Da bei den Stabschrecken kleine und große Zuchten sich nur hinsichtlich der Größe und Anzahl der Kästen unterscheiden, sind diese Hinweise allgemein gültig.

Stabschrecken sind nachts aktiv. Deshalb säubert man die Behälter tagsüber, sonst kann man die wimmelnden Tiere nur schwer bändigen. Verwendet man ein Aquarium, das von oben bedient wird, erleichtert es die Arbeit sehr, wenn man die Tiere in einen vorbereiteten Kasten umsetzen kann. Deshalb ist es zweckmäßig, wenigstens einen Behälter ständig in Reserve zu haben.

Für Jungtiere bis zur letzten Häutung eignet sich ein langgestreckter Käfig mit den Grundflächenmaßen im Verhältnis 2:1 und einer Doppeltür vorn sowie einem Gitterrost besonders gut. In der einen Hälfte des Käfigs stehen die älteren Zweige; sind sie abgefressen, kommt ein Glas mit frischen Zweigen in die andere Hälfte. Man klopft und „pflückt“ einen Tag später, wenn die meisten Stabschrecken an den frischen Trieben sitzen, die restlichen Tiere von den kahlgefressenen Zweigen ab; die Stabschrecken halten sich nämlich mit ihren hakigen Krallen an ihrer Unterlage so gut fest, daß es recht viel Geduld erfordern würde, mehrere hundert oder gar tausend Tiere umzusetzen. Der Kot fällt durch das Gitter, sammelt sich in der Schublade und ist leicht zu entfernen. Auch die ruhigeren ausgewachsenen Tiere lassen sich in solchen Behältern sehr gut halten.

Um den Platz besser auszunützen, ist bei den Behältern mit erwachsenen Tieren ein vollständiger Wechsel der Futterpflanzen nach etwa der doppelten Zeitspanne günstiger. Die Eier der beiden besprochenen Stabschrecken-Arten entwickeln sich auch, wenn sie auf einer trockenen Unterlage ruhen. Deshalb braucht man sie nicht vom Kot zu trennen. Wer dies dennoch tun möchte, kann die Eier von *C. morosus* mit gewöhnlichem Fliegengitter sauber und schnell aussieben. Nur bei der Fütterung mit den harten Efeublättern sind viele Kotballen so groß, daß sie beim Aussieben ebenfalls zurückgehalten werden.

Bei der häufiger beschriebenen Methode der Trennung durch Aufgießen von Wasser und Abschöpfen der schwimmenden Eier bleiben zu viele Eier auch am Boden liegen.

Schädlinge und Krankheiten:
Sicherlich können auch Stabschrecken Parasiten beherbergen; Auswirkungen durch Parasiten auf die Zucht sind uns nicht bekannt geworden.

Verfütterung: Beim Verfüttern sollte man bedenken, daß Stabschrecken, die nicht gefressen werden, über Nacht die Terrarienpflanzen annagen, am nächsten Tag aber so ruhig und versteckt dasitzen, daß die Terrarienbewohner sie meist übersehen. Deshalb verfüttert man sie gezielt. Anders verhält es sich bei nächtlich aktiven Tieren, aber auch sie fressen die ihnen zugedachten Futtertiere nicht immer restlos auf.

Durch ihre „unhandliche“ Form und ihre nächtliche Lebensweise sind Stabschrecken nicht übermäßig beliebt. Sie sind als leichtes und gut verdauliches Zusatzfutter anzusehen, das wir kleinen bis mittelgroßen Echsen und Froschlurchen anbieten. Vor allem strauch- und baumbewohnende Reptilien, wie Chamäleons, verschiedene Gekkos, Agamen und Leguane, schätzen sie als Abwechslung unter ihrem Futter.

Vor- und Nachteile der Zucht:

Vorteile:

- Zur Zucht genügt Zimmertemperatur an einem mäßig hellen Platz
- Man braucht sich – bis auf das Sprühen bei *B. extradentatum* – nicht jeden Tag um die Zucht zu kümmern, sondern erst dann, wenn die Futterzweige kahlgefressen sind

Nachteile:

- Das Umsetzen der Tiere ist recht langwierig
- Für relativ wenig Pfleglinge als Futter geeignet

Käfer (Coleopteren)

Etwa 300000 Käferarten bilden die umfangreichste Insektenordnung Coleoptera – Tiere von Zwergengröße bis Riesengröße und Käfer, die die unterschiedlichsten Lebensräume besiedeln und mannigfaltige Ansprüche an die Nahrung stellen. Trotzdem erkennt man einen Käfer sofort. Nur seine Larven, die häufig versteckt zum Beispiel im Erdboden, in Holzmulm oder Mist leben, sind uns weniger vertraut. Käfer sind in der Regel von gedrungener Gestalt. Ihre Körperform wird hauptsächlich vom großen ersten Brustsegment bestimmt und dem zu harten Deckflügeln (Elytren) umgebildeten ersten Flügelpaar. Die Vorderbrust trägt manchmal abenteuerlich gestaltete Auswüchse, so zum Beispiel bei den Nashornkäfern. Die Deckflügel schützen die häutigen Hinterflügel und den ganzen Hinterleib. Der Kopf ist meistens klein; es können ihn auffällige Anhänge zieren, wie die gewaltigen Kieferzangen der Hirschkäfer oder die Hörner der Goliathkäfer. Kopf, Vorderbrust und Elytren sind häufig gleich gefärbt oder bilden ein harmonisches Farbmuster.

Das bekannteste Futtertier, der Mehlkäfer mit seinen Larven, den „Mehlwürmern“, gehört neben einer Reihe anderer Futterkäfer zur Familie der Düster- oder Schwarzkäfer (Tenebrionidae). Der kleinste hier vorgestellte Käfer zählt zur Familie der Samenkäfer (Bruchidae). Die Familie der Blatthornkäfer (Scarabaeidae) stellt aus der Unterfamilie der Rosenkäfer (Cetoninae) einen Vertreter, der nicht allein zu Futterzwecken, sondern auch vor allem seiner Schönheit wegen gezüchtet wird.

Getreideschimmelkäfer
(Alphitobius diaperinus)

Beschreibung: Der Körper des glänzend braunen oder schwarzen Getreideschimmelkäfers ist eiförmig und unbehaart. Das Halsschild ist an der Basis am breitesten und nach vorn in einem flachen Bogen verengt. Die Deckflügel weisen feine, punktförmige Vertiefungen auf, die in Längsreihen angeordnet sind. Die Käfer erreichen eine Länge von 5,5–6,5 mm und eine Breite von 3–3,5 mm. Aus den länglichen, milchigweißen Eiern von 0,6 mm Länge schlüpfen 0,8–1 mm lange Larven, die bis zu 13 mm lang und 2 mm dick werden. Sie sind weichhäutig, hellbraun mit dunkleren Querbinden und laufen flink umher. Es gibt auch Zuchtstämme mit hellen Larven. Im englischen und holländischen Sprachraum hat sich für die Larven die Bezeichnung „Buffalo-Würmer“ eingebürgert. Die hellgelben Puppen sind 5–6 mm lang.

Diese Schimmelkäferart ist hauptsächlich unter dem falschen Namen *Alphitobius ovatus* bekannt. *A. ovatus* ist aber ein alter Name für eine andere *Alphitobius*-Art, nämlich *A. laevigatus,* die seltener auftritt und wahrscheinlich kaum in Kulturen gehalten wird. Mit 4,5–5 mm Länge bleibt sie

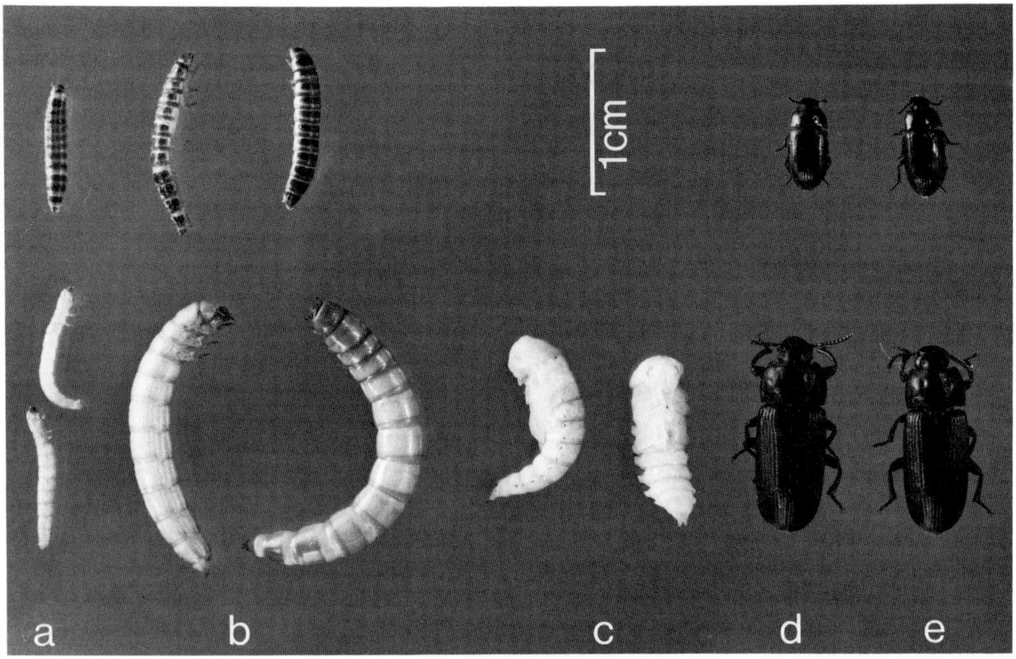

Abb. 45 oben: Getreideschimmelkäfer *(Alphitobius diaperinus)*. untern: Mehlkäfer *(Tenebrio molitor)*. a) kleinen Larven, b) ausgewachsene Larven, c) Puppen, d) Männchen, e) Weibchen.

etwas kleiner als *A. diaperinus* und ist matt schwarzbraun gefärbt. Ein weiteres Unterscheidungsmerkmal stellt das Halsschild dar, das bei dieser Art in der Mitte am breitesten ist.

Entwicklungszeiten: Es gibt nur wenig Futtertiere, die ihre Entwicklung in so kurzer Zeit durchlaufen wie der Schimmelkäfer. Bei einer Temperatur von 23–25 °C beträgt die Entwicklungszeit 7–8½ Wochen, bei 27–28 °C nur 5½–6½ Wochen. Erhöhen wir die Temperatur auf 30 °C, verkürzt sich die Zeit auf 4–5 Wochen. 27–28 °C haben sich als die günstigste Zuchttemperatur erwiesen, darunter sind die Weibchen nicht so produktiv und darüber wirkt sich Kannibalismus hemmend auf die Vermehrungsrate aus. Die Mindesttemperatur für eine Zucht beträgt 20 °C. In einem gut besetzten Larvenbehälter steigt die Temperatur infolge der Eigenwärme der Larven um einige Grad an.

Bei der optimalen Wärme schlüpfen die Larven nach 4–6 Tagen; bis zur Verpuppung vergehen 23–27 Tage. Die Puppenruhe beträgt 5 Tage. Die ersten Paarungen beginnen 2 Tage nach dem Schlüpfen der Käfer, 2–4 Tage später legen die Weibchen ihre ersten Eier ab, in Klümpchen von 8–15 Stück. Die Lebensdauer der Käfer liegt bei etwa 6 Monaten. Die Weibchen legen in dieser Zeit etwa 1000 Eier ab.

Behälter, Substrat und Einrichtung: Kleinere bis mittelgroße, glattwandige Behälter mit Deckel, der zur Belüftung mit feiner Gaze bespannt wird, eignen sich gut: große Dosen, Auftauschalen, Kunststoffaquarien, PVC-Wannen und ähnliches. Die Larvenbehälter sollten mindestens 8 cm hoch sein, die Behälter für die Zuchtkäfer besser

15 cm. Für Großzuchten bewährten sich die Kunststoffschalen, wie man sie für Ratten und Mäuse verwendet, die man platzsparend in Regalen unterbringen kann.
Getreideschimmelkäfer leben wie im Schlaraffenland: das Grundsubstrat für sie besteht nämlich aus Trockenfutter, beispielsweise einer Mischung von Haferflocken, Legemehl (für Hühner) und Kleie. Diese Mischung streut man als dünne Schicht in den Behälter und legt darauf als Versteckmöglichkeiten mehrere Lagen Eierkartons oder Wellpappe für die Käfer und Wellpappe oder Papier für die Larven.
An feuchten Stoffetzen legen die Käfer gern ihre Eier ab. Da die Zucht im Dunkeln und erst bei höherer Wärme gedeiht, kann man sie gut in einem geheizten Kasten oder Schrank unterbringen, wie er auf S. 24 beschrieben ist. Elstein-Strahler oder Heizmatten sind ebenso geeignet. Am besten ist ein geheizter Raum, im Winter zum Beispiel der Heizungskeller.
Futter: Getreideschimmelkäfer sind Gemischtköstler. Sie lassen sich zwar auch ausschließlich mit pflanzlichen Stoffen ernähren, doch die besten Erfolge sind nur bei zusätzlichen Gaben von tierischen Produkten zu erzielen.
Wie bei vielen Zuchten hat sich eine Trennung in Trocken- und Feuchtfutter bewährt. Als Trockenfutter sollte man nicht nur Kleie geben, sondern sie mit Hafer- oder Hundeflocken und Legemehl mischen. Ferner kann man Weizenkeime, Hühnerfutter und verschiedene Preßlinge geben sowie gelegentlich getrocknetes Fleisch oder getrockneten Fisch.
Als Feuchtfutter bekommen die Schimmelkäfer geschabte Karotten, Kartoffelscheiben, Apfelschnitze, Banane, Grünzeug und eingeweichtes Weißbrot. Gern fressen sie Rinderfett (grünen Speck), das man in Streifen schneidet und vor dem Verfüttern etwas antrocknen läßt. Die besten Zuchtergebnisse haben wir erzielt, wenn die Tiere zusätzlich folgendes Kraftfutter erhielten: 200 g Legemehl, 100 g Haferflokken, 100 g Sojamehl, 100 g Milchpulver, 250 g altes, zerbröseltes Weißbrot und 50 g Trocken- oder Bierhefe mischt man trokken miteinander und feuchtet Portionen davon mit soviel Wasser an, daß ein zähflüssiger Brei entsteht, aus dem man Fladen formen kann. Diese legt man auf das Trokkenfutter. Bei den Käfern bemißt man die Portionen so knapp, daß sie nach 3–4 Stunden aufgefressen sind. Andernfalls legen die Weibchen ihre Eier in die Futterfladen ab, die dann ebenfalls mitverspeist werden. Getreideschimmelkäfer brauchen viel feuchte Nahrung!
Zuchtbedingungen:
Licht: Schimmelkäfer sind sehr lichtscheu und deshalb an einem dunklen Platz gut aufgehoben. Die Zucht scheint sogar ohne Licht besser zu gedeihen.
Temperatur: Die optimale Zuchttemperatur liegt bei 27–28 °C. Unter 20 °C hört die Vermehrung auf; bei über 30 °C nimmt der Kannibalismus zu.
Feuchtigkeit: Die relative Luftfeuchtigkeit kann niedrig sein, 30–50 % reichen aus. Feuchtfutter muß den Tieren aber ständig zur Verfügung stehen.
Besondere Hinweise:
Kleine Zucht: Zu einer kleinen Zucht setzt man nach Möglichkeit mindestens 2 Behälter ein, damit man Käfer und Larven getrennt halten kann. Versorgt man nämlich die Tiere nicht pünktlich jeden Tag mit Feuchtfutter, fressen die Käfer frisch gehäutete Larven und Puppen an und verursachen dadurch erhebliche Verluste. Findet man also abgestorbene schwarze Larven und Puppen, ist das ein Alarmsignal! Für die Käfer genügt ein kleiner Behälter von etwa 30 × 20 × 15 cm; die Larven zieht man in einer Wanne mit der Grundfläche 40 × 30 cm auf. Setzt man die abgesiebten

Larven jede Woche in neue Behälter um, genügen 5 kleinere Gefäße. Vorteilhaft ist bei dieser Methode die gleichmäßigere Größe der Larven pro Behälter.
Einen guten Zuchtansatz bilden 200 Käfer; mit ihnen baut man die Zucht „mit System und mit Bedacht" auf. Folgendes Beispiel geht von einer Entwicklungszeit von etwa 6 Wochen aus, die sich bei 27–28 °C Zuchttemperatur ergibt, und je einer Wanne für Käfer und Larven.
Die Zuchtkäfer kommen in den eingerichteten Behälter und werden täglich mit geringen Mengen Feuchtfutter gefüttert. *A. diaperinus* ist recht unempfindlich gegenüber verschimmeltem Futter, doch empfiehlt es sich trotzdem, die Zucht einigermaßen schimmelfrei zu halten. Deshalb entfernt man etwa zweimal in der Woche die Reste des Frischfutters. Die Stofflappen zur Eiablage halten wir gerade so feucht, daß das Trockenfutter darunter nicht schimmelt.
Nach 2 Wochen trennen wir zum ersten Mal Eier und Junglarven von den Käfern. Zunächst klopfen wir Eierkartons oder Wellpappe und die Stoffetzen ab und legen sie in eine Schüssel. Dann sieben wir das ganze Substrat durch ein Sieb mit 1,5 mm Maschenweite. Käfer und grobe Reste des Trockenfutters kommen wieder in den Zuchtbehälter zurück, ebenso die übrige Einrichtung, nachdem wir das Trockenfutter ergänzt haben. Das abgesiebte Substrat enthält Eier und Junglarven, wir schütten es in den zweiten größeren Behälter, füllen auch hier Substrat nach und reichen täglich Feuchtfutter. Nach weiteren 2 Wochen sieben wir wieder die Zuchtkäfer ab und bringen das Substrat in die Larvenwanne. Dort sind inzwischen die ersten Larven herangewachsen und stehen kurz vor dem Verpuppen. Eine kleinere Menge Larven konnte man bereits verfüttern; sie kriechen gern zwischen Lagen von Zeitungspapier oder Lappen und können auf einfache Weise so abgelesen werden.
Selbstverständlich darf man nicht vergessen, den Nachschub an Zuchtkäfern zu sichern. Eine Anzahl ausgewachsener Larven bringt man in ein flaches Gefäß, das mit Zeitungspapier ausgelegt ist. Bis zur Verpuppung bekommen sie noch etwas „Fladenfutter". Man kann auch noch einige Tage warten und dann die Puppen aus dem Larvenbehälter absieben. Die Puppen brauchen unbedingt Ruhe, sonst schlüpfen viele mißgebildete Käfer. Die frisch geschlüpften Käfer verkriechen sich gern in einem kleinen Lappen, den man dann im Anzuchtbehälter ausschüttelt.
Alle 4–6 Wochen – bevor die Junglarven dazukommen – sollte man die Larven vom Kot trennen; ein Sieb mit etwa 0,5 mm Maschenweite leistet bei dieser Arbeit recht gute Dienste.
Abhängig vom Bedarf und von der Zuchttemperatur kann man also einen gewissen Rhythmus einhalten und je nachdem Größe und Anzahl der Behälter wählen. Die Menge an Substrat bemißt man nach folgender Faustregel: für die Aufzucht von 500 g Larven braucht man 300 g Futtersubstrat. 100 ausgewachsene Larven wiegen gut 2,5 g.
Der Getreideschimmelkäfer gilt als Schädling und ist in Lagerhäusern für Nahrungsmittel kein gern gesehener Gast. Wir müssen verhindern, daß er sich in den häuslichen Vorräten einnistet. Besonders wichtig ist es daher, den Anzuchtbehälter mit einem gut schließenden Deckel zu versehen, damit die Käfer nicht davonfliegen können. Auch in anderen Zuchten, wie der Mehlwurm- oder Grillenzucht, sollten wir den Getreideschimmelkäfer nicht dulden, da er Eier – besonders die der Grillen – und Larven anfrißt. Bei den Grillen können wir ihn nur durch geduldiges Aussortieren wieder entfernen; bei den Mehlwürmern gibt es

dagegen eine verblüffend einfache Methode, die auf S. 119 beschrieben ist.

Große Zucht: Die Arbeitsabläufe der großen Zucht gleichen denen der kleinen Zucht. Siebt man das Substrat alle 2–3 Tage in einen neuen Behälter ab, garantiert dies ein gleichmäßiges Heranwachsen der Larven. Größe und Anzahl der Zuchtbehälter richten sich nach dem Bedarf.

Lagerhaltung: Vermischt mit mindestens dem gleichen Volumen trockener Kleie lassen sich die Larven längstens 4 Wochen halten. Die Temperatur darf 15 °C nicht unterschreiten, sie sollte nicht höher liegen als 20 °C.

Schädlinge und Krankheiten: Ein weiterer Vorteil der Getreideschimmelkäfer besteht darin, daß sie unseres Wissens nach nicht von Schädlingen und Krankheiten befallen werden. Selbst Milben, die ja in jeder Zucht auftreten können, kommen in einer gut gedeihenden Zucht nicht vor. Sollten die Schimmelkäfer etwa die Milben auffressen? In Kleinstzuchten mit geringem Besatz haben wir Milben allerdings schon beobachtet.

Verfütterung: Am einfachsten und sichersten bietet man Larven und Käfer in einem Napf mit glatten Wänden an. Nur Fischen streut man sie in kleinen Mengen aufs Wasser. Um Larven aus dem Zuchtkasten ohne großen Arbeitsaufwand zu entnehmen, nützen wir ihre Eigenschaft aus, oben auf dem Substrat herumzukriechen. Wir graben eine Dose in die Trockenfutterschicht so ein, daß ihr Rand bündig mit der Futterschicht abschließt (s. a. Helbig, 1985). Ideal ist eine rechteckige Schale, die an einer Wand anstößt. Über Nacht fallen bestimmt Larven in ausreichender Zahl in die Schale.

Für alle kleineren Frösche, Kröten, Echsen, Vögel und wirbellosen Tiere sind die Larven des Getreideschimmelkäfers ein gutes Futter. Zur Aufzucht von Jungtieren größerer Arten der genannten Vivarientiere eignen sie sich ebenso. Vor allem Vögel mögen die hellen Larven besonders gern. Da die Larven weichhäutig sind, kann man sie bedenkenlos auch in größerer Menge verfüttern, ohne Schädigungen der Pfleglinge befürchten zu müssen. Die Käfer dagegen sind so hart, daß nur wenige Tiere sie fressen.

Schäden oder Verluste können allerdings dadurch entstehen, daß Larven in Zimmervolieren und Terrarien auskommen. Die Larven fressen nämlich Reptilieneier und gehen an Vogelbrut. Gefährdet sind vor allem Bodenbrüter; die Larven laufen aber auch über Holzwände und Äste nach oben und, falls möglich, in die Nistkästen.

Vor- und Nachteile der Zucht:

Vorteile:

- kurze Entwicklungszeit
- hohe Vermehrungsrate
- gut verdauliches und bei entsprechender Ernährung hochwertiges Futtertier
- wenig Platzbedarf im Verhältnis zur Ausbeute
- geringer bis mäßiger Arbeitsaufwand

Nachteile:

- Zucht sollte täglich betreut werden
- Geruchsentwicklung bei übermäßigen Gaben an feuchter Nahrung
- kann in Terrarien und Volieren Schädling sein (Eier, Vogelbrut)
- Schädling an Futtermitteln

Mehlkäfer
(Tenebrio molitor)

Beschreibung: Der feinglänzende Körper des 15–18 mm langen, etwa 5 mm breiten und 3,5 mm hohen Mehlkäfers ist oberseits schwarzbraun bis schwarz und unterseits rotbraun gefärbt. Die Flügeldecken weisen feine punktförmige Grübchen auf, die in Längsreihen angeordnet sind. Die Geschlechter lassen sich nur mit viel Übung

unterscheiden: die Schienen der Vorderbeine der Männchen sind gebogen, die der Weibchen gerade. Die Fühler sind etwa 3,5 mm lang.
Aus den 1,3–1,6 mm langen weißlichen, schlanken Eiern schlüpfen 1,6–2 mm lange schmutziggelbe Larven, die nach 12–14 Tagen eine dunklere Färbung annehmen. Nach 9–12 Häutungen haben die Larven eine Länge von 25–28 mm und 2,5–3,5 mm Dicke erreicht. Die jetzt maisgelben Larven, gemeinhin als Mehlwürmer bezeichnet, können in Ausnahmefällen bis zu 34 mm lang werden. Die Puppe ist meist genauso lang wie der Käfer, der aus ihr schlüpft. Erst nach 1–2 Tagen sind die zunächst weißlichen und weichen Käfer schwarz und ausgehärtet.
Entwicklungszeiten: Die Entwicklungszeit des Mehlkäfers hängt von der Temperatur sowie vom Nahrungsangebot ab. Bei 27 °C und optimaler Fütterung kann man mit einer Generationenfolge von 10–12 Wochen rechnen. Die Käfer erreichen die Geschlechtsreife nach 10–12 Tagen; 8 Tage nach der Paarung beginnt die Eiablage. Die Eizeitigung dauert 5–7 Tage, das Larvenstadium 6–7 Wochen und die Puppenruhe nochmals 6–10 Tage. Die Larven wachsen erst in den letzten 2 Wochen stark, 4 Wochen alte sind 1,5 cm lang. Bei Temperaturen von 23–25 °C verlängert sich die gesamte Entwicklungszeit auf 3½ bis 4 Monate, bei 20–21 °C auf etwa 5 Monate.
Die Käfer können unter günstigen Bedingungen bis zu 3 Monate alt werden. Die Weibchen legen etwa 160 Eier ab.
Behälter, Substrat und Einrichtung: In früheren Jahren hat man Mehlkäfer in Holzkisten gezüchtet, da sie die Wärme gut halten. Doch die Larven fraßen sich durch das Holz, und man mußte die Kisten oft ersetzen. Heute nimmt man hauptsächlich Kunststoffaquarien, größere Allzweck- oder Sichtboxen oder Wannen aus PVC.

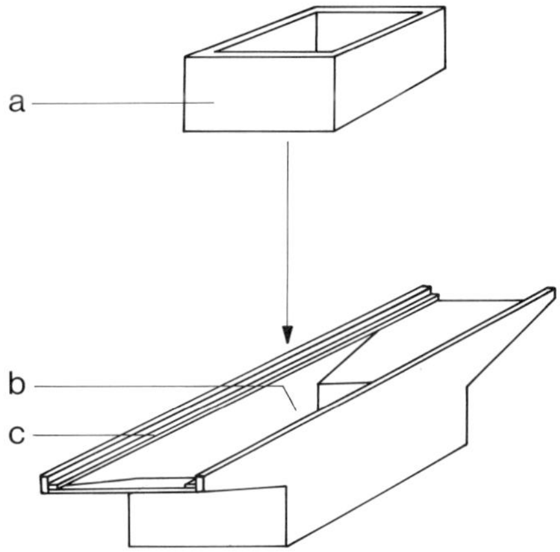

Abb. 46 Sieb und Auffangwanne mit Schiebevorrichtung aus PVC oder Holz; zum Absieben der Larven des Mehlkäfers und des Getreideschimmelkäfers und von Fliegenmaden. a) Sieb mit auswechselbaren Gittereinsätzen verschiedener Maschenweite, b) Auffangwanne, c) Führungsschiene für das Sieb.

Für Großzuchten haben sich weitgehend die großen Kunststoffschalen für Mäuse und Ratten durchgesetzt. Wenigstens 15 cm hoch sollten die Zuchtbehälter sein. Für kleine Zuchten sind Behälter von 5 l Inhalt ausreichend, wir können in ihnen 500–800 g Mehlwürmer heranziehen. Der Behälter für die Zuchtkäfer muß mit einem Gazedeckel versehen sein, damit die Käfer nicht davonfliegen können. Mehlwürmer können an glatten Flächen nicht hinauflaufen, ihre Wanne kann offen stehen bleiben.
Die Einrichtung besteht wie bei den Getreideschimmelkäfern aus dem Trockenfutter, das man einige Zentimeter hoch in die Wannen einfüllt. Die Käfer verkriechen sich gern unter Papier oder einer Lage Eierkarton. In die Schale, aus der man Mehlwürmer verfüttern will, legt man Lappen oder einige Lagen Papier, die man wenige Stunden, bevor man die Larven braucht, ganz leicht anfeuchtet. Dort kann

man die Larven entnehmen, ohne in der ganzen Kiste herumwühlen zu müssen. Da die Käferweibchen ihre Eier lose ablegen, brauchen sie kein besonderes Substrat.
Zur Unterbringung einer kleineren Zucht eignet sich ein selbstgebauter Klimaschrank ganz besonders (s. S. 25). In ihm können wir vor allem die Luftfeuchtigkeit auf dem günstigsten Wert von 70% halten. Die Wärme richtet sich nach der gewünschten Entwicklungszeit.
Für eine Großzucht wird ein klimatisierter Raum zur Verfügung stehen.

Futter: Die Ernährung unserer Mehlwürmer entscheidet nicht nur über ihre rasche und gute Entwicklung, sondern auch über ihren Wert als Futtertiere. Sicherlich hat man den Mehlwurm zum Teil deshalb als Futtertier verteufelt, weil seine Qualität durch mangelhafte Ernährung zu wünschen übrig ließ. Allein mit Kleie bekommt man keinen wertvollen Mehlwurm!
Mit folgenden Futtermischungen haben wir gute Ergebnisse erzielt:

Mischung A:	Mischung B:
250 g Weizenmehl	250 g Weizenmehl
250 g Haferflocken	250 g Haferflocken
100 g Legemehl	100 g Sojamehl
350 g Kleie	70 g Maismehl
	30 g Trocken- oder Bierhefe
	300 g Kleie

Aber auch hier machen sich schon deutliche Gewichtsunterschiede bemerkbar. Mehlwürmer, die mit Mischung A ernährt waren, wogen 42–48 mg, mit Mischung B ernährte dagegen 54–66 mg! Die Entwicklungszeit der Larven von 6–7 Wochen ließ sich ebenfalls nur mit Mischung B erreichen; mit Mischung A gefütterte Larven brauchten 2 Wochen länger. Entscheidet man sich für Mischung A, ist ein Zusatz von Hefe sehr zu empfehlen.
Diese Trockenfutter-Mischungen sind zugleich das Substrat, in dem Larven und Käfer leben. Die Menge richtet sich nach der Anzahl der Zuchtkäfer (s. Besondere Hinweise). Zur Abwechslung kann man noch Trockenfutter für Hunde und Katzen, getrocknetes Brot oder Knäckebrot, Grieß und Bruchreis anbieten.
Als Feuchtfutter werden hauptsächlich Mohrrüben und Apfelschnitze gereicht, die wir mit der Schnittfläche nach unten auf das Trockenfutter legen, aber auch Löwenzahn und anderes Grünzeug. Mit frischem Fleisch als Beikost sollte man sehr sparsam umgehen, da es schnell verdirbt und die Zucht dann unangenehm riecht.

Zuchtbedingungen:

Licht: Der Mehlkäfer und seine Larve sind sehr lichtscheu, so daß die Zucht auch bei völliger Dunkelheit gedeiht.

Temperatur: Eine optimale Entwicklung der Zucht kann man bei 27–28°C erreichen. Temperaturen über 40°C wirken auf Käfer und Larven tödlich, aber auch bei 35°C ist die Vermehrung gehemmt; es schlüpfen nur noch 30–40% der Larven gegenüber rund 70% bei niedrigerer Wärme. Eine große Menge Larven erzeugt eine beachtliche Eigenwärme, das muß man bei der Aufstellung berücksichtigen. Die Mindesttemperatur für eine Zucht liegt bei 19°C.

Feuchtigkeit: Das Gewicht der Larven wird nicht nur von der Nahrung beeinflußt sondern auch in erheblichem Maße von der Luftfeuchtigkeit, bei der die Mehlwürmer heranwachsen. In Versuchen von Martin, Rivers und Cowgill (1976) wogen die Larven, die bei 21° C gehalten wurden, nach 12 Wochen durchschnittlich:
18 mg bei 30% relativer Luftfeuchtigkeit
38 mg bei 50% relativer Luftfeuchtigkeit
68 mg bei 70% relativer Luftfeuchtigkeit.
Wir haben die gleichen Versuche durchgeführt, bei 27°C Zuchttemperatur und 6 Wochen Entwicklungszeit. Dabei kamen wir zu folgenden Werten:

32 mg bei 30 % relativer Luftfeuchtigkeit
41 mg bei 50 % relativer Luftfeuchtigkeit
66 mg bei 70 % relativer Luftfeuchtigkeit.
Man sollte sich nicht dazu verleiten lassen, Mehlwürmer bei noch höherer Luftfeuchtigkeit zu halten. Sonst setzt unweigerlich eine starke Schimmelbildung im Substrat ein, die den Larven schadet.

Auch wenn man die Mehlkäfer bei 60–70 % Luftfeuchtigkeit hält, darf man nicht vergessen, sie regelmäßig mit Feuchtfutter zu versorgen, das den Wasserbedarf deckt. Ohne frisches Futter überleben die Käfer nur 4–6 Tage, und die Entwicklung der Larven verläuft langsamer und verlustreich, denn bei Mangel an feuchter Nahrung oder zu dichtem Besatz werden frisch gehäutete Larven und noch weiche Puppen von Käfern und Larven angefressen, sterben ab und werden schwarz.

Besondere Hinweise: Für den Vivarianer stellt sich die Frage, ab wann es sich lohnt, Mehlwürmer selbst zu züchten, da sie in fast jedem Zoofachgeschäft erhältlich und von Züchtern auch im Abonnement zu beziehen sind. Sicher ist dies eine Frage der Zeit und des Geldes. Wir meinen, daß sich der Aufwand einer Zucht erst dann lohnt, wenn man mehr als 100 g Larven pro Woche verfüttert. Wer dagegen von der Mehlwurmzucht leben will, sollte mindestens 10–20 kg pro Woche verkaufen können.

Kleine Zucht: Wer nur wenige Mehlwürmer braucht und sie trotzdem züchten will, kommt mit einer Kiste aus. Dann kann man auch das lästige Sieben umgehen und statt dessen die Larven, angeködert durch feuchtes Futter, von Hand oder mit der Pinzette auslesen. Nach mehreren Wochen richtet man einen neuen Behälter ein, besetzt ihn mit Käfern und läßt die erste Kiste so lange in Betrieb, bis der letzte Mehlwurm verfüttert ist. Vor allem Personen, die unter allergischem Asthma leiden, werden diese Zuchtmethode bevorzugen.

Für eine Zucht, aus der man wöchentlich 100–200 g Larven ernten will, braucht man 6 Behälter à 30 × 20 × 15 cm: einen für die Zuchtkäfer, einen für die Larven zum Verfüttern, drei für die Aufzucht der Larven und einen zum Wechseln. Wir beginnen mit etwa 300 g Larven. Alle Käfer, etwa 1200 Stück, die daraus entstehen, bilden unseren Zuchtansatz. In ihren Behälter füllen wir 300 g Substrat, also Trockenfutter-Mischung, geben etwas Feuchtfutter und einige Lagen Papier obenauf, setzen die Tiere ein und legen den Deckel auf.

Die weitere Arbeit verläuft ähnlich wie bei den Getreideschimmelkäfern. Damit die Käfer ungestört für Nachwuchs sorgen können, trennt man sie in bestimmten Zeitabständen vom Substrat, das dann Eier und kleine Larven enthält. Hält man Mehlkäfer bei 27 °C, so wartet man, bis die Käfer 5 Wochen alt geworden sind. Dann kippt man sie samt Trockenfutter zunächst in ein Sieb mit 4 mm Maschenweite und siebt das Substrat in den zweiten Behälter. Anschließend werden die Käfer wieder in ihre alte Wanne zurückgesetzt mit einer frischen Portion Trockenfutter. Alle 2 Wochen wiederholt man diesen Vorgang. Das Substrat siebt man jedes Mal in einen neuen Behälter, bis nach 11 Wochen alle fünf gefüllt sind. Jetzt sind die zuerst abgesiebten Larven so weit herangewachsen, daß wir beginnen können, sie zu verfüttern. Zugleich ist es Zeit, den Kot von ihnen mit Hilfe eines Siebes von 0,6 mm Maschenweite abzusieben und das Trockenfutter nachzufüllen. Zwei Wochen später sieben wir die zweitältesten Larven ab und schütten sie in die Wanne mit den ältesten Larven; diese enthält also immer die Mehlwürmer zum Verfüttern. Wer sich den sechsten Behälter, den Wechselbehälter, sparen will, spült nun die Wanne, in der die zweitältesten Larven waren, und siebt da hinein die Käfer ab.

Alle 14 Tage sondern wir an verpuppungsreifen Larven gut ein Sechstel des Käferbestandes ab, damit der Nachschub an Zuchtkäfern gesichert wird und die Zucht kontinuierlich läuft.
Diese Arbeiten wiederholen sich nun ständig. Es bedarf aber doch einiger Routine, bis man gleichmäßig den gewünschten Bedarf an Mehlwürmern heranzüchten kann.
Personen, die unter Asthma oder allergischen Reaktionen leiden, sollten das Absieben des Kotes nur mit einer Feinstaubmaske (Schutzstufe P1) und nach Möglichkeit im Freien durchführen; der feine Staub reizt die Atemwege stark.
Natürlich kann man die Zucht beliebig erweitern. Besonders günstig erweist sich der Einsatz von 6–8 Zuchtbehältern, mit denen man bis zu 800 g Larven wöchentlich großziehen kann. Etwa 3000 Käfer benötigt man hierfür als Zuchtstamm. Der Arbeitsablauf ist gleich, man siebt allerdings Eier und Junglarven einmal pro Woche ab und nimmt jedes Mal einen neuen Behälter.
In einem dreiteiligen Bericht schildert Siegfried Kirschke (1985) höchst praxisnah und ausführlich seine Zuchtmethode für die Ernte von 150–200 g Larven wöchentlich, die er nach 20jährigem Probieren im Laufe der letzten 10 Jahre entwickelt hat. Nach seiner Erfahrung sind gleichmäßige Wärme von unten, Weizenkleie plus Möhren (im Frühjahr Löwenzahnstauden) als Futter und darüber mehrere Lagen Stoff die wichtigsten Faktoren. Einzelheiten und den Arbeitsablauf lese man in seinem Bericht nach.
Große Zucht: Zwei Dinge sind bei der Großanlage besonders wichtig: eine konstante Temperatur und ein exakter Arbeitsrhythmus, der auf sie abgestimmt ist. Grundsätzlich gleichen sich die Arbeitsvorgänge bei großer und kleiner Zucht. Freilich sind nun Tausende von Zuchtkäfern in mehreren großen Behältern untergebracht. Mindestens einmal pro Woche siebt man das Substrat ab und verteilt es auf mehrere Wannen. Falls nötig, siebt man bei den mittelgroßen Larven den Kot ab und gibt wieder so viel Substrat hinzu, wie die Larven bis zum Verpuppen, Verfüttern oder Verkauf fressen. Ein Spezialsieb mit Auffangwanne (Abb. 46) erleichtert diese Arbeit beträchtlich. Ständig müssen der Zuchtstamm überwacht und tote Käfer durch junge Tiere ersetzt werden. Da man bei Zuchten solchen Umfangs Puppen und Käfer kaum noch von Hand auslesen möchte, braucht man zusätzlich einen Behälter für die großen Larven und einen für die Puppen. Die schlüpfenden, wehrlosen Käfer werden oft von den Larven angefressen und sind dann zur Zucht unbrauchbar. Larven, die kurz vor der Verpuppung stehen, kommen in einen Behälter mit Substrat und werden verstärkt mit Karotten gefüttert. Hat sich ein Teil der Mehlwürmer verpuppt, kippt man das ganze Substrat in ein Sieb von 4 mm Maschenweite, stellt es wieder in den Behälter zurück, rüttelt ein wenig und wartet, bis sich die Larven wieder durch die Maschen nach unten verkrochen haben. Eine Lampe über dem Sieb beschleunigt diesen Vorgang. Die Puppen im Sieb verteilt man in ihrer Wanne, die man etwa 2 cm hoch mit Kleie gefüllt und mit 1–2 Lagen Eierkartons abgedeckt hat. Die Käfer können hier ungestört schlüpfen, sie laufen meist auf dem Eierkarton umher und lassen sich ohne weiteres in die Zuchtwanne abklopfen.
Lagerhaltung: Bei 8 °C lassen sich Mehlwürmer 2 Monate und länger lagern. Man gibt mindestens das gleiche Volumen trockene Kleie zu den Larven.
Schädlinge und Krankheiten: Als bekannte Parasiten der Mehlwürmer sind die Gregarinen zu nennen, die im Darm der Larven leben. Gregarinen sind Einzeller der Klasse

Apicomplexa (früher: Sporozoa). Wie bereits bei den Schaben erwähnt, steht fest, daß Gregarinen weder ihren Wirt schädigen noch die Vivarientiere, die solche Mehlwürmer fressen.
Vor allem in Großzuchten kann sich *Necrobia rufipes* einnisten, der Rotbeinige Schinkenkäfer. Es ist ein etwa 6 mm langer, metallisch grün glänzender Käfer, der die Eier und kleinen Larven des Mehlkäfers frißt. Er läßt sich nur dadurch in Schach halten, daß man ihn ständig von Hand ausliest, und man kann ihn mit einiger Geduld so auch ausmerzen.
Auch der Getreideschimmelkäfer kann zur Plage werden; er frißt gern Puppen und frisch gehäutete Larven an. Mit etwas Geduld wird man ihn auf folgende Weise los: Man stellt einen glattwandigen Napf, der so hoch sein muß, daß der obere Rand mit dem Nährboden abschließt, auf den Boden der Mehlwurmwanne. Zweimal am Tag leert man den Napf aus; nahezu ausschließlich Larven des Getreideschimmelkäfers sind hineingefallen.
Hält man die Mehlwürmer bei der für sie günstigen hohen Luftfeuchtigkeit von 60–70%, ist ein Auftreten von Milben fast nicht zu verhindern. Man kann sie auf zweierlei Weise wieder loswerden. Entweder wäscht man die Käfer, Puppen und größeren Larven in einem Sieb unter lauwarmem Wasser gründlich ab und säubert alle Gegenstände sorgfältig, muß dabei aber auf die jüngeren Larvenstadien verzichten. Oder man setzt die Luftfeuchtigkeit vorübergehend auf 30% herab, gibt kein Feuchtfutter und ködert die Milben mit feuchten Wollappen, die man zwischen die Behälter legt. Zwei- bis dreimal am Tag nimmt man die Lappen vorsichtig heraus und tötet die Milben durch Überbrühen.
Verfütterung: Mehlwürmer und Käfer können aus Schalen mit glatten Wänden nicht entweichen, deshalb bietet man sie gern in solchen Gefäßen an. Mit einer Pinzette muß man schon fest zupacken, damit sich die Larven nicht herauswinden; die Futternadel ist besser geeignet.
Vögel zerrupfen im allgemeinen die Mehlwürmer kaum und verdauen die drahtigen Larven manchmal schlecht. Es ist besonders günstig, wenn man ihnen nur frisch gehäutete, weiche Mehlwürmer anbietet. Dies ist nur aus einer eigenen Zucht möglich, denn gekaufte Mehlwürmer haben die letzte Häutung meist schon hinter sich.
Für viele Vivarientiere bilden Mehlwürmer die Hauptnahrung. Deshalb hat man ihre Inhaltsstoffe analysiert und festgestellt, daß sie keineswegs nur aus Fett bestehen, wie manchmal behauptet wird, sondern nur zu etwa 13% und zu etwa 23% aus Protein, bezogen jeweils auf das Frischgewicht. Dennoch liegt ihr Fettgehalt so hoch, daß man sie nicht ausschließlich verfüttern soll. Kalzium und Phosphor enthalten sie je nach Ernährung im Verhältnis 1:3 bis 1:14. Da Wirbeltiere für einen gesunden Knochenaufbau Kalzium und Phosphor im Verhältnis 1,2:1 bis 1,5:1 benötigen, muß man Kalk zusätzlich zuführen, entweder unmittelbar den Vivarientieren oder über die Mehlwürmer. Für die zweite Möglichkeit haben Versuche von Zwart und Rulkens (1979) ergeben, daß Mehlwürmer, die 24 Stunden lang nur in Carnicon gehalten wurden, ein günstiges Ca/P-Verhältnis von 1,38:1 aufwiesen. Carnicon ist ein Multivitamin-Mineralstoff-Präparat mit einem Ca/P-Verhältnis von 20:1; es wird in den Niederlanden von der Firma Trouw Company in Putten hergestellt. Reines Kalziumkarbonat nahmen die Mehlwürmer nicht auf.
Nicht umsonst ist der Mehlwurm das bekannteste Futtertier für Insektenfresser: fast alle Arten nehmen ihn gern. Auch die Puppen und Käfer sind für manche Tiere ein Leckerbissen. Dabei sei nur auf die

insektenfressenden Vögel hingewiesen, auf Froschlurche, Echsen, Schildkröten und räuberisch lebende Wirbellose, wie Gottesanbeterinnen, Raubwanzen und am Boden lebende Spinnen.
Dazu kommt noch eine beachtliche Zahl kleiner bis mittelgroßer Säugetiere, beispielsweise Elefantenspitzmaus, Krallenäffchen und Potto.

Vor- und Nachteile der Zucht:

Vorteile:

- wenig Platzbedarf bei Kleinzucht
- keine Geräusch- und Geruchsbelästigung
- leicht zu züchten

Nachteile:

- hohe Luftfeuchtigkeit für optimale Ausbeute nötig, dadurch Milbenbefall begünstigt

Großer Schwarzkäfer
(Zophobas morio)

Dieser stattliche Käfer ist in Süd- und Mittelamerika weit verbreitet. Seit etwa 1977 ist er bei uns bekannt; wir verdanken seine Einführung Herrn Pepe Alcaraz, Köln. Anfangs wurde er nur in den Insektarien Zoologischer Gärten gezüchtet und ausgestellt, dann fand er seinen Weg zu den Vivarianern als willkommenes neues Futtertier. Inzwischen hat er bei ihnen sowie bei den gewerblichen Züchtern und ihren Kunden seinen festen Platz – insgesamt ein wahrer Siegeszug! Als Beispiel möge stehen, daß Herr Lehnert, Heidenheim, Wiedehopfe erstmals ohne Ausfälle bei den Jungtieren gezüchtet hat, dank der Larven des Großen Schwarzkäfers, wie er uns versicherte. Wir freuen uns mit ihm über diesen Erfolg!

Beschreibung: Der mattschwarze Käfer hat eine Gesamtlänge von 3–3,4 cm und eine Breite von 1–1,2 cm. Der Kopf ist etwas länger als breit, die Fühler sind dünn und 7–8 mm lang. Das Halsschild ist viereckig und nur vorn etwas abgerundet. Die 2 cm langen Deckflügel laufen nach hinten spitz zu und weisen Längsfurchen auf. Männchen und Weibchen lassen sich an der Kopfgröße unterscheiden; beim Männchen ist der Kopf 4,5–5 mm breit, beim Weibchen 3,5–4 mm. Faßt man die Käfer an, sondern sie am Hals eine milchig-weiße übelriechende Flüssigkeit ab.
Den glasig weißen, schlanken Eiern von 1,2–1,4 mm Länge entschlüpfen 2–2,5 mm große, weizengelbe Larven. Sie erreichen 5,5–6 cm Länge bei 5–7 mm Dicke und wiegen durchschnittlich 1,5 g; es sind also beachtliche Brocken! Bei den großen Larven sind die letzten 3 Segmente und der Kopf dunkelbraun gefärbt. Alle dazwischen liegenden Segmente tragen am hinteren Rand eine braune Querbinde, die mittleren Segmente weisen außerdem noch feine Punkte auf. Die Unterseite des Körpers ist einfarbig weizengelb, nur das Endsegment ist dunkelbraun. Packt man die Larven ziemlich fest, verspritzen sie aus dem After eine wasserklare, bitter schmekkende Flüssigkeit. Die 2,8–3 cm große Puppe bleibt hell weizengelb.

Entwicklungszeiten: Bei seiner Vorzugstemperatur von 27–29 °C braucht *Zophobas morio* immerhin 3½–4 Monate zur Entwicklung. Doch die Größe der Larven wiegt diese lange Entwicklungszeit wieder auf. Die Zeitigungsdauer der Eier beträgt 8–12 Tage. Die gefräßigen Larven erreichen nach 6–8 Wochen ihre volle Größe. Setzen wir sie dann einzeln, verpuppen sie sich 2–3 Wochen später. Die Puppenruhe dauert ebenfalls 2–3 Wochen. Die Käfer beginnen 2 Wochen nach der Umwandlung zur Imago mit der Paarung, und die Weibchen legen 1 Woche später die ersten Eier ab, 20–60 Stück je Gelege.

Abb. 47 Großer Schwarzkäfer *(Zophobas morio)*. a) Larve vor der letzten Häutung, b) Puppe, c) Männchen.

Auch bei 18 °C pflanzt sich der Große Schwarzkäfer noch fort, die Entwicklung dauert dann etwa 1 Jahr. Bei der Vorzugstemperatur leben die Käfer bis zu 1 Jahr. In dieser Zeit legt ein Weibchen mindestens 1500 Eier.

Behälter, Substrat und Einrichtung: Zur Zucht von *Zophobas morio* eignen sich gegen Feuchtigkeit unempfindliche Behälter mit glatten Wänden, also Kunststoff- oder Glasaquarien, Wannen aus Hartplastik, Makrolon oder PVC. Sie sollten mindestens 35 × 20 × 20 cm groß sein. Holzkästen kommen nicht in Frage, da die Larven sie zernagen.

Die Käfer fliegen zwar selten umher; auf alle Fälle macht ein Deckel den Zuchtbehälter ausbruchsicher. Mindestens zur Hälfte sollte die Abdeckung mit Fliegengitter bespannt sein.

Das Substrat für die Larven muß locker und luftdurchlässig sein, die Wärme gut halten sowie Feuchtigkeit aufnehmen und speichern. Alle diese Anforderungen erfüllt ein Gemisch aus gleichen Teilen von ungedüngtem Torf und Sägemehl. Mit anderen Substraten wie Waldboden, Gartenerde oder fein zerrupftem Moos hatten wir keine so guten Erfolge. Das Sägemehl von Laub- oder Nadelbäumen besorgen wir nicht bei Möbelschreinereien; dort enthält es fast immer Spuren von Lacken, Leim oder Lösungsmitteln, die für die Larven tödlich wirken, wie wir bereits feststellen mußten. Auch bei Sägewerken vergewissern wir uns, daß das Sägemehl nicht von Holz stammt, das mit Insektiziden behandelt wurde. Mit Erfolg nehmen R. Wicker als Substrat Rindenschrot, in den die Weibchen auch Eier ablegen, und D. Schulten

das ganz grobe Vermiculit, das sonst als Verpackungsmaterial verwendet wird (mündl. Mitteilungen).
Wenn man die Schwarzkäfer nicht in einem Heizraum oder Zuchtschrank unterbringen kann, sorgt man am einfachsten mit Heizkissen oder Heizmatte unter dem Behälter für die gewünschte Temperatur. Wie der Rosenkäfer (*Pachnoda butana*) wärmt sich auch *Zophobas morio* gern unter einer Glühbirne oder einem Elstein-Strahler; beides bringt man außerhalb des Behälters an. 1–2 Infrarotstrahler können als alleinige Heizquelle ausreichen.
Die Weibchen heften ihre Eier in Klümpchen an eine geeignete Unterlage, natürlicherweise in Risse und Spalten, wo sie vor den räuberischen Käfern geschützt sind. Man kann ihnen ein rissiges Holzstück geben, Korkrinde (Schulten, mündl. Mitt.), kurze Stücke aufgerollter Wellpappe (Stark, 1989), 3–4 Stücke von Dämmplatten aus Backkork oder einen Stapel dicht gepackter Eierkartons; die beiden zuletzt genannten Ablagehilfen senkrecht gestellt, alle genannten Unterlagen legt man unmittelbar auf das Substrat. Die Eier dürfen nicht austrocknen, deshalb hält man die Plätze für die Eiablage ständig leicht feucht.
Die Behälter füllt man etwa 7 cm hoch mit leicht feuchtem Substrat. Die weitere Einrichtung hängt davon ab, ob wir für die Großzucht mindestens 10 Zuchtkästen oder für eine kleine Zucht nur einen anlegen. Für die kleine Zucht legen wir außer einer der oben genannten Ablagehilfen zusätzlich Äste hinein, auf denen die Käfer herumlaufen können. Um das Einschleppen von Schädlingen zu verhindern, überbrüht man das Holz vorher oder lagert es einige Zeit trocken.
Bei der großen Zucht baut man für die Behälter, in denen die Zuchtkäfer leben, je einen paßgenauen Einsatz aus PVC oder aus Holz, das mit Resopal beschichtet ist. Diesen Einsatz versieht man unten mit einem Gewebe aus Edelstahl oder Aluminium (Maschenweite 0,8 mm). Fliegengitter ist zu grob, die Käfer stecken die Köpfe hindurch und fressen die Eier. Auch die kleinen Larven könnten nach oben durchklettern und würden von den Käfern gefressen. Den Einsatz stellt man auf eine Lage Eierkarton, die das etwa 4 cm hoch eingefüllte Substrat ganz bedeckt. Die Weibchen legen die Eier durch das Gewebe kranzförmig um die Eierkarton-„Gipfel“. In den Einsatz legt man 2–3 Lagen Eierkartons für die Käfer.
Futter: Wie die meisten anderen Schwarzkäfer ernährt sich *Zophobas morio* von pflanzlichen und tierischen Substanzen. Wir füttern ihn mit Grünzeug und Obst, wie Salat, Löwenzahn, Karotten, Bananen, Äpfeln, Birnen, Apfelsinen. Daneben hat sich eine Futtermischung aus 300 g Haferflocken, 200 g Sojamehl, 30–40 g Bier- oder Trockenhefe und 50 g Milchpulver gut bewährt. Portionen dieser Mischung feuchtet man mit so viel Wasser an, daß man Bällchen daraus formen kann. Mischungen aus anderen Getreidearten eignen sich ebenso. Die Larven fressen zudem Holzmulm und abgestorbene Wurzeln, die Imagines schätzen etwas tierische Beikost: angefeuchtetes Trockenfutter für Hunde oder Katzen, tote Regenwürmer und Schnecken. Ganz besonders mögen sie frischen Fisch, der aber nach wenigen Stunden aufgezehrt sein muß.
Sämtliches Futter für Larven und Käfer, das wir alle 1–2 Tage frisch reichen, bieten wir in einer Art Raufe an. Dazu biegen wir aus nichtrostendem Drahtgeflecht von 5–6 mm Maschenweite einen uhrglasähnlichen Teller, den wir gefüllt auf den Bodengrund legen. Die Tiere können von allen Seiten an ihr Futter gelangen, ohne daß es im ganzen Behälter zerstreut wird und

Fäulnisherde bildet. Auch haben wir einen besseren Überblick über die erforderliche Nahrungsmenge. Nur den Holzmulm graben wir ins Substrat ein.

Zuchtbedingungen:

Licht: Die Käfer kommen mit sehr wenig Helligkeit aus, sie meiden das Sonnenlicht, schätzen aber Strahlungswärme. Selbst völlige Dunkelheit hätte wohl keinen nachteiligen Einfluß auf die Vermehrung.

Temperatur: Die optimale Temperatur für eine Zucht liegt bei 27–29 °C. Die Höchsttemperatur kann für die Larven 32 °C betragen, für die Käfer 35–38 °C. Bei 15–16 °C pflanzt sich *Zophobas morio* nicht mehr fort.

Feuchtigkeit: Im Substrat sollte immer eine milde Feuchtigkeit zu fühlen sein, trockenen Bodengrund meiden die Larven. Eine gute Schlupfrate erreicht man ab einer relativen Luftfeuchtigkeit von 60 %, sie kann bis 90 % ansteigen. Ein tägliches Aussprühen des Behälters ist also notwendig.

Ihren Flüssigkeitsbedarf decken die Tiere mit der Nahrung.

Besondere Hinweise:

Kleine Zucht: Bei einem Zuchtansatz von 40–60 Käfern und ebenso vielen Larven kann man recht bald Tiere zum Verfüttern entnehmen. Aber auch mit 20 Käfern läßt sich mit etwas Geduld eine Zucht aufbauen. Hat sie sich eingespielt, erzielt man mit 200–250 Käfern wöchentlich bis zu 800 g Larven, also 500–600 Stück. Dieser Ertrag kann sich durchaus sehen lassen, vor allem, da er mit einem einzigen Behälter zu erreichen ist. Hier liegt für den Privatmann schon die Grenze zur großen Zucht. Allerdings ist dann ein Kasten von 50 × 30 × 30 cm voll ausgelastet. Das Substrat füllt man nun 10–12 cm hoch ein, damit die Larven viel Platz haben.

So viele Larven geben auch große Mengen Kot ab; eine regelmäßige Reinigung ist unerläßlich, bei vollem Besatz etwa alle 3 Wochen. Dazu sieben wir den Bodengrund durch ein Sieb mit 3–3,5 mm Maschenweite. Im Sieb bleiben Torfbrocken, Käfer und große Larven. Dies alles kommt in einen zweiten Zuchtkasten oder vorübergehend in einen Eimer, bis der erste Behälter ausgewaschen ist. Die fehlende Substratmenge ergänzt man und legt die Einrichtungsgegenstände wieder zurück. Im durchgesiebten Substrat finden sich noch recht viele junge Larven. Deshalb schüttet man es in den ersten Zuchtkasten zurück oder in einen kleineren Behälter (wenn man nur einen Zuchtkasten anschaffen will). Nach 3 Wochen sind die Larven, die selbstverständlich weiter gefüttert werden, so groß, daß sie in einem Sieb von 1,5–2 mm Maschenweite hängenbleiben; der Rest dürfte ausschließlich aus Kot und Sägemehl bestehen.

Nimmt man grobes Vermiculit als Substrat, verwendet man ein Sieb von 5 mm Maschenweite, durch das alle Larven, auch die großen, hindurchfallen (Schulten, mündl. Mitt.).

Leben die ausgewachsenen Larven dicht beeinander, verpuppen sie sich nicht, so daß wir sie bei Bedarf auf Vorrat züchten und bis zu einem Jahr, wenn auch unter Verlusten, halten können (S. Rykena, mündl. Mitt.). Andererseits zwingt uns das dazu, gezielt für den Nachwuchs an Käfern zu sorgen. Am sichersten gelingt das, wenn wir jede Larve einzeln setzen, beispielsweise in einen leeren Joghurtbecher oder eine andere kleine Dose aus Hartplastik. (Weichplastik, z. B. die handelsüblichen Döschen für Fliegenmaden, durchfressen die Larven.) Joghurtbecher lassen sich platzsparend stapeln; es genügt eine lichte Höhe von 2 cm für die Larven. Wichtig ist, daß sich die Larven im Dunkeln und an einem ruhigen Platz verpuppen und zum Käfer umbilden können. Das dauert bei etwa 25 °C 4–5 Wochen. Die Käfer setzen wir erst dann in den Zuchtkasten, wenn sie ausgehärtet und schwarz sind. Wir können auch Eierkartons dicht stapeln und eine undurchsichtige Box damit ausfüllen. Pro Vertiefung setzen wir höchstens eine Larve ein. Auch diese Box stellen wir ruhig, dunkel sowie warm und entnehmen die Käfer, die am Karton herumlaufen.

Große Zucht: Wie bei den Mehlkäfern müssen sowohl die Käfer zum Ablegen der Eier als auch die verschiedenen Larvengrößen getrennt untergebracht sein. Entsprechend groß ist der Arbeitsaufwand.

Für die Käfer richtet man die Behälter mit Einsatz ein und füttert mit Kleie oder Schrot und Feuchtfutter. Jede Woche setzt man den Einsatz in eine neue (frisch eingerichtete) Wanne und füttert nach. Sobald die Larven schlüpfen, erhalten sie das gleiche Futter wie die Käfer. Sieben, Substrat nachfüllen und füttern, bis die Larven ausgewachsen sind, laufen ab wie bei der Mehlwurmzucht beschrieben.

Wünschenswert ist eine Klimatisierung des Zuchtraumes auf eine Temperatur von 27–30 °C und eine Luftfeuchtigkeit von 70–90 %. Feuchtraum-Lampen und -Steckdosen sind aus Sicherheitsgründen erforderlich.

Lagerhaltung: Ausgewachsene Larven lassen sich ohne Nahrung längstens zwei Monate lagerhalten, am besten bei Zimmertemperatur; minimale Temperatur 15 °C. Man vermischt sie mit mindestens dem gleichen Volumenanteil trockener Kleie.

Schädlinge und Krankheiten: Bei dieser Zucht, die tropisches Klima verlangt, ist nicht auszuschließen, daß Schädlinge und Krankheitserreger auftreten. Das Substrat bietet sich Milben und Bakterien als ideale Brutstätte geradezu an. Auf jeden Fall sollte man die Zucht des Großen Schwarzkäfers gut überwachen.

Verfütterung: Die Larven sind so groß, daß man sie rasch von Hand im Bodengrund finden kann. Sonst nimmt man ein kleineres grobmaschiges Sieb und schüttelt eine Handvoll Substrat durch.

Käfer und Larven können aus glattwandigen Schalen nicht entweichen, die runden Schalen müssen aber mindestens 1 cm höher sein als die Larven lang sind. Da diese ruhelos umherlaufen, erregen sie bald die Aufmerksamkeit der Vivarientiere. Selbstverständlich kann man sie auch auf die anderen üblichen Arten anbieten, allerdings muß man mit der Pinzette schon kräftig zupacken, damit sich die Larven nicht herauswinden.

Wegen ihrer Größe eignet sich die Larve von *Zophobas morio* besonders für größere Wirbellose (z. B. Vogelspinnen), Lurche, Echsen, Vögel und Kleinsäuger. Vorsicht! Entwichene Larven können in Terrarien und Zimmervolieren Schaden anrichten, dadurch daß sie Eier und Vogelbrut fressen.

Vor- und Nachteile der Zucht:

Vorteile:
- große, gut verdauliche Larven
- keine Geruchsbelästigung, geräuschlos
- in Wohnräumen gut zu züchten
- mäßiger Arbeitsaufwand

Nachteile:
- lange Entwicklungszeit
- bei Großzuchten Unterbringung im Feuchtraum notwendig

Speisebohnenkäfer
(Acanthoscelides obtectus)

Die meisten Samenkäfer legen ihre Eier an die noch grünen Hülsen von Hülsenfrüchtlern (Leguminosen) oder, wie z. B. *A. obtectus,* in die schon gelblichen Hülsen. Die Larven bohren sich entweder zuerst durch die Hülsen oder gleich in die sich entwikkelnden Samen, die Käfer schlüpfen dann aus den reifen Samen. Der Speisebohnen-

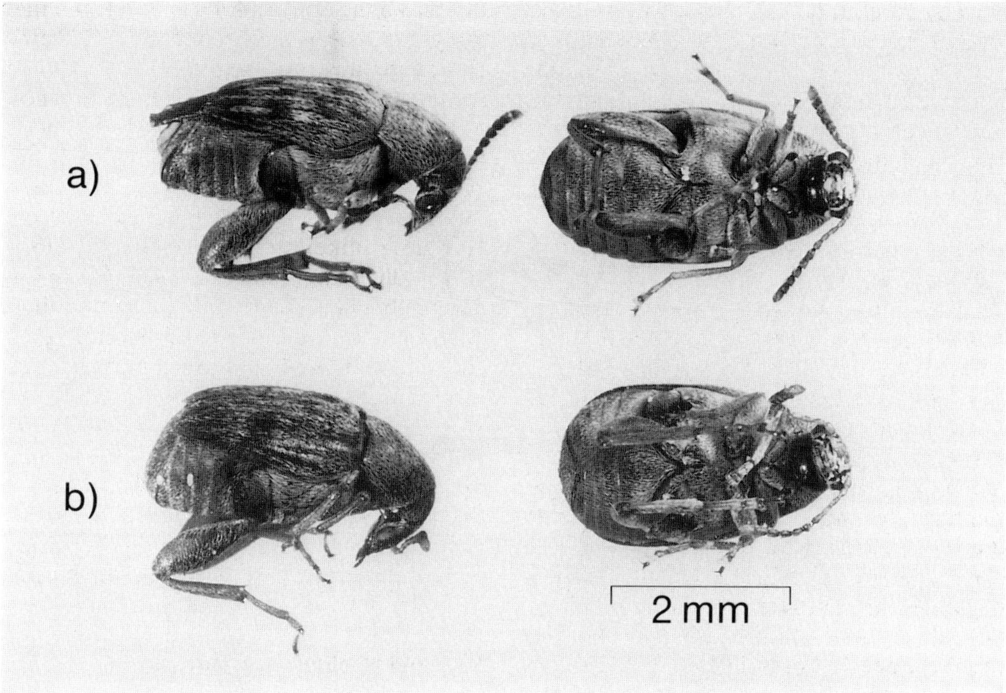

Abb. 48 Speisebohnenkäfer *(Acanthoscelides obtectus)*. a) Weibchen, b) Männchen.

käfer legt seine Eier aber auch zwischen reife, trockene Bohnen, und die Larven entwickeln sich in ihnen. Deshalb ist er ein gefürchteter Schädling in Speichern und Vorratskammern. Amerika ist wahrscheinlich seine ursprüngliche Heimat (Zacher, 1955); inzwischen kommt er auf der ganzen Welt vor. Mit befallenem Saatgut gelangte *A. obtectus* wohl über Spanien nach ganz Europa. Sogar im kühlen Norddeutschland wurde er im Freien festgestellt, seit 1931 vereinzelt, nach dem 2. Weltkrieg häufiger (Zacher, 1955; Zachariae, 1958). Er bedroht auch heute noch in ganz Mitteleuropa Busch- und Stangenbohnen. *A. obtectus* kann bei hohen wie niedrigen Temperaturen leben und sich auf Feldern wie auf Speichern vermehren. So konnte er sich weltweit verbreiten.

Wem andere Samenkäfer (aus trockenen Samen) in die Hände gelangen, kann sie wie den Speisebohnenkäfer züchten. So hat Pohlmann (1964) nicht *Acanthoscelides obtectus* im Bohnensack seiner Gastfamilie vorgefunden, sondern wahrscheinlich den Brasil-Bohnenkäfer *Zabrotes subfasciatus*. Den Fischen und Fröschen schmecken beide Samenkäfer – und sicher noch weitere Arten.

Beschreibung: Die Käfer sind 3–4 mm lang, etwa 1,4 mm hoch und 2 mm breit, grün-grau-braun gefärbt und behaart; die kleineren Tiere sind meistens Männchen. Deren Hinterleibsende ist stärker gekrümmt als das der Weibchen (Abb. 48). Die Flügeldecken sind kürzer als der Hinterleib, sie weisen feine schwarze Längsstreifen und eine undeutliche helle und

dunkle Fleckung auf. Das Halsschild ist schwarz getüpfelt. Die Fühler am etwas rüsselförmig verlängerten Kopf sind etwa 1,5 mm lang. Die Beine und das Hinterleibsende (Pygidium) schimmern rötlich. Einzelheiten der Färbung und der morphologischen Merkmale sind erst ab etwa 10facher Vergrößerung zu erkennen.
Die keulenförmigen, 0,6–0,7 mm langen Eier sind weiß, die Larven ebenso. Frisch geschlüpft sind sie 0,52–0,56 mm lang, haben noch ihre 6 Beine, und das Abdominalende ist zu einem Nachschieber umgebildet. Diese Winzlinge können immerhin noch eine Strecke von gut 20 cm bewältigen (Zacher, 1930)! Zum Einbohren in einen Samen braucht die Larve ein Widerlager. Deshalb bohrt sie sich vorzugsweise von unten oder vom Rand des Gefäßes aus in den Samen; in eine einzelne, lose daliegende Bohne kann sie nicht gelangen (Zacher, 1930). Bei der ersten Häutung (von insgesamt vier) wird die Larve beinlos. Zum Abschluß ihrer Entwicklung frißt sie einen Gang bis zur Samenschale, von außen als kreisrunde, dunkle Stelle, ein „Fenster“, erkennbar. Diese Stelle schneidet der aus einer hellbraunen Puppe schlüpfende Käfer aus und schiebt sich durch das Loch ins Freie.

Entwicklungszeiten: Bei etwa 20 °C lebt eine neue Generation Käfer nach 11 bis 12 Wochen. Ungefähr eine Woche nach dem Schlüpfen werden die Käfer lebhaft, laufen und fliegen viel umher, paaren sich, leben dann wieder zwischen den Bohnen und legen auch dort die Eier, lose und einzeln. Nach etwa 10 Wochen sind „gefensterte“ Bohnen zu sehen. Die Käfer werden 3–4 Wochen alt. Diese Angaben stimmen mit den Ergebnissen von Menusan (1934) überein, der für 21 °C die einzelnen Phasen mit 10 Tage für die Embryonalentwicklung, 46 Tage für die Stadien von Larve und Puppe sowie 19 Tage für die Lebensdauer der Käfer angibt. Bei 27 °C ergaben seine Versuche entsprechend 6 + 28 + 10 Tage (alle Zeiten gerundet), was wir 50 Jahre später bestätigen konnten. Bei den hohen Temperaturen von 27–30 °C fällt die kurze Lebensdauer der Adulti auf. Da man nur sie verfüttert, gilt es, hier den richtigen Zeitpunkt zu treffen, d. h. etwa 1 Woche nach dem Schlüpfen der Käfer. Dann haben die Weibchen bereits etliche Eier gelegt. Die volle Zahl liegt bei 40–60, was auch in der Literatur angegeben wird (Zacher, 1930; Zachariae, 1958). Unter optimalen Bedingungen kann ein Weibchen etwa 75 Eier ablegen (Menusan, 1934).

Behälter, Substrat und Einrichtung: In Gläser von ½–2 l Inhalt schüttet man 3–4 cm hoch die Bohnen, gibt den Ansatz Käfer dazu und schließt die Gläser mit dem passenden Deckel oder deckt sie mit Kunststoffgaze ab, gehalten von einem Gummiband. Den Deckel hat man fein (maximal 1 mm) gelöchert oder über eine große Öffnung Metallgaze (um 0,6 mm Maschenweite) geklebt oder gelötet. Zweilagiges Nylonstrumpf-Gewebe ist nur ein Notbehelf, denn die Käfer haben nach wenigen Tagen Löcher in das Strumpfgewebe genagt und entschlüpfen.

Futter: Die Larven fressen fast nichts anderes als Speisebohnen, und zwar deren Keimblätter, nicht die Keimlinge, einerlei ob sie in einer weißen, grünen, schwarzen, roten oder getüpfelten Schale stecken. Auch in Kichererbsen entwickeln sie sich zu 100 % (Herford, 1936). In anderen Hülsenfrüchten, wie Erbsen, Linsen, Sojabohnen, sind Erfolge mäßig oder bleiben aus. Die Bohnen sollten einen Wassergehalt von 10–12 % haben; die gekauften sind normalerweise trockener. Der erwünschte Wassergehalt stellt sich ein, wenn wir 850 g Bohnen mit 150 ml Wasser befeuchten, nachdem wir die Kerne zuvor bei 40–50 °C getrocknet haben, bis sich ihr Gewicht nicht mehr änderte (Wyninger, 1974). In der Praxis genügt es, 850 g Bohnenkerne mit 100–120 ml Wasser zu übergießen und darauf zu achten, daß sie gleichmäßig benetzt werden. Erst wenn sie äußerlich wieder trocken sind, kommen sie in das Zuchtglas.

Unter Bedingungen, wie sie die Speisebohnenkäfer an gelagerten Bohnen vorfinden, nehmen die Käfer keine Nahrung auf. Das erklärt ihre kurze Lebenszeit. Zachariae (1958) beobachtete Käfer im Freien, wie sie Nektar in solchen Blüten aufleckten, wo dieser für die Käfer zugänglich ist, und wie sie Stengel und noch grüne Hülsen von Bohnenpflanzen anschnitten und den austretenden Saft leckten. So ernährt lebten sie den Sommer über, bis die Weibchen ihre Eier in die reifenden, gelb gewordenen Hülsen legten. Diese Beobachtungen legen den Schluß nahe, daß beipielsweise Honigwasser die Käfer länger leben läßt. Das haben wir nicht untersucht, aber beobachtet, daß die Käfer Honigwasser sehr gern aufnehmen.

Zuchtbedingungen:

Licht: Die Zuchtgläser können im Dunkeln oder am Licht stehen. Stehen sie sehr hell, sind die Käfer besonders lebhaft und fliegen viel umher, vorzugsweise zum Licht.

Temperatur: Zwischen 20 und 28 °C vermehren sich die Käfer gut und relativ schnell, bei knapp 25 °C schlüpften die meisten Käfer (Menusan, 1936). Möglich ist die Vermehrung zwischen 17 und 31 °C (Menusan, 1934).

Feuchtigkeit: Auch wenn nach mehreren Untersuchungen (z. B. Menusan, 1934, 1936; Horber, 1950) das Optimum für die Entwicklung bei 80–90 % relativer Luft-

Abb. 49 Blick von der Seite in ein Zuchtglas des Speisebohnenkäfers.

feuchte liegt, wächst die Gefahr der Schimmelbildung mit jedem Prozent, so daß eine suboptimale Luftfeuchte von 50–70 % als die beste Lösung erscheint. Keinesfalls darf sich an den Bohnen Kondenswasser niederschlagen. Wachsen die Larven bei höherer Luftfeuchtigkeit heran, sind die Käfer größer als solche, die sich unter trockeneren Bedingungen entwickelt haben (Menusan, 1936). Unter 25 % sollte die Luftfeuchte nicht sinken.

Besondere Hinweise: Nach dem Anlegen der Zucht braucht man nur zu warten, bis die Käfer der nächsten Generation schlüpfen. In kleineren Bohnen können sich im Laufe der Zeit bis zu 15, in großen bis zu 30 Larven entwickeln. Sind die Bohnen schon vielfach gelöchert, füllt man neue dazu und teilt eventuell die Ansätze. Tote Käfer, feiner Kot und Schalenreste sammeln sich nach und nach an. Etwa 3 Wochen nachdem man keine lebenden Käfer mehr sieht, schüttet man den Inhalt in ein grobes Sieb, rüttelt mäßig, bis die Bohnen wieder sauber sind, und gibt sie in ein frisches Glas. Weniger Arbeit kann eine Zucht wirklich nicht machen!

Eine lebende Zucht riecht fruchtig süßlich, eine zugrunde gegangene muffig süßlich.

Schädlinge und Krankheiten: Die Zucht darf nicht verschimmeln, da dann Käfer und Larven eingehen. Es ist eine parasitierende Milbe bekannt, die Kugelbauchmilbe *Pediculoides ventricosus*. Mit diesen Milben besetzte Käfer gehen zugrunde, so daß bei starkem Befall eine Zucht ausstirbt. Wo diese Milbe auftritt, lautet unser Rat: Zucht vernichten. Denn die Milbe geht auch auf den Menschen über und ruft hier Hauterkrankungen hervor (Zacher, 1930).

Verfütterung: Im Gegensatz zu den anderen Käfern sind hier die Imagines die eigentlichen Futtertiere. An die Larven kämen wir ja nur, wenn wir die Bohnen vorsichtig aufbohrten oder aufschnitten. Die Käfer schüttet man ins Wasser oder in drosophiladichte Terrarien, da sie umherfliegen und an glatten Wänden hochlaufen, also nicht in einer Schale bleiben. Wie schon Pohlmann (1964) erwähnt, schätzen kleinere Frösche und Fische, die anfliegende Nahrung zu sich nehmen, die Käfer als Abwechslung. Das gilt auch für kleinere Echsen.

Schwierig ist es, einzelne Käfer aus dem Zuchtglas herauszufangen, da sie sich bei Berührung fallen lassen und zwischen den Bohnen immer tiefer rutschen, wenn man sie doch noch packen will. Deshalb schöpft man besser mit einem großen Löffel Bohnen mit Käfern in ein kleines Gefäß und stellt das für einige Stunden offen ins Terrarium. Braucht man die Käfer rein, z. B. für Fische, siebt man sie wie bei der Säuberung mit einem groben Sieb vorsichtig aus.

Vor- und Nachteile der Zucht:

Vorteile:

- minimaler Arbeitsaufwand

Nachteile:

- Schädling an Hülsenfrüchten. Daher Zucht weit entfernt von den häuslichen Vorräten betreiben, zumindest in einem anderen Zimmer
- Käfer sind schwierig herauszufangen

Rosenkäfer
(Pachnoda butana)

Beschreibung: Der kräftige Körper des westafrikanischen Rosenkäfers *Pachnoda butana* erscheint im Umriß kantig eiförmig, er ist 22–25 mm lang, 13–15 mm breit und etwa 9 mm dick. Die Käfer zeigen eine ansprechende Färbung in leuchtendem warmem Gelb und samtigem Braunrot. Ein gelber Rand umgibt das rotbraune Halsschild. Schildchen und Deckflügel bis zur halben Länge sind braunrot, nur an den äußeren Seiten reicht ein gelber Saum bis

an ihren vorderen Rand. Im hinteren Teil weisen die Deckflügel noch einen etwas verwaschen rotbraunen Fleck auf. Die Unterseite des Körpers ist glänzend schwarz. Männchen und Weibchen lassen sich an den Fühlern unterscheiden, das Männchen besitzt 7 blattartig verbreiterte Lamellen an den Fühlergliedern, das Weibchen nur 5.
Die weißen, kugelrunden Eier von 1,5–1,8 mm Durchmesser färben sich kurz vor dem Ende der Zeitigungsdauer hellbraun. Die Larven schlüpfen mit einer Länge von 3 mm und können bis zu 50 mm lang und 10 mm dick werden. Sie sehen wie Maikäfer-Engerlinge aus und sind schmutzig weiß gefärbt bis auf den rotbraunen Kopf, der kräftige Mundwerkzeuge trägt. Die Larven sind spärlich hellbraun behaart und weisen an den Flanken einen auffälligen Hautwulst auf. Ihre Fortbewegung auf glatten Flächen ist eigenartig: Die Larve rollt sich zusammen, dreht sich auf den Rücken und robbt davon.

Entwicklungszeiten: Die gesamte Entwicklungszeit beträgt 10–11 Wochen, eine für Rosenkäfer ungewöhnlich kurze Zeitspanne. Allerdings sind Temperaturen von

Abb. 50 Rosenkäfer *(Pachnoda butana)*. a) Larven, b) Käfer.

28–30 °C dafür Voraussetzung. Die Larven schlüpfen nach 10–14 Tagen aus den Eiern, haben nach 35–45 Tagen ihre volle Größe erreicht und verpuppen sich 2 Tage lang. Die Puppenruhe kann 10 Tage dauern, der geschlüpfte Käfer verbleibt 3 Tage im Kokon, bis seine Haut ausgehärtet ist. Geschlechtsreif sind die Käfer nach 4–6 Tagen und weitere 7 Tage später beginnen die Weibchen mit der Eiablage. Sie können bis zu 70 Eier ablegen, 8–12 Stück je Gelege. Die Männchen leben 6–8 Wochen, die Weibchen bis zu 5 Monate.
Selbst bei 18 °C pflanzen sich die Rosenkäfer noch fort, doch dauert die gesamte Entwicklungszeit dann über ein dreiviertel Jahr. Auch die Käfer leben entsprechend länger.

Behälter, Substrat und Einrichtung: Die Larven der Rosenkäfer leben im Erdboden, und die Käfer können gut fliegen. Wir brauchen also Zuchtbehälter von mindestens 40–50 cm Höhe mit Deckel, am besten große Plastik- oder Glasterrarien. Ein Behälter von 40 × 30 × 40 cm bietet etwa 200 Larven und 60–80 Käfern Platz.
Geheizt und beleuchtet wird der Behälter von außen: mit einer Glühbirne von oben, unter der sich die Käfer gern aufwärmen, und mit einem Vorschaltgerät, Heizkissen oder -matte von unten für die erforderliche Bodenwärme.
Als Bodengrund verwendet man eine Mischung aus Walderde, ungedüngtem Torf, Laub, Lehm und Sand zu gleichen Teilen. Will man sicher sein, keine Schädlinge oder ungebetenen Gäste einzuschleppen, empfiehlt sich ein Dämpfen des Substrats. Dazu breitet man es gut angefeuchtet auf einem Blech aus und erhitzt es im Backofen 15 Minuten lang auf 130 °C. Das Substrat füllt man etwa 25 cm hoch in den Zuchtbehälter ein. Für die Käfer legt man noch einige Äste oder eine Wurzel zum Klettern hinein; auch hier ist ein Überbrü-

hen gegen Schädlinge vor dem Gebrauch sinnvoll.

Futter: Rosenkäfer ernähren sich von pflanzlichen Teilen, hauptsächlich von Blüten aller Art sowie Rosen- und Brombeerblättern. In Gefangenschaft kann man sie ausschließlich mit süßem Obst füttern, wie Bananen, Birnen, Apfelsinen, Pfirsichen und Weintrauben. Die aufgeschnittenen Früchte legt man am besten in eine flache Schale und stellt diese auf die Erde. Apfelsinenscheiben kann man auf einen Ast spießen. Gleichmäßiger und produktiver vermehren sich die Käfer, wenn wir das Kunstfutter für Wachsmotten zufüttern.

Die Larven ernähren sich überwiegend vom Holz abgestorbener Laubbäume, zum Beispiel von Eichen, Buchen, Linden, Kastanien oder Weiden. Das Holz gräbt man in die Erde ein, ebenso Obst- und Karottenstücke, die sie außerdem verzehren. Auch durch das Erdreich fressen sie sich. Wir haben beobachtet, daß der Zusatz von Lehm oder lehmhaltiger Erde dem Wachstum der Larven förderlich ist.

Zuchtbedingungen

Licht: Die Käfer brauchen einen Tag-Nacht-Rhythmus. Mäßige Helligkeit am Tag genügt, da die Tiere hauptsächlich nachts aktiv sind. Eine Glühbirne als Lichtquelle ist am günstigsten; sie erwärmt gleichzeitig den Behälter. Eine 40-W-Birne reicht im allgemeinen aus.

Temperatur: Wie bereits erwähnt, ist für eine produktive Zucht eine Wärme von 28–30°C erforderlich. Die Bodentemperatur sollte aber 30°C nicht übersteigen, da die Larven höhere Temperaturen nicht vertragen. Ein Heizkissen von 25 W genügt wahrscheinlich für die empfohlenen Kästen. Bei Temperaturen unter 18°C vermehren sich die Rosenkäfer nicht mehr.

Feuchtigkeit: Die Erdmischung muß ständig feucht sein, ohne daß sich Wasser staut. Trocknet die Erde zu sehr aus, schlüpfen die Larven nicht aus den Eiern. Die Käfer übersprüht man alle 2–3 Tage. Auf der Erde sollte die Luftfeuchtigkeit 80–90% betragen.

Besondere Hinweise: *Pachnoda butana* wird erst seit etwa 1975 nachgezüchtet und hauptsächlich in Insektarien ausgestellt. Nur wenige Menschen züchten ihn als Futtertier, die meisten wohl, weil der Käfer so hübsch ausschaut.

Wenn man den Zuchtbehälter eingerichtet, angewärmt und Futter hineingestellt hat, kommen als Ansatz 30 Käfer, möglichst 10 Männchen und 20 Weibchen, dazu. Wer nicht darauf angewiesen ist, möglichst schnell Larven als Futtertiere zu haben, kann die Zucht auch nur mit 5–10 Tieren beginnen; der doch recht hohe Preis für die Käfer kann eine solche Entscheidung beeinflussen. Bald kann man vielleicht Paarungen beobachten, die in der Dunkelheit stattfinden.

Die Weibchen verschwinden dann einige Tage später in der Erde zur Eiablage. Die Eier werden bis auf den Boden des Behälters hinab abgelegt und mit einer schützenden Erdhülle umgeben, so daß man sie kaum findet; besser wühlt man daher nicht in der Erde.

In den nächsten 7 Wochen muß man nur alle 1–2 Tage füttern, regelmäßig Futterreste und die oberste Erdschicht mit dem Kot entfernen und Feuchtigkeit sowie Temperatur nachprüfen und regulieren. Beim Verpuppen fertigt sich die Larve aus Erd- und Sandteilchen mit Hilfe ihres Speichels einen Kokon an, den sie meistens am Boden oder an den Seitenteilen des Zuchtbehälters anheftet.

Schlüpft die erste Generation Käfer, ist zu überlegen, ob wir den Ansatz weiter vergrößern wollen. Dann richten wir ein neues Terrarium ein und setzen etwa die Hälfte der Käfer um. Andernfalls können wir beginnen, einen Teil der nun heranwachsenden Larven zu verfüttern. In einem Behälter von 50 × 35 × 50 cm kann man 80–120 Käfer halten, die sich so gut vermehren, daß wir 50–100 Larven pro Woche verfüttern können. Das ist zwar eine relativ geringe Menge, aber ein Waran von 50 cm Länge wird mit 10 großen Larven gut satt.

Ist der Behälter mit etwa 100 Käfern besetzt, muß man alle 3–4 Wochen die obere Bodenschicht 10 cm tief abnehmen und frische Erdmischung nachfüllen. Bevor man die alte Erde wegschüttet, sieht man sie nach Larven durch.

Etwa alle 6 Monate ist eine Generalreinigung nötig. Am einfachsten läßt sie sich durchführen, wenn man ein zweites Zuchtterrarium einrichten kann. Dann setzt man zunächst die Käfer um, die sich nicht ins Substrat eingewühlt haben. Vorsicht, wenn sie wie Maikäfer zu pumpen beginnen, fliegen sie kurz darauf ab! Nun nimmt man die Erdmischung schichtweise von oben her weg und liest die Käfer und Larven von Hand aus. Die Larven verziehen sich nach unten und sammeln sich dort. Die Kokons löst man vorsichtig mit einer Rasierklinge ab und bettet sie um. Die untere Erdschicht von etwa 15 cm Höhe bewahrt man noch auf, damit Eier und kleinste Larven nicht verlorengehen.

Hat man nur einen Zuchtbehälter, bringt man alle Tiere vorübergehend in einem Eimer oder ähnlichem unter, wäscht das Terrarium aus, richtet es neu ein und setzt die Bewohner wieder zurück.

Schädlinge und Krankheiten: Seit diese Rosenkäfer gezüchtet werden, sind Krankheiten noch nicht aufgetreten. Auch ein Absterben der Käfer oder Larven aus unbekannten Gründen haben wir bisher nicht festgestellt. Wie in jeder Insektenzucht können sich Milben einnisten. Sauberkeit und regelmäßiges Erneuern der Erdschicht sind die beste Vorbeugung.

Verfütterung: Die Larven verfüttert man am besten aus einer runden glatten Schale mit 2–3 cm hohem Rand, aus der sie nicht entweichen können. Auch mit der Pinzette oder – bei zahmen Tieren – aus der Hand kann man sie anbieten. Man sollte möglichst verhindern, daß sich die Larven in den Bodengrund einwühlen.

Bisher haben wir nur die Larven verfüttert – die Käfer sind einfach zu schön! Größeren Echsen, Kröten und Fröschen sind solche Engerlinge eine willkommene Bereicherung des Speisezettels. Auch viele Kleinsäuger, zum Beispiel Buschbabies und Plumploris, stürzen sich mit Begeisterung auf die nahrhaften Happen.

Im übrigen liegen recht wenige Erfahrungen vor, und sicher entdeckt noch manches Vivarientier seine Vorliebe für die Rosenkäfer, wenn wir sie nur anbieten.

Vor- und Nachteile der Zucht:

Vorteile:

- Mäßig hoher Arbeitsaufwand
- Große, fette Larven sind ein gutes Zusatzfutter
- Keine Geräusch- oder Geruchsbelästigung
- Gefahrlos in Wohnräumen zu züchten

Nachteile:

- Relativ großer Platzbedarf
- Kein universelles Futtertier, da die Vermehrungsrate zu niedrig ist

Fliegen (Dipteren)

Die Übersetzung des lateinischen Namens der Ordnung der Fliegen, nämlich Diptera = Zweiflügler, deutet auf ihr einheitliches Merkmal. Nur das vordere, häutige Flügelpaar ist vorhanden, das hintere ist zu zwei Schwingkölbchen (Halteren) umgebildet. Die rund 90000 Fliegenarten sind kleine bis kleinste Insekten, die uns gut bekannt sind. Zum einen sind es die Stechmücken, die gefährliche Krankheiten übertragen können, zum anderen Arten, wie Stuben-, Frucht- und Schmeißfliegen, die sich häufig in den Wohnungen einfinden. Aus vier Familien sind gute Futterfliegen bekannt: die Drosophilidae mit der Gattung *Drosophila,* die Muscidae mit *Fannia* und *Musca,* die Calliphoridae mit *Calliphora* und *Lucilia* sowie die Sarcophagidae mit *Sarcophaga.* Diese Fliegen weisen leckend-saugende Mundwerkzeuge auf. Sie können mit ihrem Speichel feste Teilchen auflösen und sie dann ebenso wie flüssige Nahrung aufsaugen. Imagines und Maden, die fußlosen Larven, ernähren sich teils von pflanzlicher, teils von tierischer Kost.

Kleine Essigfliege
(Drosophila melanogaster)
Große Essigfliege
(Drosophila funebris)
Große Flugunfähige Essigfliege
(Drosophila hydei)

Beschreibung:
Drosophila melanogaster wird 2–2,5 mm lang und 1 mm dick, sie sieht hellbraun aus mit glänzend gelbem oder rotbraunem Hinterleib. Der Hinterrand eines jeden Segments ist dunkelbraun; beim Männchen fallen die beiden letzten Segmente durch ihre schwarze Färbung auf, beim Weibchen ist nur das Endsegment schwarzbraun. Die Augen leuchten hellrot. Die beiden farblosen, 2 mm langen Flügel schillern je nach Beleuchtung vor allem bei paarungslustigen Männchen in allen Farben.
Aus 0,5 mm langen und 0,2 mm breiten weißlichen Eiern mit zwei fädigen Anhängen schlüpfen etwa ebenso große Larven, die unterbrochen von 3 Häutungen auf 5 mm Länge bei 1 mm Breite heranwachsen. Die reifen Maden legen sich außerhalb des Nährbodens irgendwo an, schrumpfen und verpuppen sich zu 3 mm langen Puppen, die sich während des Alterns von hellbraun bis kräftig rotbraun verfärben.
Dank ihrer schnellen Generationenfolge und ihrer Neigung zu Genänderungen (Mutationen), also erblich fixierten Abweichungen, ist die Essigfliege ein beliebtes Versuchstier in der Genetik. Als Futtertier ist die stummelflüglige *„vestigial"*-Form von Bedeutung.
Drosophila funebris wird größer, nämlich 3–3,5 mm lang mit ebenso langen Flügeln. Kopf und Rumpf sind mittel- bis dunkelbraun, die Augen dunkel weinrot, der Hinterleib erscheint unterseits hell braungelb und oberseits dunkelbraun, beim Männchen fast schwarzbraun, mit heller schmaler Bänderung auf dem Rücken am Vorderrand eines jeden Segments. Ein heller Rückenstreif längs der Körpermitte zieht über den Hinterleib. Das Weibchen ist nach wenigen Tagen Lebenszeit am prallen Leib gut zu erkennen.
Die 0,6 mm langen ovalen Eier tragen vier fädige Haftorgane. Die bis zu 6 mm langen, gut 1 mm breiten weißlichen Maden verpuppen sich zu 4 mm langen und etwa 1 mm dicken rötlichbraunen Puppen.
Bei *Drosophila hydei* sind das hervorstechendste Merkmal die großen leuchtend hellroten Augen. Die Größenangaben und Färbungen der Fliegen, Eier, Maden und Puppen stimmen mit denen von *D. funebris* recht gut überein. Die meisten Maden verpuppen sich an der Oberfläche des Substrats oder über ihm.
Für den Vivarianer ist diese Art interessant, da eine Form gezüchtet wird, die zwar beflügelt aber nicht flugfähig ist. Sie wird auch unter dem Namen Afghanische Obstfliege angeboten.
Entwicklungszeiten: Bei Zimmertemperatur von 20–22 °C entwickeln sich die Kleine und Große Essigfliege etwa gleich schnell.

Die Weibchen werden innerhalb der ersten 24 Stunden ihres Daseins als Imago begattet, danach nicht mehr. Ab dem dritten Tag legen sie Eier, bei guter Fütterung 300–350 innerhalb von 16 Tagen. Nach 1–2 Tagen schlüpfen die winzigen Maden, die sich nach 5–7 Tagen verpuppen. 4–6 Tage dauert dann noch die Puppenruhe, so daß nach 13–18, meist nach 15 Tagen, die nächste Fliegengeneration schlüpft. Die Lebensdauer der Fliegen beträgt 8–10 Wochen, etwa 4 Wochen lang legen sie Eier ab.
Bei gleicher Temperatur dauert der Zyklus bei *D. hydei* gut doppelt so lange, nämlich 34–40 Tage. Die geschlüpften Fliegen legen erst nach 11–13 Tagen ihre Eier ab, die Maden schlüpfen etwa 2 Tage später und brauchen 11–13 Tage zu ihrer Entwicklung. Nach weiteren 10–12 Tagen schlüpfen die Imagines. Diese Form ist ebenso fruchtbar wie die beiden anderen Arten; ein Weibchen legt durchschnittlich 22 Eier am Tag, etwa 6 Wochen lang von der 3. bis 8. Lebenswoche. Danach vermindert sich die Eiproduktion. Die Lebenserwartung beträgt bei 20–22 °C gut 10 Wochen.
Behälter, Nährboden und Einrichtung: Kleinere Gläser oder Plastikdosen von 8–12 cm Durchmesser und 12–20 cm Höhe sind für die Zucht der Essigfliegen am geeignetsten, wie Marmeladen-, Honig- oder Gurkengläser. Büchsen sind weniger günstig, da sie die Kontrolle der Larven erschweren. Große Gläser über 2 l Inhalt erwiesen sich als unhandlich. Beliebt sind die Laborgläschen aus Kunststoff von 10 cm Höhe und 5 cm Durchmesser mit Schaumstoffstopfen. Stein (1964) empfiehlt viereckige Plastikdosen, in die man seitlich im oberen Drittel in ein Loch ein Röhrchen einklebt. In den Deckel ist eine Öffnung geschnitten, die mit Stoff bespannt ist.
Als Bodengrund bringt man 1–2 cm hoch den Futterbrei für die Larven und Fliegen ein. Darüber füllt man das Glas locker auf mit weicher Holzwolle, Eierkarton-Abschnitten oder Papierstreifen als Ruheplatz für die Fliegen und zum Verpuppen der Maden, oder man stellt ein Plastikgitter ein (Schöpfel, 1978).
Verschlossen wird das Glas mit einem etwa 20 cm langen Stück Damenstrumpf, den man über das Glas zieht, mit zwei(!) Gummiringen festhält und einfach mehrere Male um sich selbst dreht (s. Abb. 51). Den Strumpf schneidet man vom Fußteil ab, da sich die engere Öffnung dem kleineren Glas besser anlegt.
Für flugunfähige Taufliegen eignet sich auch gut das früher allgemein empfohlene Verschließen mit einem Zellstoffbausch, Schaumstoff-Stopfen, Stückchen Stoff oder passendem Deckel mit Gazefleck oder Luftlöchern, vor allem bei kleinen Gläsern mit wenigen Tieren.
Futter: Solange man Essigfliegen züchten wird, solange gibt es immer wieder neue Rezepte für den Futterbrei. Man erhält mit den unterschiedlichsten Mischungen gute Ergebnisse, wenn man weiß, was Essigfliegen fressen. Sie ernähren sich nämlich von Hefepilzen, bestimmten Bakterien, z. B. Essigbakterien, Schimmelpilzen und den Produkten, die bei der Gärung von überreifem Obst entstehen. Am stärksten ist die Vermehrung in schwach saurem Substrat. Deshalb braucht man erstens Obst oder Zucker, zweitens Wein- oder Obstessig, drittens Back- oder Bierhefe und viertens ein Bindemittel, damit der Brei nicht zu feucht wird. Die Maden müssen ja atmen und können deshalb in einem ziemlich flüssigen Brei nur die oberste Schicht ausnützen. Nun zu den einzelnen Bestandteilen: Zu 1. Nimmt man nicht nur Zucker, ist Banane (zerdrückt) der Grundbestandteil, der das ganze Jahr über recht preiswert zu kaufen ist. Ebenso eignen sich beispielsweise Äpfel, Apfelbrei, Karotten, Kartoffeln, Birnen (geraspelt), alle Pflaumen-

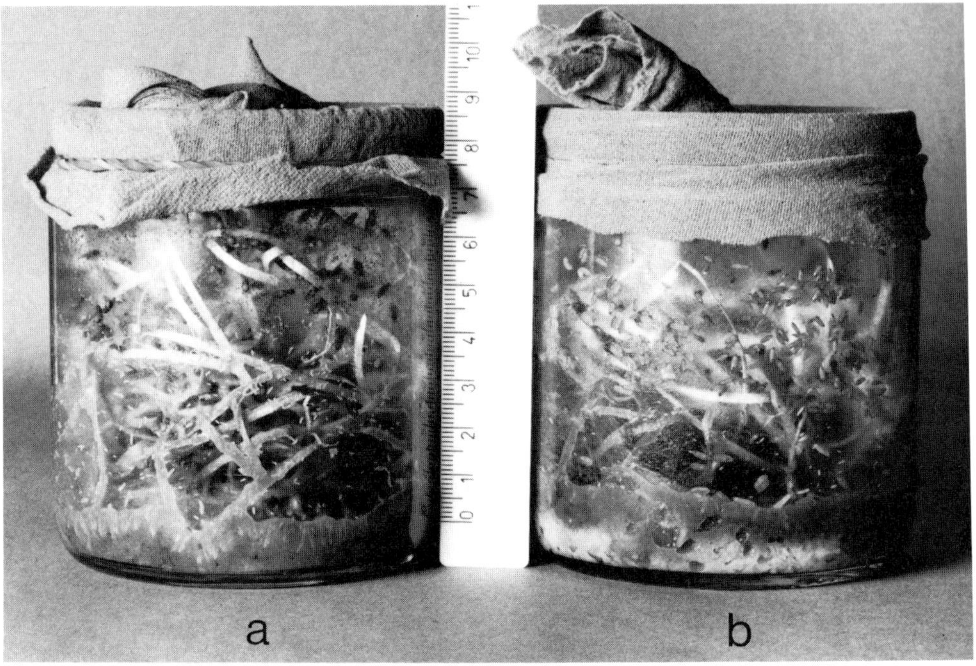

Abb. 51 Drosophila-Zuchtgläser. a) Große Fruchtfliege *(Drosophila funebris)*, b) Kleine Fruchtfliege *(Drosophila melanogaster)*.

sorten und Weintrauben (aufgeschnitten und zerdrückt). Das Obst soll vollreif, darf überreif (z. B. Kiwis), aber nicht faulig und schimmelig sein. Zu 2. Beide Essigarten eignen sich gleich gut. Zu 3. Bierhefe – sie ist im Reformhaus erhältlich – hat den Vorteil, daß sie bedeutend länger haltbar ist und der Brei nicht so stark aufgärt. Zu 4. Als Bindemittel kann man Semmelbrösel, Grieß, Watte, Torf (Körber, 1984), Getreideschrot, Haferflocken oder Kleie verwenden. Die beiden zuletzt genannten Materialien neigen am meisten zu Schimmelbildung. Nipagin, das man in der Apotheke kaufen kann, verhindert eine Schimmelbildung. Allerdings ist noch nicht geklärt, ob Taufliegen, die Nipagin enthalten, die Entwicklung von jungen Echsen und Fröschen negativ beeinflussen. Betreibt man die Zucht überlegt, kommt man ohne Nipagin aus. Ein Zusatz von etwas Vitaminlösung und Mineralstoffpulver ist vorteilhaft. Milchpulver oder Milch-Fertigbrei als Zugabe bewirken, daß der alte, ausgelaugte Brei sehr unangenehm riecht.

Der Brei soll halbsteif sein. Was ist darunter zu verstehen? Steht die Mischung etwa eine Stunde, darf sich keine Flüssigkeit abgesetzt haben. Mit der Zeit bekommt man das Gefühl für die richtige Beschaffenheit. Wird der Brei nach einigen Tagen zu trokken, feuchtet man ihn mit etwas Essigwasser wieder an.

In manchen Rezepten liest man, alle Zutaten außer Hefe und Vitaminzusatz seien aufzukochen. Dieser Arbeitsaufwand ist jedoch unnötig und bringt keine Vorteile. Unsere Zucht soll ja möglichst wenig Zeit beanspruchen! Hier noch zwei Rezepte, wobei wir das eigene, zuerst genannte Rezept, das der natürlichen Nahrung am nächsten kommt, nach langjähriger Zucht ohne Ausfälle uneingeschränkt empfehlen können. Ein weiteres Plus ist der hohe Ertrag: in 120 ml Futterbrei wachsen beispielsweise etwa 65 ml Fliegen der *D. hydei* heran.

½ Banane
½ Apfel
1 kleine Karotte
1 Teel. Bierhefe
½–1 Eßl. Essig
2 Eßl. Semmelbrösel oder Getreideschrot
1 Prise Korvimin ZVT
(für zwei Gurkengläser)

1 kleine rohe Kartoffel
1 kleiner Apfel oder entsprechend viel Obstabfall
1 Teel. Zucker
1 Teel. Leinöl
3 g Backhefe
1 Eßl. Haferflocken
1 Messerspitze Salz
50–100 cm^3 Milch
(nach Nestler, 1960)

Ganz neu ist das *Drosophila*-Instant-Futtermehl. Es enthält Zellulose, Apfelmehl, Sojamehl, Mineralstoffe, Spurenelemente, Vitamine, Aminosäuren, Nipagin, Paprikamehl und β-Carotin. Die Zusammensetzung ist so gewählt, daß sich nicht nur die Fliegen gut entwickeln, sondern auch die damit gefütterten Frösche oder jungen Echsen noch alle Stoffe für ein optimales Wachstum aufnehmen. Das Futtermehl rührt man volumengleich mit kaltem Wasser an, läßt 10 Minuten quellen, rührt um und füllt die Masse 3–4 cm hoch in die Gläser.

Eine andere Futtermischung für Taufliegen besteht aus Agar-Agar als Grundlage, einer Substanz, die aus Rot- und Blaualgen gewonnen wird und in Verbindung mit heißer Flüssigkeit stark quillt und gallertig erstarrt. (Agar-Agar ist in Apotheken, Drogerien und Reformhäusern erhältlich.) Lilge und van Meeuwen (1979) geben folgende Zubereitung an:

10 g Agar-Agar in 700 ml heißem Wasser auflösen; 60 g Rohrzucker (der übliche Haushaltszucker), 120 g Maizena und 10 g Hefe in 160 ml Wasser auflösen, beide Lösungen zusammen kurz aufkochen, warm und flüssig 1 cm hoch in Zuchtgläser abfüllen.

Vorteilhaft ist, daß das erkaltete Substrat fest mit dem Glas verbunden bleibt und man das Futter auf Vorrat zubereiten kann. Die mit Alufolie abgedeckten Gläser bewahrt man in der Tiefkühltruhe auf. Unangenehm ist der Geruch bei der Herstellung. Zubereitung nach Stettler (1979):

Man kocht 300 ml Wasser mit 2 g Agar-Agar, fügt 20 g Zucker und 40 g Maisgrieß zu, läßt die Mischung aufkochen und füllt sie in ein Einmachglas von 0,5 l Inhalt. Dann löst man 10 g Backhefe in etwas Wasser auf und gießt sie auf das Substrat. Eine halbe Zitrone oder anderes Obst fördert die Zucht.

Weitere Rezepte nennen Mußler (1982), Vergossen (1985), Kofahl (1987), Suttner (1990) und Stute (1991) im Rahmen ausführlicher Zuchtanleitungen und der Schilderung ihrer Erfahrungen.

Zuchtbedingungen:

Licht: Etwas Tageslicht oder künstliches Licht brauchen *Drosophila*-Arten.

Wärme: Sehr gute Ergebnisse lassen sich bei 20–23 °C erzielen. Das ist die ideale Temperatur für *D. hydei,* die die Eiablage bei über 25 °C einstellt (nach Siepe, mündl. Mitteilung). Bei 24–26 °C ist die Entwicklungszeit der anderen Arten am kürzesten.

Feuchtigkeit: Der Futterbrei darf nicht austrocknen; ein günstiges Klima stellt sich dann von selbst ein. Schlägt sich an den

Glaswänden Wasser nieder, bleiben *D. hydei* mit ihren Flügeln leicht hängen und können sich nicht mehr befreien. 80–90 % relativer Luftfeuchte sind nach Wyniger (1974) optimal.

Besondere Hinweise: *Kleine Zucht:* Drei bis vier Gläser braucht man auch bei kleinstem Bedarf an *Drosophila*, wenn man ständig Fliegen oder Maden verfüttern möchte. Ein helles Plätzchen, an dem Zimmertemperatur herrscht, findet sich überall für sie. Die beiden großen Essigfliegen lassen sich ergiebig und kontinuierlich nur in Gläsern ab ½ l Inhalt züchten; in den Laborgläschen beispielsweise ist es sehr schwierig, die Zucht im Gleichgewicht zu halten.

Das erste Zuchtglas richtet man fertig ein, ehe die Fliegen hineinkommen, etwa 50 Stück für ein Laborgläschen und 300 Stück für ein 750-ml-Glas. Nach einer Woche haben diese so viele Eier abgelegt, daß man sie in ein frisches Glas umsetzt. Bleiben sie länger im ersten Glas, finden die sich später entwickelnden Maden nicht genügend Nahrung und sterben ab, wenn man nicht zufüttert. Im zweiten Glas läßt man die Fliegen wiederum acht Tage und verfüttert sie dann, falls man nicht den Ansatz weiter vergrößern will und sie in ein drittes Glas umsetzt. Im ersten Behälter sind inzwischen neue Fliegen geschlüpft, die in dem ausgefressenen Brei nichts mehr finden. Deshalb überführt man sie in ein vorbereitetes Glas, läßt sie einige Tage lang volle Bäuche bekommen und fängt dann an, sie zu verfüttern (es schlüpfen ja viel mehr Tiere als wir zur Weiterzucht brauchen!). Nach drei Wochen spülen wir das erste Ansatzgefäß – die Zucht läuft! Bei *D. hydei* dauert der Zyklus doppelt so lange.

Vielleicht erscheint es pedantisch, einen so genauen „Fahrplan" einzuhalten. Es ist aber der sicherste Weg, gleichmäßig Essigfliegen in bestem Zustand zu erhalten.

Vor allem bei *D. hydei* mit ihrer langen Entwicklungszeit empfiehlt es sich, die Gläser zunächst mit Fliegen kräftig überzubesetzen. Die vielen Fliegen saugen an der ganzen Oberfläche des Breies und lassen dadurch keinen Schimmel entstehen, der sich nämlich hauptsächlich dort bildet, wo der Brei ruhig steht. Haben die vielen Fliegen für so viel Nachwuchs gesorgt, daß nicht alle Maden in der verfügbaren Menge Brei groß werden – wir erkennen das daran, daß bereits kleine Maden am Glas hochkriechen –, verteilen wir den mit Maden durchsetzten Brei auf mehrere Gläser (nachdem wir die Fliegen entfernt haben) und füttern Obstbrei zu. Auch erwies sich diese Form als besonders empfindlich bei Nahrungsmangel. Fressen viele Maden im bereits ausgelaugten Brei, kann es vorkommen, daß sämtliche Fliegen von einem Tag auf den anderen sterben, wenn man sie nicht rechtzeitig umsetzt.

Viele scheuen sich, die flugfähigen Taufliegen zu züchten, da sie fürchten, bald in der ganzen Wohnung Essigfliegen zu finden. Ein offenes Gefäß mit Futterbrei zieht die Essigfliegen jedoch unwiderstehlich an; mit etwas Geduld bekommt man die Ausreißer bequem unter Kontrolle. Mit einiger Sorgfalt und Übung lassen sich die Fliegen jedoch ohne Schwierigkeit umsetzen.

Verwendet man einen Damenstrumpf als Verschluß, wickelt man ihn bis auf die letzten 1–2 Umdrehungen auf. Dann setzt man ein Glas an, dessen Öffnung man mit der Fläche, die die 4 Finger ohne den Daumen bilden, dicht zuhalten kann. Nun hält man das Zuchtglas in der einen Hand und das Umsetzglas mit dem vollends aufgedrehten Strumpftunnel in der anderen so, daß die Fliegen, die von hellem Licht angezogen werden, unterstützt durch etwas Schütteln auffliegen und sich im Umsetzglas sammeln. Man stellt nun das Zuchtglas ab, versperrt gleichzeitig mit dem Strumpf den

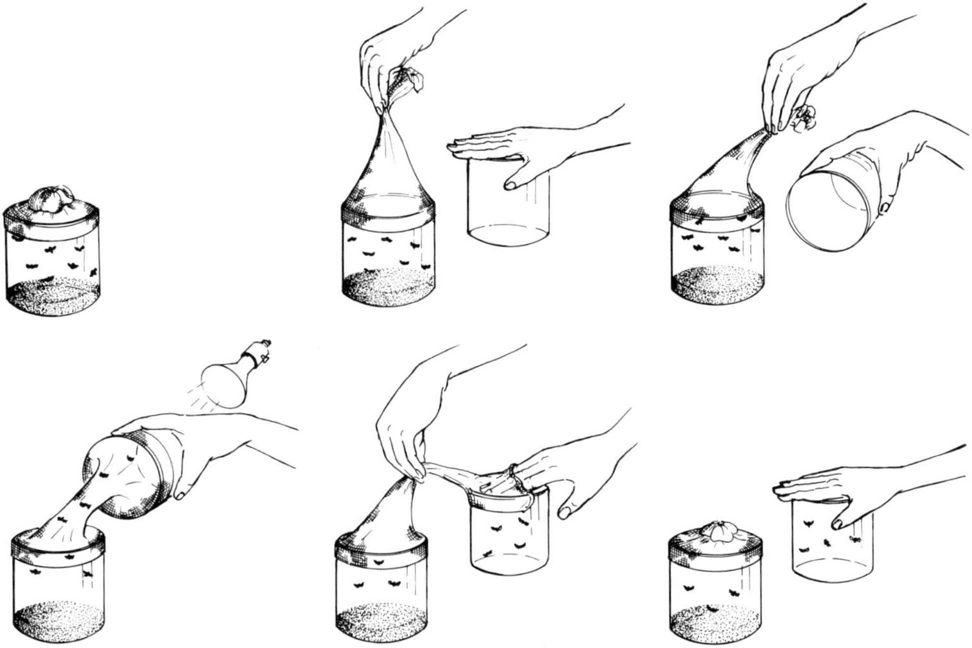

Abb. 52 Das Umsetzen von Fliegen.

Fliegen den Rückzug, schüttelt sie kräftig durch, so daß man Zeit hat, den Strumpf abzustreifen und das Glas mit der Hand schnell abzudecken. Sollen die Fliegen in ein neues Zuchtgefäß, schiebt man die Strumpföffnung über die Hand mit dem Glas, schüttelt wieder, zieht die Hand weg, kippt das Glas, klopft die Fliegen ins Zuchtgefäß, nimmt das Glas weg und dreht den Strumpf unter Abklopfen wieder zu (vgl. dazu Abb. 52). Wichtig ist es, daß der Strumpf den Gläsern möglichst eng anliegt und lang genug ist, damit man ihn beim Hantieren nicht mitsamt den Gummiringen wegzieht – was ganz bestimmt doch einmal passiert! Bei der Methode nach Stein (1964) stellt man die Dose in einen passenden Kasten aus schwarzem Karton, der nur dort ein Loch besitzt, wo der Stopfenverschluß der Dose herausragt. Hier setzt man ein genau passendes Röhrchen an, in das die Taufliegen, die ja dem Licht zustreben, hineinkrabbeln. Mit solch einem Verbindungsstutzen ist auch das Beschicken einer neuen Dose problemlos.

Bindet man das Zuchtglas mit einem Stofflappen zu, wie es früher empfohlen wurde, oder schließt es mit einem Stopfen aus Zellstoff ab, ist es viel schwieriger, den Verschluß abzunehmen und ein Glas aufzusetzen, das den gleichen Öffnungsdurchmesser haben muß. Am besten bringt man das Zuchtgefäß vorher einige Zeit im Kühlschrank unter oder schüttelt es kräftig durch (man muß dann aber sehr rasch arbeiten!). Befinden sich genügend *Drosophila* im oberen Glas, schiebt man zwei Stückchen Pappe dazwischen, nimmt das Umsetzglas mit dem einen Stück Pappe ab und versorgt die Tiere weiter.

Züchtet man die flugunfähigen Essigfliegen, ist ein Stopfenverschluß allerdings recht praktisch. Man schüttelt die Tiere einfach um – ins neue Zuchtglas, in ein Gläschen mit Kalkpulver, ins Terrarium oder Aquarium. Je steiler man das Gefäß dabei hält, um so leichter fällt aber auch der ganze Futterbrei heraus. Deshalb beobachtet man den Inhalt und stützt ihn notfalls mit einer Gabel oder ähnlichem. Nur die Gläser mit Agar-Agar-Futterbrei kann man unbesorgt schütteln und umdrehen. Bei größeren Gefäßen und starkem Besatz an Fliegen bietet der Strumpfverschluß auch hier mehr Vorteile, da man in das Glas hineingreifen kann.

Hält man mehrere Formen der Essigfliegen, sollte man darauf achten, daß sie getrennt bleiben. Diejenigen, die sich schneller entwickeln, verdrängen die langsameren.

Große Zucht: Auch eine umfangreiche Zucht spielt sich ähnlich ab wie eine kleine. Natürlich beschickt man mehr Gläser. Da es lästig werden kann, bei 10, 20 oder noch mehr Gefäßen den Strumpfschlauch auf- und zudrehen zu müssen, stellt man einige zusammen in einen größeren Behälter. Dafür eignet sich zum Beispiel ein Glas- oder Kunststoffaquarium mit Deckel und seitlicher Bedienungstür, die der Lichtquelle abgewandt ist, oder besser mit Gazetunnel. Das Gewebe klebt man innen fest, damit sich die Fliegen nicht zwischen Rand und Stoff sammeln und zerdrückt werden, wenn man das Gewebe strammzieht. Will man Fliegen entnehmen, gibt es zwei Möglichkeiten. Man kann in den Behälter greifen, auf ein Glas einen Deckel oder einen mit Stopfen verschlossenen Trichter passender Größe aufsetzen und zusammen vorsichtig herausnehmen. Nun entläßt man die Fliegen sogleich ins Terrarium oder in ein Gläschen, wo man sie je nach Verwendung in Wasser oder Kalkpulver durchschüttelt. Dann stellt man das Glas wieder in den Zuchtbehälter zurück. Oder man versieht den Deckel mit einer Öffnung, die gewöhnlich mit einem Schieber verschlossen ist und auf die man so lange ein passendes Glas setzt, bis sich genügend Fliegen darin gesammelt haben. Eine Lampe über dem Behälter lockt die Fliegen schneller an.

Stettler (1979) gibt die Anleitung für den Bau eines großen Zuchtkastens nach Nigg.

Schädlinge und Krankheiten: Hier sind die allgegenwärtigen Milben und die Essigälchen zu nennen, die am Futterbrei schmarotzen. Saubere Zuchtgefäße und regelmäßiges rechtzeitiges Umsetzen in ein neues Glas halten sie in Schach und vertreiben sie schließlich.

Das Auftreten von Schimmel kann Zuchten gefährden, wenn sich auf dem Nährbrei ein dichter Schimmelrasen ausbreitet, bevor genügend Larven den Futterbrei durchfressen.

Verfütterung: Grundsätzlich verfüttert man nur Fliegen mit prallen Bäuchen. *D. melanogaster* und *D. funebris* brauchen dazu 3–4 Tage, *D. hydei* 5–8 Tage.

Als Fischfutter, vor allem für Oberflächenfische, werden *Drosophila* leider noch nicht genügend verwendet, obwohl dies schon vor vielen Jahren empfohlen wurde. Hier ist die stummelflüglige Form der Kleinen Essigfliege ideal. Die beflügelten Tiere schüttelt man kräftig mit Wasser durch, so daß sie mit den benetzten Flügeln nicht mehr auffliegen können. An einer Stelle, an der sie sich nicht unmittelbar auf Schwimmpflanzen retten können, füttert man jeweils kleine Mengen. Wer ganz sicher gehen will, friert sie durch. Nur geht dann der Anreiz verloren, den lebendes Futter ausübt.

Kleinen Fröschen und Echsen bietet man je nach Bedarf die Großen oder Kleinen Essigfliegen. Das Terrarium sollte so gebaut sein, daß die Fliegen keinen Durchschlupf finden. Die stummelflüglige Form und *D. hydei* haben auch als Futter für Terrarientiere den Vorteil, daß sie sich bequem handhaben lassen.

Es wird oft empfohlen, ein *Drosophila*-Glas einfach in das Terrarium zu stellen, damit sich die Insassen selbst bedienen. Wenn dies nicht zur Regel wird, ist es durchaus praktisch. Nur gerade bei frisch verwandelten Amphibien und jungen Echsen entsteht zu schnell Rachitis infolge Kalkmangels. Es lohnt also die Mühe, immer kleine Mengen zu verfüttern und vorher in Kalkpulver durchzuschütteln.

Will man die Maden an Vivarientiere verfüttern, stellt man eine Schale mit gut besetztem Brei ins Terrarium. Die Tiere pikken sich die Maden heraus, die an der Oberfläche herumkriechen. Janssen (1986) gibt folgende Anregung, damit junge Salamander nicht am Brei festkleben, einsinken und zugrunde gehen: Ein Gläschen oder Plastikröhrchen von 5 cm Durchmesser füllt man beinahe randvoll mit Madenbrei, dem man noch Vitamine zugesetzt hat. Mit einem Stückchen Nylonstrumpf und Gummiring verschließt man das Röhrchen und legt es ins Terrarium, immer an dieselbe Stelle. Auf der Suche nach einem Platz zum Verpuppen kriechen die Maden durch das Gewebe und sind für die kleinen Salamander gefahrlos zu erreichen. Sie lernen den Futterspender bald kennen und gebrauchen.

Für Fische braucht man die Larven rein, ohne jegliche Substratreste, deshalb treibt man sie durch Wärme aus dem Brei. Je nach der benötigten Menge stellt man das ganze Zuchtglas, in dem keine Fliegen mehr sind, auf eine mäßig heiße Herdplatte (nach Fritz, 1967 sollte man dabei für 1 Sekunde lang den Finger auf die Platte legen können) oder entnimmt einen Teil des Breies. Mit einem Pinsel, Spachtel oder flachen Eislöffelchen schöpft man die Maden vorsichtig ab, die sich nach etwa 5 Minuten am Glasrand und auf dem Brei sammeln.

Obstfliegen sind unentbehrlich als Aufzuchtfutter für frisch verwandelte Frösche, für kleinere insbesondere tags aktive Echsen, wie *Anolis*, Taggeckos und Chamäleons. Oberflächenfische, wie Schmetterlingsfische, Beilbauchfische und viele Eierlegende Zahnkarpfen sowie junge Spinnen und Gottesanbeterinnen unter den wirbellosen Tieren schätzen sie ebenso. Kolibris und Nektarvögel brauchen unbedingt Obstfliegen als Nahrungsbestandteil, Sonnenvögel und verschiedene Finkenvögel fressen sie sehr gern.

Vor- und Nachteile der Zucht:

Vorteile:

- *Drosophila* lassen sich bei Zimmertemperatur in Mengen züchten
- Wenig Geruchsbelästigung bei rechtzeitigem Wechsel der Zuchtgläser
- Benötigen wenig Platz und nur etwa einmal wöchentlich Pflegearbeit

Nachteil:

- Entflogene Tiere werden in der Wohnung lästig

Stubenfliege
(Musca domestica)
Kleine Stubenfliege
(Fannia canicularis)
Schmeißfliege
(Calliphora erythrocephala)
Goldfliege
(Lucilia caesar)
Fleischfliege
(Sarcophaga spec.*)*

Beschreibung: Die Geschlechter aller Fliegen lassen sich außer am Hinterleib, der beim Weibchen dicker und meist heller er-

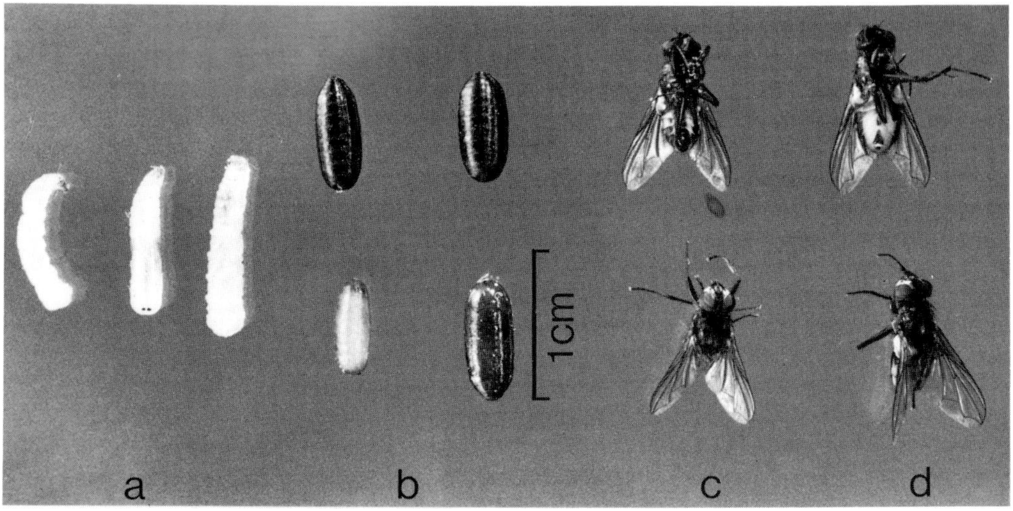

Abb. 53 Stubenfliege *(Musca domestica)*. a) Maden, b) Puppen, c) Männchen, d) Weibchen.

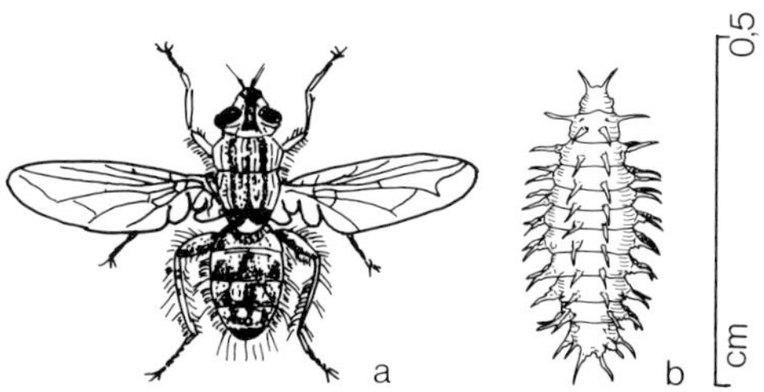

Abb. 54 Kleine Stubenfliege *(Fannia canicularis)*. a) Fliege, b) Made.

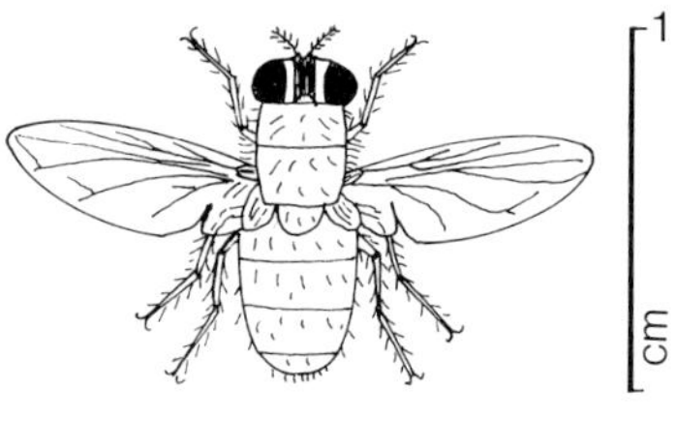

Abb. 55 Goldfliege *(Lucilia caesar)*.

scheint, an der Stirn unterscheiden: Die Augen der Männchen stehen näher beieinander, die Stirn ist somit schmaler als die der Weibchen.

Die Maden aller hier besprochenen Fliegenarten, außer von *Fannia,* sind drehrunde, nach vorn zugespitzte weißliche Larven. Ein eigentlicher Kopf ist nicht zu erkennen. Die Mundwerkzeuge sind merkwürdig gestaltet, sie bestehen aus einigen Haken, die die Nahrung nicht zerkauen können. Die Larven sondern daher eiweißverdauende Fermente ab, sie verflüssigen die Nahrung, um sie auf diese Weise aufzunehmen.

Musca domestica: Die Stubenfliege wird etwa 6–8 mm lang und ist grau gefärbt, mit vier dunklen Längsstreifen auf der Brustoberseite und gelbbraunen Flecken auf dem vorderen Teil des Hinterleibrückens. Die Unterseite des Hinterleibs ist beim Männchen hellgrau, beim Weibchen gelblich gefärbt. Dunkle Flecken verlaufen an den Seiten und in der Mitte längs des Abdomens. Am Ende jedes Fußes sitzt ein

Paar dicke Haftballen, die mit lauter feinen Härchen besetzt sind. Sie sind stets feucht, so daß die Fliegen an glatten Flächen sogar kopfüber einen Halt finden. Fast der gesamte Körper der Stubenfliege ist behaart.

Die stäbchenförmigen, milchig-weißen Eier sind etwa 1 mm lang, ebenso die schlüpfenden weißen, drehrunden Maden. Sie wachsen bis zu einer Länge von 9–11 mm heran. Die durchschnittlich 6,3 mm lange und 2,5 mm dicke Tönnchen-Puppe verfärbt sich im Laufe der Reifezeit von hellbraun über mittelbraun bis dunkel rotbraun.

Dr. Dieter Bretz, Basel, hat vor einigen Jahren in der Universität Pavia (bei Mailand) eine Mutante der Stubenfliege entdeckt, die zweimal mutiert ist: die Tiere sind nahezu blind und können mit ihren aufgerollten Flügeln nicht fliegen. Herr Bretz hat sie rückgekreuzt, da sie so gut wie unfruchtbar waren, und als „Terfly" in den Handel gebracht. Gelegentlich liest man auch die Bezeichnung „flugunfähige afrikanische Hausfliege".

Fannia canicularis: Die Kleine Stubenfliege oder Hundstagsfliege ist mit 4–5 mm Länge eine verkleinerte Ausgabe der Stubenfliege. Im Sommer ist sie regelmäßiger Gast in den Wohnungen. Dort zieht sie unermüdlich ihre Kreise um die Deckenlampen anstelle der Baumkronen, die sie im Freien umschwirrt.

Aus den glasigen, etwa 0,7 mm langen, flachen Eiern schlüpfen merkwürdig gestaltete Maden (Abb. 54b). Sie sind schmutzig gelb gefärbt; der abgeplattete Körper trägt an den Seiten und auf dem Rücken Reihen von dornigen Fortsätzen. Bis zu einer Größe von 5 mm wächst die Made heran, dann verpuppt sie sich. Die 4 mm lange Puppe unterscheidet sich von der Made nur dadurch, daß sie sich nicht bewegt, etwas kürzere Anhänge aufweist und sich dunkelbraun bis schwarz verfärbt.

Calliphora erythrocephala: Die massige, 10–14 mm lange Schmeißfliege mit stahlblau schimmerndem Hinterleib und roten, schwarz behaarten Backen dürfte wohl jedermann bekannt sein, denn die ersten warmen Frühlingstage nützen die Brummer zu einem Sonnenbad an den Hauswänden. Ein Weibchen kann mit Hilfe seiner teleskopartig ausfahrbaren Legeröhre Pakete von 10–15 Eiern absetzen, insgesamt etwa 300 Stück. Aus den ungefähr 1,2 mm langen weißen Eiern schlüpfen fast ebenso große Maden. Mit einer Länge von etwa 15–16 mm verwandeln sie sich in etwa 14 mm lange Puppen.

Lucilia caesar: Die Goldfliege erreicht eine Körperlänge von 8–12 mm. Brust und Hinterleib glänzen grün bis purpurn und wirken wie mit Goldstaub überzogen. Ihre etwa 1 mm langen Eier legt sie in Fleisch ab, mit Vorliebe auch in offene Wunden. Die Maden fressen dort das verletzte Gewebe. Dabei, so verwunderlich das klingt, sind sie dennoch recht nützlich. Sie verhindern nämlich, daß in der Wunde Infektionen auftreten oder dämmen bereits vorhandene ein. Schon im 16. Jahrhundert entdeckte man die reinigende Wirkung der Maden. Aber erst in den dreißiger Jahren dieses Jahrhunderts hatte man dafür eine Erklärung. Als hauptsächlichen Grund erkannte man, daß durch gewisse biochemische Prozesse eine Vielzahl von Bakterien abgetötet wird. Außer den Maden der Goldfliege zeigen noch einige andere Arten diese Fähigkeit.

Die 16–17 mm langen Maden (Pinkies) verpuppen sich zu 10–11 mm großen Puppen.

Sarcophaga spec.: Leider hatten wir die Fleischfliegen-Art nicht bestimmen lassen, die wir vor einigen Jahren gezüchtet haben, und die die Grundlage dieser Zuchtbeschreibung bildet. Nur der Spezialist kennt die Arten auseinander, da sie sich sehr ähnlich sehen. Die Larven leben teils als Parasiten, zum Beispiel *Sarcophaga carnaria* in Regenwürmern, teils an Aas oder Kot.

Fleischfliegen sind mit etwa 15–18 mm Körperlänge die stattlichsten der hier besprochenen Fliegen. Der Rücken der Brust ist hellgrau und schwarz längsgestreift; der Hinterleib trägt schachbrettartig angeordnete hell- und dunkelgraue Flecken. Die Augen sind zielgelrot gefärbt.

Die Fleischfliege bringt lebende Larven zur Welt, das heißt, die etwa 1,4 mm großen Maden schlüpfen bereits im Mutterleib aus dem Ei. Die Maden wachsen bis zu einer Länge von etwa 20 mm heran; die Puppe ist ungefähr 15–16 mm lang.

Entwicklungszeiten: Die Entwicklungszeiten der Fliegen werden hauptsächlich von der Dauer des Larvenstadiums bestimmt. Das hängt nicht nur von der Temperatur ab, sondern auch von der Nahrung, so daß die Werte stark schwanken können.

Musca domestica: Die Stubenfliege wird 2–3 Tage nach dem Schlüpfen geschlechtsreif. Sie kann etwa 30 Tage alt werden, bei kühlen Temperaturen sogar 3 Monate; im Zuchtbehälter stirbt sie meist nach etwa 3 Wochen. In dieser Zeit legte ein Weibchen 800–1500 Eier ab, in Schüben von etwa 100 Stück. Die Terflies sind mit etwa 500 Eiern deutlich weniger produktiv (de Batist, 1991). Die Larven schlüpfen nach 1–3 Tagen, verpuppen sich nach 8–10 Tagen und

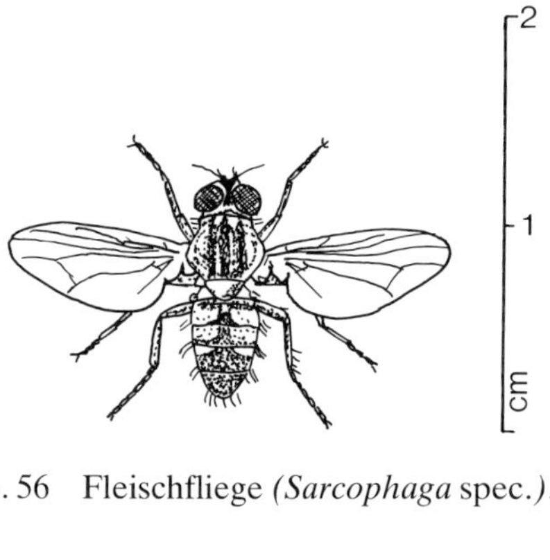

Abb. 56 Fleischfliege (*Sarcophaga* spec.).

ruhen dann 6–8 Tage, bis die Fliegen schlüpfen. Die kürzeren Zeiten gelten für eine Temperatur von 24–25 °C, die längeren für etwa 20 °C. Nach 15–23 Tagen kann man also eine neue Generation erwarten.

Fannia canicularis: Nach 5–8 Tagen paaren sich die Kleinen Stubenfliegen; ihre Lebenserwartung beträgt unter günstigen Bedingungen 30–35 Tage. In dieser Zeit kann sie bis zu 400 Eier ablegen. Die Maden schlüpfen nach 1–2 Tagen, sie verpuppen sich nach 10–12 Tagen. Ungefähr 10 Tage später schlüpfen dann die Fliegen.

Calliphora erythrocephala: Die Gesamtentwicklung der Schmeißfliege dauert etwa 1 Monat. Die Tiere sind nach 5–6 Tagen geschlechtsreif, 4–5 Tage nach der Paarung legen sie ihre ersten Eier ab. Die Maden, die nach 1–2 Tagen aus den Eiern schlüpfen, verpuppen sich meist 10–12 Tage später. Nach 8–12 Tagen Puppenruhe schlüpfen die Fliegen.

Lucilia caesar: Besonders eilig mit ihrer Entwicklung haben es die Goldfliegen. Am 2. Lebenstag paaren sie sich, am 3. Tag legt das Weibchen die ersten Eier. Die Maden kriechen oft noch am gleichen Tag aus den Eiern; bei guter Ernährung verpuppen sie sich nach 6–7 Tagen. Die Puppenruhe beträgt 5–6 Tage. Nach 11–14 Tagen lebt bereits eine neue Generation! Die Zucht entwickelt sich am günstigsten bei 24–26 °C. Im Laufe ihres 3–4wöchigen Lebens legt die Goldfliege bis zu 1000 Eier ab.

Sarcophaga spec.: Die Weibchen der Fleischfliege bringen 2–3 Tage nach der Paarung die ersten Maden zur Welt. Sie verpuppen sich nach 8–10 Tagen; 6–8 Tage später schlüpfen dann die Fliegen. Man muß demnach mit 14–18 Tagen Entwicklungszeit rechnen. Mit einer Geburt bringen die Weibchen 15–20 Larven hervor, etwa 600–1200 innerhalb von 6 Wochen.

Behälter, Substrat und Einrichtung: Fliegen brauchen für ihr Wohlbefinden einen

Behälter, durch den Licht einfallen kann und in dem sie hin- und herfliegen können. Deshalb sollte er auch für eine nur geringe Anzahl von Tieren ein Volumen von mindestens 3 l, für die größeren Arten von 5–6 l aufweisen und wenigstens teilweise aus Glas, Plexiglas, durchsichtigem Kunststoff oder Gaze bestehen.

Will man nur kleine Mengen Fliegen züchten, kann man zum Beispiel große Gurkengläser oder Einmachgläser verwenden, über die man einen elastischen Nylonstrumpf als Schleuse und Verschluß zieht. Als nächste Stufe eignen sich mittelgroße Plastikaquarien (7–15 l), die man hochkant auf eine Seitenfläche stellt. Über ihre Öffnung spannt man den Höschenteil einer einer Strumpfhose; die Strümpfe schneidet man bei halber Länge ab, sie dienen als Schleuse. Für eine große Zucht sind solche Gläser und Aquarien selbstverständlich zu klein. Hierfür hatten wir Zucht- und Schlupfkästen aus PVC entworfen, die leider im Handel nicht mehr erhältlich sind. Ulrich Ziegler baut nun aus Glas Zuchtkästen (s. Bezugsquellen). Die Zeichnungen der PVC-Behälter mögen Heimwerker zum Nachbauen anregen. Der Zuchtkasten (Abb. 57), günstig in den Maßen 30 × 25 × 35 cm und 40 × 30 × 45 cm, hat eine 10 cm hohe Schublade als Boden, die die Dose für die Eiablage, das Trinkwasser- und Futterschälchen aufnimmt. Ein Schieber über der Schublade trennt sie vom Flugraum, wenn man in ihr hantieren will. Die Vorderseite des Kastens besteht aus Glas, der Deckel ist abnehmbar und mit feiner Gaze bespannt.

Am Schlupfkasten, beispielsweise 35 × 20 × 35 cm groß, ist der Deckel das Besondere, er hat eine Öffnung, die mit einem Schieber verschlossen wird. Eine PVC-

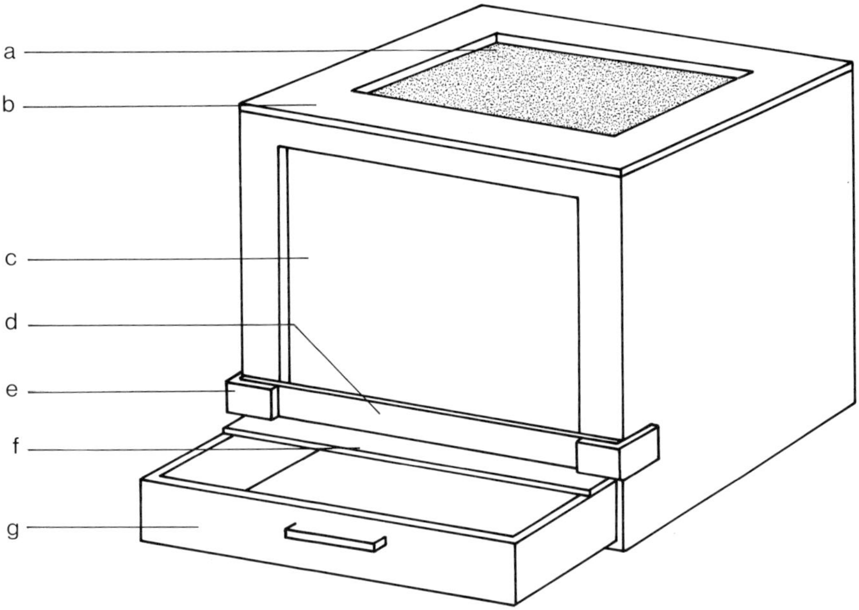

Abb. 57 Fliegen-Zuchtkasten aus PVC. a) Gaze, b) Deckel, c) Glasscheibe, d) Schließblende, e) Führungswinkel, f) einschiebbarer Zwischenboden, g) Schublade.

Dose ist ebenfalls mit einem Schieber versehen und paßt genau auf die Öffnung des Deckels, so daß man einfach und sicher Fliegen entnehmen kann.

Auf einfachere Art läßt sich ein derartiger Schlupfkasten mit etwas handwerklichem Geschick selbst herstellen. Man nimmt ein größeres Kunststoffaquarium und baut dazu einen Deckel aus Holz. Die Hälfte des Deckels ist mit Gaze bespannt und dient zur Belüftung. In die andere Hälfte sägt man eine Öffnung, die man mit einem Glas oder anderem Gefäß überdecken kann. Ein Stück Blech, durch Leistchen geführt, bildet den dazu genau passenden Verschluß der Deckelöffnung. Will man diesen Behälter zur Zucht verwenden, sägt man aus einer Seite des Aquariums über dem Boden ein rundes Loch aus mit einem Durchmesser von 13–14 cm für die unten besprochenen Behälter zur Eiablage. Das Loch muß jedenfalls so groß sein, daß man die Dosen für die Eiablage bequem hindurchbringt. Von innen befestigt man mit Klebeband oder ähnlichem einen elastischen Strumpfschlauch. Diese Schleuse erlaubt ein sicheres Hantieren im Behälter.

Zur Eiablage verwendet man Gefrierdosen von 10 × 10 × 8 cm oder ähnlich große Gefäße. Als Substrat nimmt man am besten Sägemehl oder Hobelspäne. Sie bleiben locker, nehmen Feuchtigkeit auf, speichern

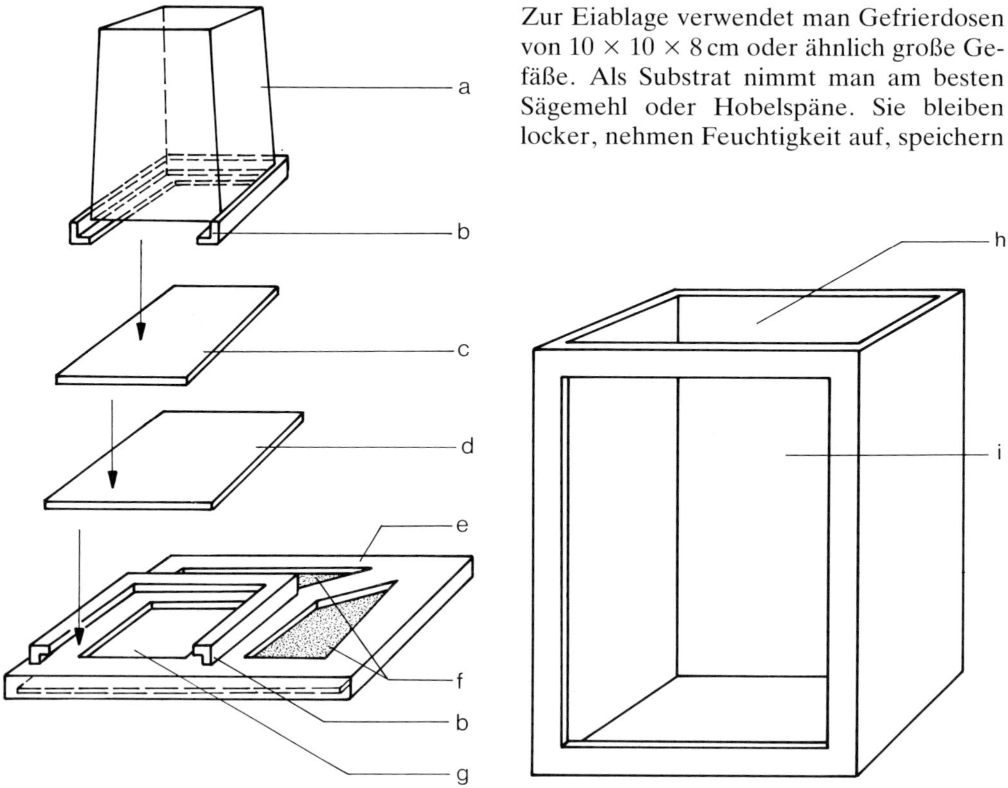

Abb. 58 Fliegen-Schlupfkasten aus PVC mit Fangdose. a) Fangdose, b) Führungsschiene, c) Schieber für Fangdose, d) Schieber für Deckel, e) Deckel, f) Gaze, g) Öffnung im Deckel, h) Öffnung des Schlupfkastens, i) Glasscheibe.

sie und sind frei von Giftstoffen und Schädlingen.
Trinkwasser darf man den Fliegen nicht aus einer offenen Wasserstelle anbieten, da sie darin ertrinken würden. Deshalb legt man ein genau passendes Stück Schaumgummi in eine Vogeltränke.
Da sich Fliegen gut an glatten Flächen halten können, braucht man ihnen keine weiteren Sitzgelegenheiten anzubieten. Das empfiehlt sich aber, wenn der Behälter stark besetzt sein wird. Dann stellt man gleich beim Einrichten einen (Eier-)Karton hinein oder gibt zerknülltes Papier dazu, was Terflies unbedingt brauchen.
Futter: Häufig wurden für *Fliegen* bisher Bananenbrei und vitaminiertes Zuckerwasser als Nahrung empfohlen. Bei dieser Kost leben die Tiere nur etwa 8–12 Tage und legen wenig Eier ab, da lebensnotwendiges Eiweiß und Mineralstoffe fehlen.
Nach unseren Erfahrungen eignen sich Mischungen von angerührten Milch-Fertigbreien mit Früchten und Multi-Vitaminsäften für Kinder sowie Honig am allerbesten als Nahrung für alle Fliegen. Läßt man den relativ teuren Vitaminsaft fort, empfiehlt sich ein Zusatz von Lebertran und einem Multivitamin-Präparat.
Alle besprochenen Fliegenarten außer der Stubenfliege brauchen unbedingt Honig, da sie im Freien gern Blüten besuchen.
Züchtet man nur wenig Fliegen, kann es zweckmäßiger sein, die benötigte Portion Nahrungsbrei jeweils anzurühren. Für die große Zucht lohnt es sich auf jeden Fall, das Futter im voraus in größerer Menge zuzubereiten.
Folgende Mischung nehmen alle Arten gern an: Man gibt den Inhalt eines 200 g Päckchens Milch-Fertigbrei in den Mixer, fügt ¾ l lauwarmes Wasser, 6 Eßl. Honig, 2 Eßl. Lebertran und zum Beispiel 1 Eßl. Protovita hinzu. Das Ganze mixt man etwa 5 Minuten lang.
Die richtige Konsistenz des Breies ist schwer zu beschreiben, sie sollte zwischen dünn- und dickflüssig liegen. Diesen Futterbrei bewahrt man im Kühlschrank bei etwa 5 °C in einer Flasche gut verschlossen auf. Ebenso kann man andere Mischungsverhältnisse nach Belieben und Geschmack der Fliegen zubereiten.
Da Fliegen trockene Nahrung durch Einspeicheln verflüssigen können, lassen sich die Bestandteile auch einzeln anbieten: Wasser in der Tränke plus z. B. Milch-Fertigbrei und Ursüße (= getrockneter Zuckerrohrsaft), garniert mit Sanostol, im Schälchen.
Maden: Zweifellos lassen sich die Maden aller fünf Fliegenarten mit frischem Fleisch am schnellsten und ertragreichsten bis zu Verpuppung durchfüttern. Als besonders günstig erwies sich Hackfleisch, das man sich portionsweise einfriert. Allerdings bevorzugen Schmeiß- und Fleischfliege und die Kleine Stubenfliege vor allem leicht faulendes Fleisch. Die Düfte, die dabei entstehen, verstärkt noch durch den Ammoniakgeruch der Ausscheidungen der Maden, verbieten eine Zucht in Wohnräumen oder schränken sie zumindest stark ein.
Unzählige Ersatznahrungen hat man deshalb schon ausprobiert. Vor allem Kleine Stubenfliege und die Stubenfliege, die wohl die wichtigste Futterfliege darstellt, lassen sich zum Glück mehr oder weniger gut auch mit anderer Nahrung züchten: Kleie mit Quark oder Milch- und Kakaopulver vermischt, Früchtebrei, Grießbrei mit zerdrückten Bananen oder Äpfeln, aufgeweichten Preßlingen für Mäuse, Hunde- oder Katzenfutter aus Dosen. Geruchsfrei gelingen auch diese Zuchten nicht in jedem Fall; Quark stinkt zum Beispiel bald nach faulen Eiern. Der lästige Ammoniakgeruch tritt unterschiedlich stark auf. Fisch sollte man auf keinen Fall füttern, da dessen Gestank unerträglich ist.

Einige Sorten trockenen Hundefutters, aufgeweicht angeboten, hatten wir ebenfalls probiert. Die Fliegen legten auch willig ihre Eier daran ab, aber die kleinen Maden krabbelten dann eilig davon. Vermutlich wird das Trockenfutter mit einem Stoff präpariert, den die Maden nicht vertragen. Vivarianer haben immer wieder versucht, Methoden herauszufinden, die ein geruchloses Züchten erlauben. In letzter Zeit ist vor allem ein Verfahren bekannt geworden, das Bartholdi (1966) entwickelt, Stettler (1979) und Mudrack (1979) verfeinert haben. Nach Mudrack füllt man eine durchsichtige Gefrierdose mit den Maßen 20 × 10 × 8 cm mit Weizenkleie 6 cm hoch an. In einer Schüssel oder einem Meßbecher löst man ein haselnußgroßes Stück Backhefe in 4 Eßl. Dosenmilch und 4 Eßl. Zucker auf und fügt soviel warmes Wasser hinzu, daß sich etwa ⅜ l Flüssigkeit ergeben. Nun schüttet man die abgemessene Menge Kleie dazu und knetet alles gut durch, bis eine krümelige, leicht feuchte Masse entsteht, keinesfalls ein Brei. Man füllt die Mischung in die Gefrierdose und drückt sie leicht an, damit keine Hohlräume zurückbleiben. In diesen Nährboden, den wir durch Besprühen leicht feucht halten müssen, legen die Stubenfliegen ihre Eier ab. Die Maden füttert man nach einigen Tagen zusätzlich mit Milchpulver und Eiweißhefeflocken.
Diese Methode funktioniert aber nur dann, wenn sehr viele Maden – in dem angeführten Rezept 4000–6000 Stück – die Kleiemasse ständig durchwühlen. Ist der Ansatz zu klein, verhärtet und verkrustet der Nährboden stark und verschimmelt zudem, so daß die Maden absterben. Will man sich mit wenigen Tieren eine Zucht aufbauen, empfiehlt sich eine Methode, bei der man die Nahrungsmenge der Anzahl der Maden anpassen kann. Vor längerer Zeit probierten wir ein Rezept aus, das sich inzwischen sehr gut bewährt hat. 4 Teile Haferflocken, 4 Teile Voll-Sojamehl, 4 Teile Milchpulver und 1 Teil Bierhefe vermischt man trocken miteinander und feuchtet die jeweils benötigte Menge mit Wasser an. Diese Futtermischung bleibt völlig geruchlos, und der Geruch nach Ammoniak entwickelt sich nur schwach. Wichtig ist hierbei, daß die Maden in einer recht großen Menge Späne leben.
Für die beiden Arten der Familie Calliphoridae sei noch ein Larvenmedium genannt, das eine geruchsarme Zucht ermöglicht und im Zoologischen Institut der Universität Greifswald (Berndt, 1969) entwickelt worden ist. Demnach mischt man 180 g Weizenkleie mit 90 g Sägemehl, 405 ml Vollblut und 4,5 g Preßhefe. Im Routinebetrieb verwendet Berndt gleiche Volumina von grobgesiebter Weizenkleie, defibriniertem Rinderblut und gesiebten frischen Spänen von Laubbäumen. Für 200 Larven braucht man etwa 50 cm^3 Medium.

Zuchtbedingungen:

Licht: Wenn sich Fliegen auch in völliger Dunkelheit viele Generationen lang züchten lassen, ist es natürlicher, ihnen als tags aktiven Tieren 8–12 Stunden Helligkeit täglich zu bieten. Steht der Zuchtbehälter nicht in einem hellen Raum, eignen sich Glühbirnen und Leuchtstoffröhren als Lichtquellen. Man bringt sie über dem Behälter an, da sie innen eingebaut zu schnell verschmutzen.

Temperatur: Eine Zimmertemperatur von 19–21 °C ist für die Zucht von Fliegen ausreichend, wenn keine schnelle Entwicklung erwünscht ist. Andernfalls ist eine Temperatur von 24–28 °C erforderlich. Terflies sind wärmebedürftiger als die normalen Stubenfliegen. Unter 22 °C läuft die Zucht schlecht. Die besten Wärmequellen bilden Glühbirnen und Infrarotstrahler. Bei einer Wärmezufuhr von unten, zum Beispiel durch Heizkissen, besteht die Gefahr, daß Trink- und Eiablagegefäß zu rasch aus-

trocknen. Fliegenmaden benötigen keine zusätzliche Heizung, da sie bei entsprechender Menge eine Eigenwärme erzeugen, die weit über 30°C hinaus ansteigen kann.
Feuchtigkeit: Die relative Luftfeuchtigkeit kann sich in einem weiten Bereich bewegen, von 25–70%. Bietet man ziemlich flüssige Nahrung an und sorgt dafür, daß sie ständig zur Verfügung steht, brauchen die Fliegen nicht unbedingt Trinkwasser, vorausgesetzt, wir halten sie bei etwa 20°C. Sicherer ist es, die Fliegen immer mit Trinkwasser zu versorgen. Bei hohen Temperaturen muß man Kleinen Stubenfliegen, Schmeiß- und Fleischfliegen auf jeden Fall täglich Wasser zur Verfügung stellen.
Eier, Maden und Puppen sind auf eine milde Feuchtigkeit angewiesen. Ihr Substrat darf deshalb nie austrocknen, aber auch nicht versumpfen.
Besondere Hinweise: Da der Ablauf der Fliegenzucht für große und kleine Zuchten grundsätzlich gleich ist, kann auf eine entsprechende Untergliederung verzichtet werden.
Fliegenzucht ist ein Thema mit vielen Variationen. Der Anfänger weiß oft nicht recht, wie er beginnen soll. Deshalb sei hier eine ausführliche Beschreibung gegeben.
Beim Aufbau einer Zucht kann man sich für zwei Wege entscheiden. Beim ersten hält man sich immer in einem Behälter eine bestimmte Anzahl Zuchtfliegen, die man regelmäßig durch frisch geschlüpfte Tiere ergänzt, und in einem anderen Behälter die Futterfliegen. Beim zweiten Weg gibt es diese Trennung nicht und man beeinflußt die Menge der Fliegen dadurch, daß man das Substrat für die Eiablage zeitlich mehr oder weniger häufig zur Verfügung stellt. Rechtzeitig müssen junge Tiere die alten ablösen. Braucht man gleichmäßig bestimmte Mengen an Fliegen, ist der erste Weg unbedingt vorzuziehen.
Um Fliegen mit geringer Geruchsbelästigung zu züchten, ist ein umfangreicher, zeitlich genau eingeteilter Arbeitsaufwand notwendig. Dies gilt besonders für Zuchten in kleinem Umfang, die meist in bewohnten Räumen betrieben werden. Im folgenden sei der Arbeitsablauf für eine Zucht nach der ersten Methode beschrieben. In den sauberen Zuchtkasten stellt man eine Schale Trinkwasser und bringt nun – je nach Bedarf – 25–150 Paare Zuchtfliegen hinein, die man sogleich füttert. Etwas Futterbrei streicht man so auf die Gaze im Deckel, daß nichts hindurchtropft. Die Fliegen nehmen die Nahrung auf, ohne sich zu verkleben oder zu ertrinken. Die Menge bemißt man eher etwas knapp; nach einem Tag sollte kein Futter mehr übrig sein. Allerdings muß man wirklich jeden Tag nachfüttern. Füllt man den Brei etwa 0,5 cm hoch in eine Schale und stellt sie in den Behälter, kann man die Futterration für 2–3 Tage bemessen. Der Brei sollte dann lieber etwas dickflüssiger sein. Trotzdem werden sich immer wieder einige Tiere, die in diesen „Sumpf" gefallen sind, nicht mehr befreien können.
Haben die Weibchen 4–10 Tage nach dem Schlüpfen – je nach Art – Eier angesetzt, stellen wir ihnen ein Gefäß für die Eiablage in den Kasten. Man füllt die Gefrierdose locker mit feuchten Hobelspänen und gräbt eine winzige Futtermenge als Anreiz zur Eiablage und Nahrung für die Maden unter. Unwiderstehlich wirkt ein erbsen- bis haselnußgroßes Stück Fleisch auf alle Fliegen. Nur die Stubenfliege legt ihre Eier sogar auf nasses Papier. Da die Fleischfliegen sogleich Larven ablegen, gibt man ihnen etwas mehr Fleisch. Nach 1–3 Tagen nimmt man die Dose wieder heraus; es dürften genügend Eier und Larven vorhanden sein. Nun hängt es vom Bedarf an Fliegen ab, ob man den Zuchtfliegen gleich wieder eine neue Dose hineinstellt oder einige Tage wartet.

Die mit Eiern belegte Dose stellt man in ein größeres Gefäß (Glas, Schüssel) und bindet es mit Strumpf oder Gaze fest zu, da bei Futtermangel und Temperaturen über 30 °C vor allem Gold- und Schmeißfliegenmaden aus den Gefäßen klettern. Von nun ab muß man ein- bis zweimal am Tag kontrollieren, daß die Maden genügend, aber auch nicht übermäßig zu fressen bekommen. Vor allem für Fleisch gilt, daß es spätestens nach 24 Stunden völlig aufgezehrt sein muß, damit wenigstens kein Verwesungs- und Faulgeruch entsteht. Deshalb verwendet man auch ausschließlich frisches Fleisch. 1–2 Tage nachdem man die Dose aus dem Zuchtkasten genommen hat, kann man sicher sein, daß alle Larven geschlüpft sind. Nun kippt man den Inhalt der Dose in das Gefäß und gibt die 2–3fache Menge an frischen, feuchten Spänen hinzu. So schafft man Platz für die Maden, die bei guter Fütterung rasch heranwachsen.
Gleichgültig, womit die Maden gefüttert werden: Der Geruch nach Ammoniak läßt sich nicht verhindern, nur verringern. Bei der Fütterung mit Fleisch sollte man täglich die Maden von den Spänen trennen. Verwendet man die Mischung aus Haferflokken, Sojamehl, Milchpulver und Bierhefe, hängt es von der Menge der Maden ab, ob man ein- bis zweimal absieben muß oder darauf verzichten kann. Bei der Methode nach Mudrack (1979) bleiben Maden und Puppen in der Kleie, bis wieder Fliegen schlüpfen.
Solange die Larven noch recht klein sind, kann man sie zusammen mit den Spänen auszuwaschen. Man füllt das Gefäß mit lauwarmem Wasser, gießt alles in ein feinmaschiges Sieb ab und überbraust noch kurze Zeit. Gut abgetropft, kippt man Maden und Späne in ein sauberes Gefäß und mengt frische trockene Späne unter, bis der richtige Feuchtigkeitsgehalt erreicht ist. Anschließend füttert man sofort. Für Maden jeder Größe eignet sich grober Stoff (Kartoffelsack, Scheuertuch) am besten als „Sieb“. Einen Holzrahmen oder bodenlosen Eimer bespannen wir mit dem Stoff (festtackern). Wichtig ist nur, daß das Auffanggefäß etwas größer ist als das „Sieb“. Es liegt nämlich am besten auf den frischen Spänen auf. Das Substrat mit den Maden schütten wir in dünner Schicht auf den Stoff und beleuchten das Ganze von oben: Die Maden quetschen sich zwischen den Fäden hindurch nach unten.
Wandern die Larven unentwegt im Gefäß umher, obwohl noch Futter vorhanden ist, werden sie sich 1–2 Tage später verpuppen. Die Goldfliegen-Maden kriechen nun auch am Glas hinauf und drücken sich zwischen Glas und Strumpf unter den Gummiringen hindurch, so daß man andere Gefäße mit dichterem Verschluß wählen muß. Wenn es notwendig ist, läßt man die Maden noch einmal durch das Stoffsieb in frische trokkene Hobelspäne laufen. Achtung, feuchte Maden erklimmen bis zu 1 m Höhe jede glatte Wand! Eventuell hilft ein Vaseline-Rand ein Abwandern verhindern. Sobald sich die Maden verpuppen, befeuchtet man die Späne leicht. Die Puppen dürfen nicht austrocknen, sonst schlüpfen keine Fliegen. Sie müssen entweder bei mindestens 80 % rel. Luftfeuchte liegen oder ab und zu angesprüht werden.
Bis zum Schlüpfen der Fliegen vergehen noch einige Tage; in dieser Zeit bringt man die Puppen in den Schlupfkasten oder einen anderen Behälter. Man kann auch das Glas oder die Schüssel rechtzeitig mit einem Strumpfschlauch verschließen, die Fliegen mit einem Glas entnehmen und dann in ihren Behälter überführen.
Wenn man die Maden zu selten füttert oder ihnen ab einer gewissen Größe nichts mehr zu fressen gibt, kommt es zu einer vorzeitigen Verpuppung. Diese Fliegen sind dann natürlich kleiner als gewöhnlich. Eine der-

artige Zwangsverpuppung kann man vor allem bei der Stubenfliege ganz bewußt einleiten, wenn man bei der Aufzucht von Fröschen oder Echsen die Futtergröße zwischen Fruchtfliegen und Stubenfliegen braucht und keine *Fannia* züchten will. Sind die Maden etwa 6–7 mm lang, wird die Fütterung eingestellt. Bei etwa 27 °C verpuppen sie sich dann recht schnell. Allerdings sollte man immer mit voll ausgebildeten, großen Stubenfliegen weiterzüchten, da sie bei der Eiablage weit produktiver sind.

Die flugunfähigen und blinden Stubenfliegen bedürfen einer eigenen Zuchtmethode, die auf ihre eingeschränkte Lebenstüchtigkeit Rücksicht nimmt. De Batist (1991) hat ausführlich darüber geschrieben; Dieter Bretz teilte uns mündlich seinen erprobten Zuchtablauf mit: Man füllt eine ½-l-Dose aus Polyäthylen zu dreiviertel mit Weizenkleie, die mit pasteurisierter Vollmilch angefeuchtet ist, so, daß die Kleie klumpt, aber nicht naß ist. Eine Messerspitze Vitamin A, ½ Messerspitze Nipagin und ½ Würfel Backhefe hat man zuvor in die Milch eingerührt. Einen Würfelzucker legt man auf die Kleiemischung und gibt gut 1 Teelöffel schlupfreife Puppen in eine Ecke. Mit Haushaltspapier, gehalten von einem Gummiband, deckt man die Dose ab. Das ist die ganze Arbeit! Läuft alles planmäßig, liegen nach 14 Tagen (bei 25 °C) die Puppen der neuen Generation in der Dose. Nun füllt man mit Wasser auf, fügt einige Tropfen Spülmittel zu, rührt um und läßt alles etwa eine halbe Stunde stehen. Dann gießt man das Wasser über ein Haushaltssieb ab und spült kräftig nach. Nun schüttet man den ganzen Inhalt in eine große Schüssel mit viel Wasser, löst 1 Eßlöffel Salz pro Liter Wasser auf, rührt alles um, läßt es wieder eine halbe Stunde stehen und wird dann die Puppen an der Oberfläche abschöpfen können.

Alle paar Generationen sollte man sich die Fliegen anschauen, mit denen man weiterzüchtet. Im Lauf der Zeit bilden sich nämlich die aufgerollten Flügel wieder zurück – oder die Mutanten haben sich mit normalen Fliegen verpaaren können –, so daß wir gegebenenfalls Tiere mit stark gekrümmten Flügeln zur Zucht auslesen.

Der Boden des Behälters für die Futterfliegen wird mit zerknülltem Papier bedeckt, die Fliegen erhalten die Nährlösung, vitaminisierte (A und B ohne B_{12}) Milch, auf Haushaltspapier. In freien Flüssigkeitsflächen ertrinken die Terflies schnell! Alles Gute ist ja bekanntlich nie vereint. Deshalb gibt es auch bei der Wahl zwischen normaler Stubenfliege und Terfly abzuwägen: Die normalen sind unkompliziert zu züchten und handzuhaben. Allerdings ist es unmöglich, Fliegen in ein Terrarium zu entlassen, ohne daß mindestens eine wieder herausfliegt. Für Frösche, die am Boden leben, bleiben die meisten Fliegen unerreichbar, da sie meist oben im Terrarium sitzen. Diese Dinge passieren mit Terflies nicht. Andererseits sind sie nicht so produktiv und reagieren empfindlicher auf Haltungsfehler.

Lagerhaltung: (s. a. S. 21). Die Maden aller Fliegen lassen sich bei 2–5 °C bis zu 6 Wochen aufbewahren. Die Puppen der Stubenfliege sind bei 2–5 °C längstens 6 Wochen lagerfähig, die der Schmeiß- und Goldfliege bei 5 °C über 8 Wochen. Man gebe jeweils etwas Hobelspäne hinzu. Maden und Puppen dürfen nicht austrocknen!

Schädlinge und Krankheiten: Leider werden Fliegen besonders von übelriechenden, unappetitlichen Stoffen angezogen. Setzen sie sich dort nieder, beladen sie sich mit einer Unzahl von Bakterien, Wurmeiern und anderen Krankheitserregern. Über 6 Millionen Bakterien zählte man bereits auf einer einzigen Stubenfliege! Landen sie dann auf unseren Nahrungsmitteln, bleiben immer eine Anzahl der Erreger zurück, die von Mensch oder Tier aufgenommen möglicherweise Krankheiten hervorrufen. Deshalb ist es wichtig, Lebensmittel nie offen stehen zu lassen. Überdies erscheint es uns recht zweifelhaft, ob solche draußen gefangenen, wandelnden Seuchenüberträger ein gutes Futter für Vivarientiere darstellen.

Die Fliegen selbst haben unter einer ganzen Anzahl von Parasiten zu leiden, die aber für die Vivarientiere ohne Bedeutung sind. Wichtig ist vor allem ein Pilz, *Empusa muscae,* der alle unsere Fliegenarten befallen kann und ohne Ausnahme tödlich wirkt. Die Pilzmyzelien durchwachsen den ganzen Körper, und schließlich stirbt die Fliege. Dabei sitzt sie gewöhnlich so natürlich da, daß man meint, sie lebe noch; sie ist aber von einem Kranz weißlicher Pilzsporen umgeben. Im Herbst werden Fliegen von diesem Pilz häufiger als sonst befallen. Entdeckt man eine durch diesen Pilz getötete Fliege, vernichtet man am sichersten die ganze Zucht, da sehr schnell die anderen Fliegen angesteckt werden.

Verfütterung: Fliegen sind besonders gut dafür geeignet, sie mit Kalk- und Mineralstoffpulvern zu beladen, denn zwischen den Härchen und um die Flügel bleibt recht viel Pulver hängen. Vor allem junge Echsen und Froschlurche sollten nur gepuderte Fliegen bekommen. Am einfachsten wird man die Futterfliegen direkt ins Terrarium geben, denn wer möchte schon jede Fliege einzeln von Hand verfüttern? Vorbedingung ist ein fliegensicherer Behälter. Dies ist bei einem Terrarium sicherlich, bei einem Käfig selten der Fall. An Vögel wird man deshalb meist die Maden verfüttern. Man sollte jedoch beobachten, ob der Pflegling die Maden gut zerrupft oder zerkaut, da ihre Haut sehr zäh ist. Sonst kann es vorkommen, daß im günstigsten Fall die Maden wieder als Ganzes ausgeschieden werden, oder im weniger günstigen Fall die Verdauungsorgane angegriffen werden. Deshalb verfüttert man Maden niemals an Frischfänge und schwache Tiere. Auch bei Fischen sollte man mit Maden vorsichtig sein und sie nur in kleinen Mengen geben. Für die Fische wird man die Fliegen kräftig anfrieren lassen, damit sie nicht gleich davonfliegen.

Es ist fast unmöglich, alle Tiere aufzuzählen, auf deren Speiseplan die Fliegen bevorzugt stehen. Unter den Fischen sind die Zwergbarsche zu nennen, die ohne Lebendfutter nicht lange auskommen können; auch andere Gruppen schätzen Fliegen sehr, wie Bärblinge, Barben, Hechtlinge, Salmler, Killifische, Schützenfisch und Schmetterlingsfisch. Für fast alle kleineren bis mittelgroßen Froschlurche und Echsen sind Fliegen nicht wegzudenken; erwähnt seien Farbfrösche, Laubfrösche, Riedfrösche, *Anolis,* Geckos, Chamäleons und Eidechsen. Bei den Vögeln sind die Tangaren, Timalien, Brillen- und Blattvögel zu nennen, ferner Blütenpicker, Spottdrosseln, Würger, Stelzen und Grasmücken. Unter den wirbellosen Tieren schließlich fressen Gottesanbeterinnen, Spinnen und Raubwanzen Fliegen mit Vorliebe.

Vor- und Nachteile der Zucht:

Vorteile:

- Beliebtes, ausgezeichnetes Futter für sehr viele Vivarientiere
- In nahezu unbegrenzter Zahl zu züchten
- Fliegen sind still und geruchsfrei; Maden – vor allem der Stubenfliege – sind je nach Futter und Pflege ebenfalls geruchsfrei bis geruchsarm

Nachteile:

- Relativ hoher Arbeitsaufwand
- Sehr große Mengen an Maden können bei der Zucht Geruchsbelästigung in Wohnräumen verursachen
- Füttert man die Maden mit Fleisch, braucht man für die Portionen eine Gefriermöglichkeit

Schmetterlinge (Lepidopteren)

Bei den Schmetterlingen der Ordnung Lepidoptera mit etwa 140000 Arten denken wir in erster Linie an die bunten Tagschmetterlinge. Leider ist ihre planmäßige Zucht, ebenso wie die der Nachtschmetterlinge, wegen der anspruchsvollen Fütterung der Raupen so gut wie unmöglich. Gerade die Eulen (Familie Noctuidae) unter den Nachtfaltern mit ihren dicken Körpern sind begehrte Beutetiere, so daß ihre Zucht als Futtertiere erwünscht wäre.
Vielleicht erweist sich eine Art doch noch als „pflegeleicht". Einen Ansatzpunkt könnten die überwinternden Falter der sogenannten Kätzcheneulen bilden, die ihre Eier an Weidenkätzchen ablegen, und die Gemüseeulen (früher Großgattung *Mamestra*).
Geeignet erscheinen insbesondere solche Arten, die schon in unseren Breiten 2 Generationen im Jahr durchlaufen. Darüber hinaus finden sich möglicherweise unter den tropischen Faltern mit nackten Raupen unempfindliche Arten. Voraussetzung wäre, daß die Raupen polyphag (nicht einseitig in ihrer Ernährung) sind und im Winter Salat, Rüben oder anderes leicht beschaffbares Futter fressen.
Unter den Kleinschmetterlingen gibt es eine Anzahl Schädlinge in der Land- und Forstwirtschaft und an Vorräten. Des Imkers Leid – des Terrarianers Freud: Wachsmotten aus der Familie der Zünsler (Pyralidae) ernähren sich von alten Bienenwaben, fallen aber auch die Bienenlarven an und überziehen die Waben mit ihrem Gespinst. Für den Vivarianer stellen sie eine ausgezeichnete Ergänzung des Speisezettels seiner Pfleglinge dar.
Das größte und auffälligste an einem Schmetterling sind seine Flügel, die auf der Ober- und Unterseite mit dachziegelartig angeordneten Schüppchen (Squamulae) bedeckt sind. Diese Schüppchen bedingen durch ihre Farbe die Musterung der Flügel. Fast alle Schmetterlinge lecken mit ihrem langen Rüssel Blüten- oder Wundsäfte. Ihre Larven dagegen, die Raupen, die am Hinterleib mit einfachen Gliedmaßen ausgestattet sind und noch beißende Mundwerkzeuge zeigen, fressen allerlei Pflanzenteile; hauptsächlich Blätter, ebenso Wurzeln, Blüten, Früchte und Getreide.

Große Wachsmotte *(Galleria mellonella)* Kleine Wachsmotte *(Achroea grisella)*

Beschreibung: *Galleria mellonella:* Die Große Wachsmotte hat eine Flügelspannweite von 28–35 mm. In Ruhestellung sind die Falter 10–14 mm lang. Die Grundfarbe ist hellgrau bis hell gelblich, die Deckflügel sind hellbraun marmoriert. Nicht nur die Flügel, auch Rumpf und Beine sind mit Schüppchen bedeckt. Die Geschlechter lassen sich am Hinterleib unterscheiden, er ist beim Weibchen länger und dicker als beim Männchen.
Die 1,5 mm großen Räupchen, die fälschlich meist als Wachsmaden bezeichnet werden, schlüpfen aus weißen, 1 mm langen, schmalen Eiern. Sie erreichen nach 4 Häutungen 24–28 mm Länge und etwa 5 mm Dicke. Der rotbraune Kopf hebt sich deutlich vom durchscheinend schmutziggrauen Körper ab. Zur Verpuppung spinnen sich die Raupen in einem Kokon ein. Die Puppe ist 8–10 mm lang, der Kokon etwa 16 mm.
Achroea grisella: Mit einer Flügelspannweite von 16–19 mm und einer Körperlänge von etwa 8 mm gehört die Kleine Wachsmotte zu den zierlichsten Schmetterlingen.

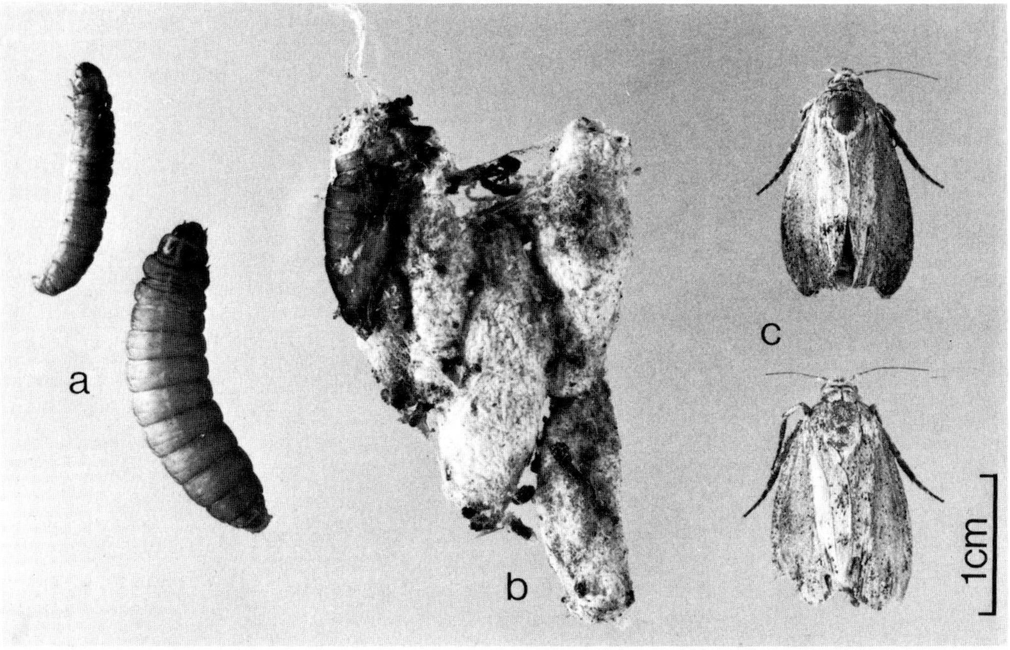

Abb. 59 Große Wachsmotte *(Galleria mellonella)*. a) Larven, b) Kokons, c) Falter.

Durch die dunkelgraue Zeichnung ihrer Deckflügel, die silbrig glänzen, ist sie gut getarnt. Der Kopf ist hellgelb behaart. Auch bei dieser Art weisen die Weibchen den dickeren Hinterleib auf.
Es ist erstaunlich, daß die Raupen etwa 16 mm Länge bei 3 mm Dicke erreichen, da sie beim Schlüpfen aus den 0,8 mm langen Eiern nur 1 mm groß sind. Die etwa 6 mm großen, dunkelbraunen Puppen ruhen in einem 9 mm langen Kokon.
Entwicklungszeiten: Da im Bienenstock eine Temperatur von 27–28 °C herrscht, ist dies die ideale Wärme für die Zucht. Bei dieser Temperatur folgt alle 6–7½ Wochen eine neue Generation. Die Raupen schlüpfen nach 5–8 Tagen und haben nach 18 bis 25 Tagen ihre volle Größe erreicht. Nun spinnen sie ihren Kokon und verpuppen sich; dieser Vorgang dauert etwa 2 Tage. Die Puppe ruht etwa 12 Tage. Die Motten beginnen noch am Schlupftag mit der Paarung und verharren einen ganzen Tag lang in der Kopulationsstellung. 4–5 Tage nach der Paarung legen die Weibchen die ersten Eier ab, *G. mellonella* bis zu 150 Stück pro Gelege, meist aber 40–60, und *A. grisella* 20–50 Stück. Die Große Wachsmotte kann bis zu 800 Eier ablegen, die Kleine Wachsmotte 300.
Im Bienenstock leben Wachsmotten bis zu 6 Wochen, im Zuchtbehälter dagegen höchstens 3 Wochen, meist nur 10–14 Tage. Das liegt wahrscheinlich daran, daß die Bienen den Motten optimale Bedingungen schaffen, nämlich gleichbleibende Wärme und Luftfeuchtigkeit sowie Sauberkeit. Verständlicherweise liegt deshalb die Eiproduktion weit unter den Höchstwerten.

Halten wir die Wachsmotten bei 22–24 °C, verlängert sich die Entwicklungszeit um 10–14 Tage.

Behälter, Nährboden und Einrichtung: Wachsmotten kann man in 1–30 l fassenden Gefäßen züchten, beispielsweise in Haushaltsdosen, großen Marmeladegläsern, Blechdosen, Plastikeimern, kleineren Plastikaquarien oder in selbst gebauten Kästen aus PVC oder Glas. Behälter aus Holz sind nicht geeignet, da die Raupen sie im Laufe der Zeit durchnagen. Alle diese Gefäße müssen mit einem dicht schließenden Deckel versehen sein und mit wenigstens einer Belüftungsfläche, die man mit feinster, nichtrostender Drahtgaze von höchstens 0,4 mm Maschenweite beklebt. Kunststoffgewebe zernagen die Raupen, und durch gröbere Gaze entweichen zu viele der frisch geschlüpften, zunächst wanderlustigen Räupchen. Bei Plastikgefäßen kann man Gazefenster an den Seitenwänden anbringen, bei Gläsern wird man nur den Deckel durchbohren.

Die Einrichtung besteht hauptsächlich aus dem Futter, also den Waben oder dem Futterteig. Einige Wellpapperöhrchen oder Streifen von Karton stellt man auf das Futter; die Raupen verpuppen sich gern daran, aber auch an Wänden und Deckel.

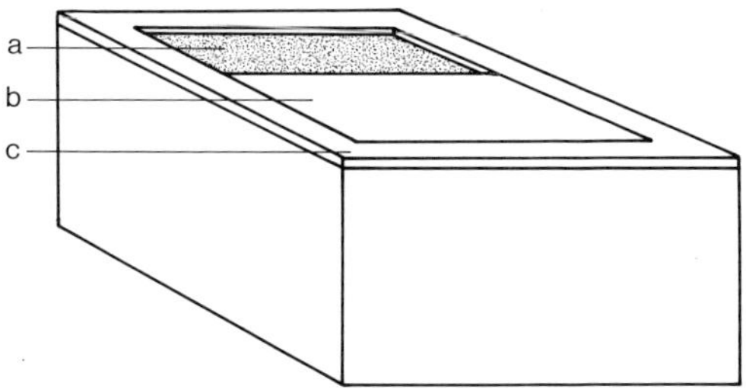

Abb. 60 Zuchtkasten für Wachsmotten aus PVC. a) feine Gaze, b) Glasschieber, c) Deckel.

Die Vorliebe der Wachsmotten für Wärme und Dunkelheit legt es nahe, ihnen einen kleinen Zuchtraum zu schaffen. Dazu baut man einen Holzkasten, wie er auf S. 25 beschrieben ist. Auch in einem dunklen Heizungskeller sind Wachsmotten gut aufgehoben.

Futter: Wachsmotten leben, wie ihr Name bereits andeutet, von Wachs, und zwar von alten verunreinigten Bienenwaben. Hat man Glück, findet man einen verständnisvollen Imker, von dem man alte Waben bekommt. Die sollte man aber unbedingt einige Tage lang einfrieren, damit keine ungebetenen Gäste in die Zucht gelangen. Schon bald wird man merken, wie kostspielig diese Futterbeschaffung auf Dauer wird. Man hat deshalb schon vor vielen Jahren versucht, die Wachsmotten an künstliches Futter zu gewöhnen. Das sogenannte Haydak-Medium war längere Zeit das bekannteste Kunstfutter, ein feuchter Teig aus 600 g Mehl, 200 g Magermilchpulver, 200 g Weizenkleie, 100 g Trockenhefe, 550 g Honig und 550 g Glyzerin.

Eine weiterentwickelte Mischung, die sich mit Erfolg verfüttern läßt und mit der sich die gleichen Entwicklungszeiten wie bei der Wabenfütterung ergeben, setzt sich aus folgenden Zutaten zusammen:

500 g flüssiger Honig (auf 35 °C erwärmt)
500 g Glyzerin (in Apotheken erhältlich)
200 g Bierhefe
200 g Weizenkeime
200 g Magermilchpulver
2 kg Weizenkleie oder
1,5 kg Weizenkleie und
500 g Haferflocken

Honig und Glyzerin rührt man in einer Küchenmaschine oder von Hand gut ineinander. Die anderen Zutaten mischt man gründlich in trockenem Zustand und gibt sie nach und nach dem Honig-Glyzerin-Gemisch hinzu. Nun rührt und knetet man so lange, bis eine klebrige, glänzende, nach

Bienenwachs duftende, feucht-krümelige Masse entsteht. Sie läßt sich gut im Kühlschrank einige Monate aufbewahren, in der Gefriertruhe noch länger. Nach dem Auftauen und nach kühler Lagerung sollte die Futtermischung mehrere Tage bei etwa 30 °C lagern, damit der Honiganteil wieder flüssig wird, denn kristallisierten Honig nehmen die Raupen nicht auf. Für einen neuen Ansatz füllt man die Masse etwa 4 cm hoch in die Zuchtbehälter und drückt einige Wellpapperöhrchen hinein.

Zuchtbedingungen:

Licht: Wenn man bedenkt, daß es in einem Bienenstock „stockdunkel" ist, leuchtet uns ein, daß Wachsmotten die Helligkeit meiden. Gläser als Zuchtgefäße sind praktisch, da sie eine gute Kontrolle zulassen, doch ist es notwendig, sie dunkel aufzustellen.

Temperatur: Wie bereits erwähnt, versuchen die Bienen, in ihrem Stock eine Wärme von 27–28 °C zu halten. Dies ist die optimale Zuchttemperatur. Bei 22–24 °C läuft die Zucht noch zufriedenstellend, jedoch sind über 34 °C zu vermeiden. Man muß beachten, daß die Raupen bei guter Besetzung des Zuchtgefäßes Eigenwärme erzeugen, die die Temperatur um 2–4 °C über die Umgebungstemperatur ansteigen läßt.

Feuchtigkeit: Wachsmotten vertragen weder Nässe noch hohe Luftfeuchtigkeit. Keinesfalls darf sich Kondenswasser in den Behältern bilden. Deshalb sind zwei Lüftungsflächen günstiger.

Besondere Hinweise: Wachsmotten werden seit mehr als 40 Jahren gezüchtet. Dies zeigt bereits, daß die Zucht ohne besondere Kniffe und Schwierigkeiten durchzuführen ist. Das größte Problem bestand in der Beschaffung von alten Waben. Durch das Kunstfutter ist man in dieser Hinsicht unabhängiger geworden, und der weiteren Verbreitung der Wachsmotten sind keine Grenzen gesetzt.

Kleine Zucht: Gefäße von 1–5 l Inhalt sind für die kleine Zucht gut geeignet. Wie bei allen Zuchten ist es praktisch, nach einem gewissen System vorzugehen. Die Einrichtung von 2–3 Behältern in bestimmten Abständen sichert eine gleichmäßige Versorgung mit Wachsraupen.

Einen guten Zuchtansatz für Gefäße von 2 l Inhalt bilden 30–40 Falter, Kokons oder große Raupen der Kleinen Wachsmotte und 20 Exemplare der Großen Wachsmotte. Von diesem Ansatz darf man bis zu 300 Raupen erwarten. Selbstverständlich muß sich eine gewisse Anzahl verpuppen, damit die Zucht weitergeführt werden kann.

Die Motten brauchen zur Paarung unbedingt Flugraum. Deshalb füllt man die Zuchtbehälter nur bis zur halben Höhe mit Waben oder etwa 4 cm hoch mit Kunstfutter. Wahrscheinlich reicht diese Futtermenge gerade für die Raupen aus. Bemerkt man, daß sie unruhig werden, muß man sogleich Futter zugeben; nach mehr als 2 Tagen Fastenzeit beginnen die Raupen, sich zu einer verfrühten Verpuppung einzuspinnen. Allerdings wandern auch die ausgewachsenen Raupen umher, bis sie einen Platz zur Verpuppung gefunden haben.

Große Zucht: Auch für eine umfangreiche Zucht wird man in bestimmten Zeitabständen Zuchtgefäße ansetzen. Nur verwendet man hier größere Behälter von 5–30 l Inhalt und richtet bei Bedarf mehrere zugleich ein. Der Zuchtansatz besteht aus 60–150 Motten; der große PVC-Behälter kann bis zu 1000 Motten und 3000 Raupen aufnehmen.

Wie bei allen Großzuchten empfiehlt sich ein eigener Zuchtraum, der auf die gewünschte Temperatur gebracht werden kann.

Lagerhaltung: Wachsmotten lassen sich nicht auf Vorrat züchten, eine Lagerhaltung ist nicht möglich. Bei Kühlschranktemperaturen gehen die Raupen ein, Falter überleben einige Tage. Einzig mögliche Maßnahme ist ein Senken der Temperatur auf 20 °C, bei der die Entwicklung relativ langsam verläuft.

Schädlinge und Krankheiten: Bei hoher Luftfeuchtigkeit bildet sich auf dem Kot der Raupen sehr leicht Schimmel. Wandern die Raupen durch feuchten oder gar schimmeligen Kot, sterben sie. Deshalb ist eine gute Durchlüftung der Zuchtbehälter sehr wichtig.

Schlupfwespen, die ihre Eier einzeln in die Raupen stechen, treten in den Zuchten kaum auf, wenn man die Gefäße ständig verschlossen aufbewahrt.

Die Wachsmottenzucht ist leider anfällig gegen Milben. Sind erst einzelne Tiere zu sehen, so kann man sie mit Fett erfolgreich ködern. Bei einem Massenbefall ist man gezwungen, die gesamte Zucht zu vernichten, alle Gefäße mit heißem oder kochendem Wasser auszubürsten, den Platz, an dem die Zucht stand, gründlich mit einem feuchten Tuch abzuwischen und mehrere Wochen mit dem Neubeginn zu warten.

Verfütterung: Am einfachsten sind verpuppungsreife Raupen der Zucht zu entnehmen. Sie kriechen aus den Waben oder dem Futterteig; man braucht sie also nur einzusammeln. Benötigt man kleinere Raupen, so muß man die Waben oder den Futterteig auseinanderbrechen und nach den gewünschten Größen durchsuchen. Da die Raupen sehr lichtscheu sind und sich bei einer Störung flink verkriechen, arbeitet man nahezu im Dunkeln. Den Vivarientieren – außer den Fischen – bietet man die Raupen in einer glattwandigen Schale mit eingezogenem Rand an oder direkt von der Futternadel. Die Motten sind zwar recht träge, fliegen aber oft unvermittelt auf. Deshalb sollte man sich davor hüten, einen gut besetzten Kasten zu öffnen – so viele Motten auf einmal kann keiner einfangen. Wer viele Falter verfüttern möchte, nimmt entweder schon zur Zucht kleinere Gefäße oder setzt immer eine Anzahl ausgewachsener Raupen oder Puppen in einen kleinen Behälter um. Diesen Behälter stellt man ins Terrarium und öffnet erst dann den Deckel. Durch Klopfen aufgescheucht, schwirren die Motten aus dem Gefäß.

Man kann sich auch so behelfen, daß man den Zuchtkasten für einige Zeit in den Kühlschrank stellt. Die erstarrten Falter lassen sich dann leichter handhaben.

Die PVC-Kästen sind mit einem Schieber im Deckel ausgestattet. Setzt man eine Dose über die Öffnung, fliegen die Motten hinein. Dann kann man sie an seine Pfleglinge verteilen.

Raupen und Motten, die ja nach Honig schmecken, sind ein sehr beliebtes Futter bei den meisten Vivarientieren. Für Killifische, Barsche und Salmler sind sie ein Sonntagsbraten. Froschlurche und kleinere Echsen, wie Gekkos, Eidechsen, viele Agamen, Skinke und Chamäleons stürzen sich mit Begeisterung auf die Raupen, aber auch auf die Motten. Für alle Insektenfresser unter den Vögeln sind die Wachsraupen unentbehrlich; manche Kleinsäuger, wie Krallenäffchen, Buschbabies und Plumploris, geraten bei der Fütterung fast außer sich vor Begierde.

So beliebt die Wachsraupen auch sind, man sollte sie nicht im Übermaß oder gar ausschließlich verfüttern, da sie sehr fett sind. Ihr Fettgehalt liegt mit etwa 19 %, bezogen auf das Frischgewicht, deutlich höher als der der Mehlwürmer.

Vor- und Nachteile der Zucht:

Vorteile:

- Geringer Arbeitsaufwand
- Nahrhaftes Futtertier
- Keine Geruchsbelästigung
- Relativ kurze Entwicklungszeit
- Keine Vermehrung in Wohnräumen

- Futter kann auf Vorrat hergestellt werden

Nachteile:

- Zucht vermilbt leicht
- Entkommene große Raupen können Löcher in Bücher oder Polstermöbel fressen, um sich darin zu verpuppen

Säugetiere (Mammalia)

Unter den Wirbeltieren gibt es eine ganze Anzahl von wertvollen Futtertieren, die allerdings einen höheren Aufwand zur Zucht erfordern. Aus verschiedenen Gründen ist hier die Auswahl auf zwei Arten begrenzt, nämlich Mäuse und Ratten. Sie gehören zur Familie Muridae, den Mäuseartigen, innerhalb der Ordnung Rodentia, den Nagetieren. Diese Ordnung stellt fast die Hälfte aller Säugetiere. Als Futtertiere sind die verschiedenen Zuchtstämme der Hausmaus *(Mus m. musculus)* am bekanntesten und vermehrungsfreudigsten. Die Afrikanische Vielzitzenmaus *(Mastomys natalensis;* vielfach noch unter dem alten Artnamen *M. coucha* bekannt) ist zwar in der Haltung geruchloser, aber so bissig, daß z. B. ihre Verfütterung an schwächere Schlangen mitunter riskant ist. Auch beim Hantieren ist bei dieser Art Vorsicht geboten. Sehr gut lassen sich auch die Wüsten- oder Rennmäuse der Gattung *Meriones* züchten, die zu den Hamsterartigen gehören und bei sauberer Haltung nicht riechen. Allerdings sind es recht possierliche Tiere, so daß es manch einem Vivarianer schwerfallen wird, sie zu verfüttern.

Während die Mäuse gelegentlich noch als recht putzig erscheinen, sind die Ratten in höchstem Maße unbeliebt – obwohl es gelehrige Tiere sind, die sowohl im Labor wie auch als wertvolle Futtertiere als unentbehrlich gelten.

Hausmaus
(Mus musculus musculus)

Wanderratte
(Rattus norvegicus)

Beschreibung: *Mäuse:* Bei 15–19 cm Gesamtlänge, von der die Hälfte auf den Schwanz entfällt, erreichen die Hausmäuse ein Gewicht von 40–60 g; die Weibchen erreichen dabei das höhere Gewicht. Ohrmuscheln und Schwanz sind unbehaart. Das Fell ist meist einfarbig, seltener gescheckt. Am bekanntesten ist die weiße Maus, aber man hat auch schwarze und braune Mäuse gezüchtet und andere in vielen Farbabstufungen, so zum Beispiel milchkaffee-farbene, blaugraue, zimtfarbene und silberweiße.

Bei erwachsenen Tieren lassen sich die Geschlechter leicht erkennen: Beim Weibchen fallen die Zitzen auf, beim Männchen die Hoden.

Je nach Wurfgröße und Rasse wiegen die Jungen bei der Geburt 1,0–1,7 g und sind ohne Schwanzstummelchen 3,2–3,6 cm lang, so daß sie in der Größe einer ausgewachsenen Zweifleck-Grille entsprechen.

Ratten: Die Wanderratte *(Rattus norvegicus)* ist die Stammform aller Labor- und Futterratten. Albinotische Tiere werden am häufigsten gezüchtet, aber man kennt auch farbige und gescheckte.

Etwa die Hälfte der Körperlänge entfällt auf den unbehaarten Schwanz; die Tiere erreichen 40–47 cm Gesamtlänge. Die Böcke sind schwerer als die Weibchen; sie wiegen je nach Rasse 500–700 g, die weiblichen Tiere bringen es auf 400–500 g. Das ausgewachsene Männchen ist am Hoden leicht vom Weibchen zu unterscheiden.

Neugeborene Ratten wiegen 4–6 g und sind ohne Schwänzchen 4–5 cm lang.

Entwicklungszeiten: *Mäuse:* Im Alter von 4–6 Wochen werden Mäuse geschlechtsreif, allerdings sollte man sie erst mit

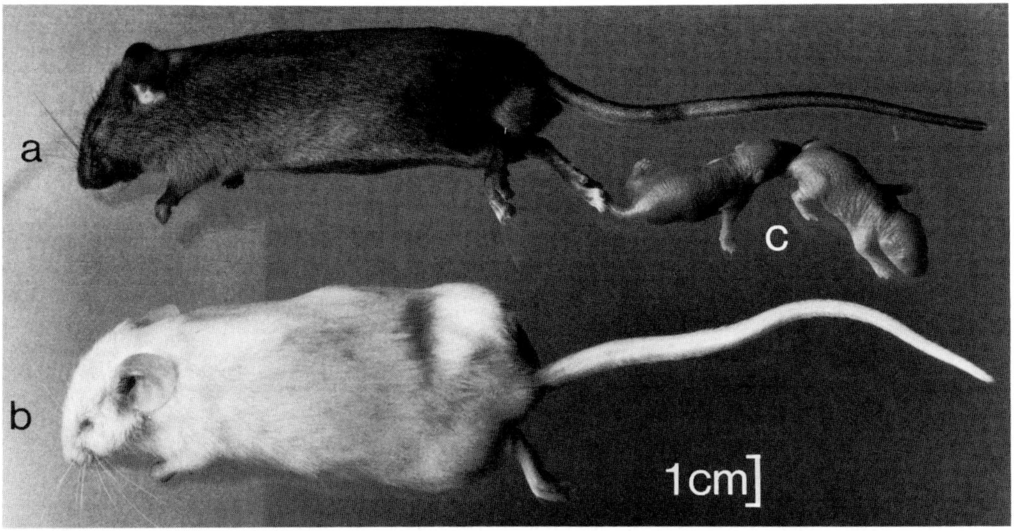

Abb. 61 Maus *(Mus musculus musculus)*. a) Männchen, b)Weibchen, c) Jungtiere.

7–8 Wochen zur Zucht heranziehen. Nach 18–24 Tagen Tragzeit wirft das Weibchen 1–18 Junge, durchschnittlich 9–15, und säugt sie 4 Wochen lang. Bereits nach 2½ bis 3 Wochen, spätestens am 21. Tag, sollte man die Jungtiere von den Alttieren und nach Geschlechtern trennen. Einerseits ist dann beim Weibchen der nächste Wurf zu erwarten, und andererseits verhindert man so eine zu frühzeitige unkontrollierte Paarung der Jungen. In diesem Alter kann man die Geschlechter oft schwierig unterscheiden. Die Männchen lassen sich eher erkennen: Wenn man mit Daumen und Zeigefinger die Bauchhaut der hinteren Körperhälfte hochschiebt, treten die Hoden in den Hodensack.

Voll behaart sind die Jungmäuse mit 8–10 Tagen und wiegen dann 5–7 g. Nach 2 Wochen öffnen sie die Augen, verlassen zum ersten Mal das Nest, nehmen feste Nahrung auf und geben dann normalen Kot ab. Mit 16 Tagen haben die Jungen ihr sogenanntes „Flohalter" erreicht: Sie springen bei jeder Beunruhigung davon und entweichen dann sehr leicht, wenn der Käfig nicht abgedeckt ist. Durchschnittlich bringen die Mäuse mit 20 Tagen 10–12 g auf die Waage und 15–19 g nach 30 Tagen.

Je nach Zuchtstamm erreichen die Mäuse ein Alter von 1–3½ Jahren. Zur Zucht taugen sie etwa 1 Jahr lang; ein Weibchen hat in dieser Zeit 100–135 Junge geboren.

Ratten: Geschlechtsreif werden Ratten im Alter von 5–9 Wochen; sie sollten aber erst voll ausgewachsen mit etwa 12 Wochen zur Zucht eingesetzt werden, sonst fressen die Weibchen bis zu zwei Würfe auf. Nach einer Tragzeit von 3 Wochen wirft das Weibchen durchschnittlich 9–12, manchmal sogar bis zu 23 Junge und säugt sie 4 Wochen lang. Die Trächtigkeitsdauer verlängert sich bis auf 5 Wochen, wenn das Weibchen gleichzeitig einen großen Wurf säugt. Dann sollte man die Jungen erst nach 4 Wochen absetzen und nach Geschlechtern trennen, bei normal großen Würfen nach 3 Wochen. Bei gleichaltrigen Jungtieren erkennt man

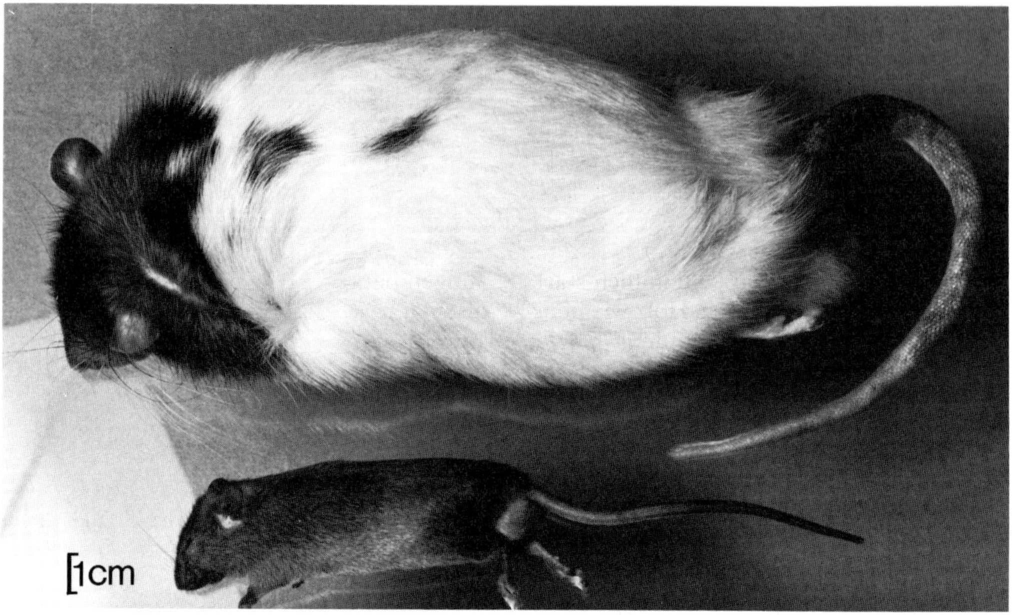

Abb. 62 oben: Männchen der Ratte *(Rattus norvegicus)*, unten: Männchen der Maus *(Mus musculus musculus)*.

die Geschlechter an der Größe der Geschlechtspapille und ihrem Abstand zum After: beides ist beim Männchen größer. Eine zusätzliche Erkennungsmethode ist bei den Mäusen beschrieben.

Mit 10 Tagen haben die jungen Ratten ihr Geburtsgewicht von etwa 5 g vervierfacht. Sie wiegen nach 20 Tagen 40–50 g, nach 50 Tagen 120–155 g und nach 80 Tagen 175–240 g. Männchen wachsen schneller heran und wiegen nach 100 Tagen 12% mehr als Weibchen. Im Alter von 10–17 Tagen öffnen die Jungen die Augen, nehmen 3–4 Tage später zum ersten Mal feste Nahrung zu sich und sind nach etwa 14 Tagen voll behaart.

Nach einem Jahr, längstens nach 15 Monaten, sollte man wieder junge Tiere zur Zucht ansetzen. Ein Weibchen hat dann 100–120 Junge aufgezogen. Ratten werden 3 Jahre alt, in Ausnahmefällen bis zu 7 Jahren.

Behälter, Substrat und Einrichtung: *Mäuse:* Vorzüglich geeignet für die Haltung von Mäusen sind die speziell für sie entwickelten Kunststoffwannen aus Makrolon mit grobmaschigem Metalldeckel. Diese Käfige lassen sich gut sterilisieren, sie sind ohne Deckel stapelbar und nahezu unzerbrechlich. Vertiefungen im Deckel nehmen die Tränkflasche und das Futter auf, so daß man nur selten im Käfig hantieren muß. Diese Wannen gibt es in verschiedenen Größen. Seit einigen Jahren werden solche Wannen auch aus anderen Kunststoffen hergestellt und preiswerter angeboten. Nach den Erfahrungen verschiedener Benutzer sind sie jedoch nicht so gut haltbar.

Hält man nur wenige Tiere, eignen sich auch Glasbehälter, die man ohne weiteres selbst herstellen kann, wenn man Glasscheiben mit Silicon zusammenklebt. Zur besseren Belüftung bringt man an einer Seite in der oberen Hälfte ein Gitter an. Holz hält ebenso wie Kunststoff die Wärme gut, so daß es sich bei kühlen oder wechselnd warmen Räumen als Käfigmaterial empfiehlt. Mäuse nagen bekanntlich stark, so daß nur besonders hartes Holz wie Teak, Buche oder Eiche Verwendung finden kann. Die Bretter wählt man mindestens 13 mm dick und verstärkt den Boden innen durch eine harte Kunststoffplatte.

Metallkäfige sind nur bei gleichmäßig beheizten Räumen einzusetzen; die Temperatur sollte dann durch einen Thermostat geregelt sein. Verzinktes Material rostet nach kurzer Zeit durch die Urinrückstände, deshalb ist Edelstahl empfehlenswert.

Die Höhe der Käfige soll 15 cm betragen. Besser sind 20 cm, da dann die jungen Mäuse im Flohalter nicht so leicht herausspringen können. Die Grundfläche richtet sich nach der Anzahl der Tiere. Eine Zuchtgruppe von 1:7–8 Mäusen mit ihren Jungen benötigt 1500 cm^2 bis zur Trennung, also zum Beispiel 50 × 30 cm. Für eine Zuchtgruppe im Verhältnis 1:4 bewährte sich die Fläche von 40 × 25 cm, im Verhältnis 2:15 60 × 40 cm, für ein Weibchen mit Jungen 25 × 20 cm, für 10 Jungtiere 30 × 20 cm.

Mäuse haben einen starken Bewegungsdrang. Deshalb wählt man ihre Käfige nicht zu klein, auch wenn wir sie „nur“ als Fut-

Abb. 63 Mäusezucht in Kunststoff-Wannen.

tertiere halten. Ein Laufrad verschafft ihnen zusätzliche Bewegungsmöglichkeit.
Als Einrichtung braucht man einen Nestkasten mit runder Öffnung von etwa 4 cm Durchmesser. Man kann ihn im Zoofachhandel kaufen oder aus Brettchen selbst zusammenleimen. Seine Größe richtet sich nach der Anzahl der Weibchen, zum Beispiel 15 × 8 × 10 cm für 4 Weibchen. Allerdings zernagen die Tiere einen solchen Kasten recht schnell, und zudem bietet er Krankheitskeimen eine ideale Brutstätte, so daß man ihn alle 6–10 Wochen ersetzen muß. Bei einer Massenzucht verzichtet man auf den Nestkasten, bietet aber eine dunkle Ecke als Nestplatz.
Sägemehl, Hobelspäne, Zellstoff oder reiner, sterilisierter Torf haben sich als Einstreu bewährt. Sägemehl hat den Vorzug, am saugfähigsten zu sein. Hobelspäne aus Fichtenholz, die man in großen Sägewerken bekommt, zerfallen zu Staub und sollten deshalb nicht verwendet werden. Wer sicher gehen will, keine Krankheiten einzuschleppen, wählt desinfiziertes Material. Ungeeignet sind Küchenkrepp und Düngetorf. Die Saugfähigkeit der Einstreu ist überaus wichtig. Bei dem doch recht hohen Preis für die Makrolon-Wannen lohnt es sich, durch hoch saugfähige Einstreu und regelmäßige Reinigung das Material zu schützen. Als Nestmaterial kann man zusätzlich Papier und Heu anbieten. Eine Haltung auf Drahtrosten ist nicht zu empfehlen, da das Nestmaterial durchfallen würde. Sie ist höchstens für Jungtiere geeignet, bis diese verfüttert werden.
Völlig veraltet und unpraktisch ist es, das Trinkwasser in Schälchen anzubieten. Das Wasser ist ständig verschmutzt, muß täglich oder noch häufiger frisch gereicht werden und nimmt den Tieren unnötig Platz zum Herumlaufen weg. Die Tränkflaschen, die meist aus Plastik hergestellt sind, bieten dagegen nur Vorteile. Man bringt sie außen am Käfig seitlich oder oben an. Sie sind entweder mit einem Gummistopfen verschlossen, durch den eine gerade oder leicht gebogene Glasröhre mit einer lichten Weite von etwa 2 mm führt, oder mit einer Metallkappe, die flach oder in eine Spitze ausgezogen ist und ein etwa 1 mm großes Loch aufweist. Die Mäuse lernen schnell, daß sie Wasser bekommen, wenn sie an einer dieser Öffnungen schlecken.
Etwa einmal im Monat empfiehlt sich eine Reinigung der Wannen, Tränkflaschen und Deckel mit einem Desinfektionsmittel. Man erkundigt sich beim Lieferanten der Wannen, welche Mittel angewendet werden dürfen. Ist die Zuchtanlage in einem gesonderten Raum untergebracht, verwendet man einmal monatlich Aldehyd-Flächen-Desinfektion.
Ratten: Entsprechend ihrer Größe benötigen Ratten geräumige Käfige mit einer Höhe von 20, besser 25 cm, damit sich die Tiere voll aufrichten können. Eine Grundfläche von 40–50 × 70–80 cm ist günstig für eine Zuchtgruppe von 2:10–15 Tieren oder 25–40 Jungratten. Der Wurfkäfig für ein Weibchen soll 40 × 25 cm groß sein.
Als Materialien eignen sich am besten Kunststoff (wie die Makrolon-Wannen) und Metallgitter als Deckel. Leider gibt es die Wannen nur bis 20 cm Höhe. Mit den 5 cm hohen Meerschweinchen-Aufsätzen erreicht man die notwendige Höhe. Da Ratten nicht so kräftig nagen wie Mäuse, eignen sich auch Holzkäfige, vor allem wenn man nur wenige Tiere hält. Wegen der starken Urinabgaben ist ein häufiges Säubern unerläßlich. Metallkäfige aus Edelstahl können bei gleichmäßig temperierten Räumen verwendet werden. Bei Großzuchten bewähren sich die Käfige mit Gitterboden; Kot und Urin fallen in eine herausziehbare Wanne. Solche Käfige lassen sich leicht reinigen. Jedoch sind sie als Wurfboxen für Weibchen völlig ungeeig-

net, da die Tiere ja Nestmaterial brauchen. Für die Einstreu gilt dasselbe wie bei Mäusen. Holzwolle wird zum Nestbau gern verwendet.

Futter: Wie alle Tiere benötigen Mäuse und Ratten für einen geregelten Stoffwechsel Eiweiß (Aminosäuren), Kohlenhydrate, Fettsäuren, Mineralstoffe und Vitamine in einem ausgewogenen Verhältnis. Für unsere Zuchttiere können wir zwischen zwei Möglichkeiten wählen, um deren Nahrungsbedarf zu decken. Sicher, einfach, wirtschaftlich und seit vielen Jahren erprobt ist die Fütterung mit einer Standard-Diät für die Mäuse- und Rattenzucht. Es sind Preßlinge (Pellets), die in verschiedenen Größen angeboten werden. Die Diät der Firma Altromin zum Beispiel enthält 23% Rohprotein, 5% Rohfett, 4,5% Rohfaser, 6,5% Asche, 13,5% Wasser und 47,5% stickstofffreie Extraktstoffe, insgesamt 12 Aminosäuren, die Mineralstoffe Kalzium, Phosphor, Magnesium und Natrium, verschiedene Spurenelemente und die Vitamine A, B_1, B_2, B_6, B_{12}, C, D_3, E, K_3, Nikotinsäure, Pantothensäure, Folsäure, Biotin und Cholin. Nach Schmidt (1973) benötigen junge Ratten und tragende Weibchen 30–40% Eiweißanteil. Hier empfiehlt sich zum Beispiel die eiweißreiche Diät II der Firma Altromin mit 32% Rohprotein. Allerdings kennen wir Rattenzuchten, die über viele Jahre hinweg mit der Standard-Diät ernährt wurden, ohne daß sich irgendwelche Mangelerscheinungen gezeigt hätten.

Erwachsene Mäuse brauchen 3–5 g dieses Futters täglich, säugende Weibchen mehr, nämlich 6–10 g. Bei Ratten betragen die Mengen 12–15 g und 20–40 g. Je nach Menge der Tiere und Größe der Futterraufe füllt man 1–2mal in der Woche den Vorrat auf. Da diese Diät alles enthält, was die Tiere brauchen, bekommen sie zusätzlich nur Wasser.

Mehr der Vollständigkeit halber denn als Empfehlung sei die alte Fütterungsmethode angegeben, die mehr Überlegung und Zeitaufwand erfordert und sich nur bei der Haltung einer kleinen Zahl gekaufter Tiere anbietet. Solche Mäuse bekommen dann Hühnermischfutter, Grünfutter (Salat, Löwenzahn, Karotten), Haferflocken, Leinsaat, in Milch eingeweichte Brötchen und als Leckerbissen ab und zu eine getrocknete Garnele. Ratten füttert man mit verschiedenem Getreide, Hanf- und Sonnenblumenkörnern, hartem Brot, gekochten Kartoffeln, Karotten und Rüben. Dieses Futter muß man in Näpfen in den Käfig stellen; dadurch verunreinigt es sehr schnell, und außerdem verschleppen es die Tiere. Deshalb braucht man etwa die doppelte Menge, muß täglich füttern und verderbliche Reste peinlich genau entfernen.

Da wir nur von optimal ernährten Futtertieren beste Zuchtleistungen und Gesundheit erwarten können – auch für unsere mäuse- und rattenfressenden Pfleglinge sind solche gut ernährten Futtertiere erwünscht – spricht alles für die Diät. Dabei müssen wir beachten, daß auch dieses Futter durch eine schlechte Lagerung verdirbt. Das Futter sollte an einem kühlen, luftigen und trockenen Platz aufbewahrt werden, dann bildet sich kein gefährlicher Schimmel.

Zuchtbedingungen:

Licht: Gedämpftes Licht ist Mäusen und Ratten am zuträglichsten; ständig dunkle Räume sind ungeeignet. Vor allem Albinos sind außerdem gegen Sonnenlicht empfindlich. Es ist gleichgültig, ob wir die Tiere bei Tageslicht oder Kunstlicht halten.

Temperatur: Die günstigste Temperatur für die Haltung liegt bei 19–23°C. Hält man die Tiere ständig zu kühl oder unter stärkeren Temperaturschwankungen, bekommen sie leicht Erkältungskrankheiten, die, nicht rechtzeitig erkannt und behandelt, häufig tödlich verlaufen. Zugluft ist ebenfalls zu vermeiden.

Feuchtigkeit: Mäuse fühlen sich bei einer mittleren relativen Luftfeuchtigkeit am wohlsten; das Optimum liegt bei 40–60%, für Ratten im unteren, für Mäuse im höheren Bereich.

Trinkwasser muß den Tieren immer zur Verfügung stehen. Füttert man Pellets, sterben die Tiere, wenn sie 1–2 Tage ohne Wasser aushalten müssen, da das trockene Futter die Körperflüssigkeit entzieht. Die durstigen Tiere fallen dann über ihre schwächeren Käfiggenossen her und fressen sie auf. Die gute Qualität des Trinkwassers ist wichtig. Wenig gechlortes Leitungswasser, das auch für den Menschen als Trinkwasser ausgewiesen ist, löscht am billigsten und einfachsten den Durst der Nager.

Besondere Hinweise:

Kleine Zucht:

Mäuse: Zur Zucht von Mäusen hat sich eine Gruppe von 1 Männchen und 2–5 Weibchen gut bewährt. Sind mehrere Böcke zusammen, bildet sich unter ihnen eine Rangordnung aus, die nach heftigen Beißkämpfen einige Monate besteht. Zudem beißen sich die Männchen ständig gegenseitig in Hoden, Schwanzwurzel und Hinterfüße. Säugende Weibchen werden zwar durch die Anwesenheit mehrerer Männchen unnötig beunruhigt, andererseits ist die Zeitspanne, während der ein Weibchen, das gerade geboren hat, wieder gedeckt werden kann, nur so kurz, daß man die trächtigen Tiere dennoch möglichst nicht einzeln hält. Nur wenn man so wenig Futtermäuse braucht, daß es genügt, wenn die Weibchen alle 6–7 Wochen werfen, ist eine Trennung zu empfehlen. Bereits 5–24 Stunden nach der Geburt ist ein Weibchen wieder brünstig. Wird es in dieser Zeit nicht begattet, zeigt es sich erst 2–4 Tage nach dem Absetzen der Jungen, also gut 3 Wochen später, wieder paarungsbereit. Mäuse, die nicht regelmäßig gedeckt werden, sind etwa 12 Stunden innerhalb des 3–6 Tage dauernden Brunstzyklus aufnahmebereit. Die Pause zwischen den Zyklen beträgt bei jungen Tieren 2–3 Tage und wird mit zunehmendem Alter länger.

Da sich Tiere aus verschiedenen Zuchtstämmen mit fremdem Geruch Beißereien liefern können, ist es günstig, die Zuchtgruppe zum gleichen Zeitpunkt in einen frisch eingerichteten geruchsneutralen Käfig zusammenzusetzen. Tiere aus einem Kasten besitzen den gleichen Nestgeruch und sind aneinander gewöhnt. Anderenfalls achtet man in den ersten Tagen darauf, ob sich die Mäuse vertragen. Gerade entwöhnte Tiere sind für den Aufbau einer Zucht am besten geeignet; man hält sie aber noch 4–5 Wochen nach Geschlechtern getrennt.

Werfen die Weibchen das erste Mal, kommt es häufig vor, daß sie ihre Jungen anfressen. Später darf dies in einer guten Zucht, in der man die Tiere möglichst wenig beunruhigt, nicht mehr passieren.

Stirbt eine Maus aus der Gruppe, so läßt sich ein Weibchen aus einer fremden Zucht im allgemeinen problemlos dazusetzen. Bei einem Männchen ist es jedoch wichtig, die Tiere in einem geruchsneutralen Käfig zusammenzubringen.

Da Mäuse regelmäßig werfen, läßt sich ganz gut überschlagen, wie viele Zuchttiere man braucht, um seine Terrarienpfleglinge ausreichend zu versorgen. Entsprechend ergibt sich die Zahl der Zuchtkäfige. Mindestens zwei Behälter müssen noch für die abgesetzten Jungtiere bereitstehen, je einer für Weibchen und Männchen, da sich die Nachzuchten ja nicht ihrerseits fortpflanzen sollen. Verfüttert man erwachsene Mäuse, greift man zuerst die Jungmännchen heraus. Läuft die Zucht schon längere Zeit, kommen dann die alten Tiere an die Reihe, nachdem wir den Bestand durch eine junge Zuchtgruppe gesichert haben. Schließlich verfüttert man die Jungweibchen. Eine große Hilfe bedeutet es, sich einige Daten aufzuschreiben; auf alle Fälle, wann man die Gruppe zusammengesetzt hat, und zusätzlich wann Junge geworfen wurden. So weiß man, wann die Jungmäuse von den Eltern getrennt werden müssen und wann eine junge Zuchtgruppe die Alttiere ablösen sollte.

Mäuseurin riecht bekanntlich recht penetrant, so daß eine Haltung und Zucht dieser Nager in der Wohnung nur dem zu empfehlen ist, der keine überempfindliche Nase hat. Bei reinlicher Haltung lassen sich aber durchaus Mäuse in begrenzter Anzahl züchten, ohne daß Besucher auf dem Absatz kehrtmachen. Hat man keine geeigneten Nebenräume, wie einen luftigen Keller, ein Zimmer außerhalb der Wohnung oder ein Gewächshaus, ist das größte Problem die Unterbringung der Käfige. Gut gefiel uns die Lösung eines Berliner Terrarianers: Die Behälter stehen auf Hängeborden an einer Wand im Badezimmer. Vorteilhaft ist dabei der nahe Wasseranschluß; nur darf man nicht vergessen, Waschbecken und Badewanne zu desinfizieren, bevor man sich selbst wieder wäscht.

Eine häufige Reinigung der Käfige, je nach Besatz alle 3–5 Tage, ist also für eine Zucht innerhalb der Wohnung Voraussetzung und auch sonst empfehlenswert. Steht die doppelte Anzahl Käfigwannen zur Verfügung, erleichtert dies die Arbeit beträchtlich: Alle Behälter werden mit frischer Streu 2–4 cm hoch gefüllt. Dann setzt man die Tiere Käfig für Käfig um, legt den Deckel sofort auf und reinigt anschließend hintereinander die schmutzigen Wannen. Mäuse packt man am sichersten mit der Hand an der Schwanzwurzel. Wer viel Erfahrung hat, kann sie auch im Nacken greifen, so daß die Nackenhaut straff gespannt ist. Wenn man hier zu fest zupackt, verletzt man die Tiere leicht.

Ratten: Bei der Rattenzucht hat sich ein Geschlechterverhältnis von 1:2–3 als günstig erwiesen. Diese Zuchtgruppe bringt man in einem 60 × 35 cm großen Käfig unter; sie bleibt ständig beisammen. Haben alle Weibchen gleichzeitig geworfen, ist es besser, einen Teil der Jungen schon vor dem Absetzen wegzunehmen und zu verfüttern. Die restlichen Tiere werden dann kräftiger und haben mehr Platz.

Ratten sind gegen Artgenossen mit fremdem Geruch aggressiver als Mäuse; deshalb gewöhnt man die Tiere in einem geruchsneutralen Käfig aneinander. Im übrigen sind Ratten, auch die Männchen, untereinander friedlich. Sauberkeit der Behälter gilt wie bei den Mäusen als oberstes Gebot im Interesse von Pfleger und Tier. Beim Umsetzen packt man die Ratten mit der Hand am Schwanzansatz, wobei die Tiere reflektorisch Kot abgeben können. Ruhige Bewegungen sind selbstverständlich, dann beißen die Tiere auch nicht. Vorsicht ist nur dann geboten, wenn wir eine entwichene Ratte wieder einfangen wollen. Dann schützen wir uns mit Lederhandschuhen vor den Bissen des aufgeregten Tieres.

Eine Rattenzucht beansprucht wegen der Größe der Tiere viel Platz und wird sich in einer Etagenwohnung kaum durchführen lassen. In jedem Fall ist, außer bei einer Kleinstzucht, ein eigener Raum angezeigt.

Große Zucht:

Mäuse: Auch bei einer Großzucht ist ein Geschlechterverhältnis von 1:4 praktisch und übersichtlich. Freilich ist die Anzahl der Zuchteinheiten bedeutend größer. Bewährt haben sich auch 2 Männchen und 12–15 Weibchen in Behältern von 60 × 35 cm.

Ratten: Für eine umfangreiche Rattenzucht setzt man die Tiere im Verhältnis 1–2:10 zusammen in 60 × 35 cm große Behälter.

Die eigentliche Anzahl Ratten im Zuchtkäfig ist geringer, denn der Unterschied zur kleinen Zucht besteht darin, daß man trächtige Weibchen einzeln in Wurfboxen hält und nach dem Absetzen der Jungen wieder in die Zuchteinheit zurückbringt. Einen gewissen Nachteil bedeutet es, daß die Weibchen nur etwa alle 6 Wochen werfen. Er wird dadurch ausgeglichen, daß die Ratten dann auch große Würfe einwandfrei aufziehen. Optimal gehaltene und ernährte Ratten eines guten Stammes sind gute Mütter, die höchstens ihren ersten Nachwuchs auffressen.

Allgemeine Hinweise für große Zuchten: Auch für diese Zuchtabläufe gelten die Angaben der kleinen Zuchten. Allerdings kommt man nun ohne einen gesonderten Raum nicht mehr aus. Er sollte gleichmäßig temperiert und gut belüftet sein, ohne daß Zugluft entsteht und Fliegen eindringen, die vor allem die gefürchteten Salmonellosen übertragen können. Die Käfige bringt man platzsparend in Regalen unter, die man zur notwendigen Durchlüftung in 5–10 cm Abstand von der Wand aufstellt. Für die Makrolon-Wannen gibt es fahrbare Gestelle in verschiedenen Größen. Bei Ratten ist zu erwägen, ob man Drahtkäfige für alle Tiere bis auf die trächtigen und säugenden Weibchen anschafft.

Eine Nische mit Wasseranschluß und großem Becken für die Reinigung der Behälter ist unabdingbar, denn wer möchte schon 30, 50 oder mehr Käfige durch die Wohnung ins Bad transportieren? Ebenso brauchen wir einen stabilen Tisch, möglichst mit Edelstahlplatte, die sich gut reinigen läßt und an dem sich viele Arbeiten durchführen lassen, wie Umsetzen, Wiegen, Untersuchen und Behandeln. Arbeitssparend ist eine Spritzpistole, die mit einem Schlauch am Wasserhahn angeschlossen wird. Mit ihr füllt man die Tränkflaschen, damit man nicht jede Flasche einzeln unter dem Hahn auffüllen muß. Noch wichtiger als bei den kleinen Zuchten ist ein zweiter Satz Wannen, so daß die Reinigung rationell erfolgen kann.

Je größer die Zucht, desto notwendiger erweist sich ein Quarantäneraum, denn die Gefahr nimmt zu, den Bestand durch eine eingeschleppte Seuche zu verlieren.

Schädlinge und Krankheiten: Mäuse sind leider von Natur aus empfindlicher und anfälliger als Ratten und brauchen unbedingt gesunde Räumlichkeiten. Gutes Futter in einwandfreiem Zustand und saubere, regelmäßig desinfizierte Käfige und Tränkflaschen benötigen beide Arten für ihr Wohlbefinden. Sind diese Voraussetzungen erfüllt und haben wir uns bestes Material aus gesunden Zuchten besorgt, werden wir selten Krankheiten bekämpfen müssen. Kaufen wir neue Tiere hinzu, halten wir sie unbedingt 4 Wochen in Quarantäne, beobachten sie besonders aufmerksam und behandeln sie, falls nötig und möglich.

Krankheiten, die auf Ernährungsfehlern beruhen, sind in ihren Symptomen so vielfältig, daß es den Rahmen dieses Buches sprengen würde, sie im einzelnen zu besprechen. Sie lassen sich weitgehend vermeiden, wenn wir den Tieren hochwertige Nahrung bieten (s. Abschnitt „Futter"). Von den anderen Krankheiten erwähnen wir nur die wichtigsten.

Tierische Schädlinge: Hier sind zuerst die Einzeller (Protozoa) zu nennen, die alle inneren Organe befallen können. Viele gehören zur Darmflora, wie die Amöbe *Entamoeba muris* und das Geißeltierchen *Lamblia muris;* sie werden nur schlecht ernährten und schlecht gehaltenen Mäusen und Ratten gefährlich. Bei starker Infektion verursacht *L. muris* schleimigen Kot und Durchfall. Die Krankheit verläuft unbehandelt nach 1 bis 8 Tagen tödlich und kann mit Clont geheilt werden; besser ist es, befallene Tiere zu töten.

Unter den Sporentierchen der Ordnung Coccidida sind *Eimeria falciformis* und andere Arten zu nennen, die die sogenannte Coccidiose verursachen, eine Krankheit, die sich durch schwere Schädigungen der inneren Organe bis zu Todesfällen bemerkbar macht. Eine Behandlung ist mit Sulfonamiden möglich, wie beispielsweise Durenat (oral), oder mit anderen Verbindungen, die verschiedene Firmen speziell als Anti-Coccidien-Präparate entwickelt haben, wie Sulfaquinoxalin, Sulfamethazin, Sulfadimethoxin oder Ormetoprim. Auch Präparate auf anderer Basis, wie Amprolium, sind wirksam, ebenso Kombinationen verschiedener Medikamente.

Eine andere Coccidie, *Toxoplasma gondii,* ruft die Toxoplasmose hervor, eine Erkrankung, von der man früher annahm, daß sie auch zum Beispiel von Nagern und Hunden leicht auf den Menschen übertragen werden könne. Dies könnte aber nur dann geschehen, wenn der Mensch infizierte Mäuse und andere Tiere roh essen würde! Die Hauptinfektionsquelle dürfte in ungekocht gegessenem Fleisch vom Schwein (Schweinemett), Rind (Beefsteak, Tartar) oder von anderen Tieren zu suchen sein.

Bei den Mäusen, die als Labor- und Futtertiere gezüchtet werden, hat die Toxoplasmose so gut wie keine Bedeutung, da die Nager nur dann erkranken, wenn sie infizierten Katzenkot fressen würden. Dann allerdings verliefe die Krankheit innerhalb weniger Tage tödlich. Tritt unter den Mäusen Kannibalismus auf, kann die Infektion weitergetragen werden.

Toxoplasma gondii zeigt einen sogenannten 2-Wirte-Zyklus: die vegetative Vermehrung kann in verschiedenen Wirten – ausnahmslos in Wirbeltieren – stattfinden, während die geschlechtliche Vermehrung stets in anderen Wirten abläuft, in diesem Fall nur in Hauskatzen und anderen katzenartigen Raubtieren.

Gleichfalls einen 2-Wirte-Zyklus durchlaufen Arten der Gattung *Sarcocystis.* Ein interessanter Kreislauf spielt sich dabei zwischen Schlangen *(Python reticulatus)* und Ratten *(Rattus norvegicus)* ab. Frisch importierte Pythons sind fast immer von diesen Coccidien befallen, was auf eine weite Verbreitung dieser Parasiten schließen läßt. Wie Brehm und Frank (1980) nachweisen konnten, sind die mit dem Kot der Schlangen ausgeschiedenen Dauerstadien (Oocysten) sofort wieder für Ratten infektiös. Bei unsauberer Haltung der Reptilien und Ratten werden diese Stadien leicht auf das Futter der Ratten verschleppt, zum Beispiel durch Fliegen, Schaben oder Pharaoameisen. Schon wenige Oocysten führen zur Infektion der Ratten. Bei Befall mit 50–150 Oocysten erkranken sie bereits mit hohem Fieber, zeigen Blutungen im Darm und verenden nicht selten daran. Auch dieses Beispiel mag die Bedeutung hygienischer Verhältnisse unterstreichen.

Parasitäre Würmer befallen am häufigsten die verschiedenen Darmabschnitte, aber auch Lunge, Leber und Muskulatur. Durch Kotuntersuchungen lassen sich Darmwürmer feststellen. Die wichtigsten Fadenwürmer (Klasse Nematodes) entwickeln sich direkt, das heißt ohne Zwischenwirt. *Syphacia-* und *Aspiculuris*-Arten in Mäusen und Ratten werden nur wenige Millimeter groß. Eine Behandlung ist kaum notwendig; man verfüttert alle Tiere und beginnt anschließend mit gesunden Tieren eine neue Zucht.

Mäuse können Zwischenwirt für Schlangen-Ascariden sein; es entwickeln sich zum Beispiel *Ophidascaris*-Arten in ihnen, wenn bei unsauberer Haltung Kot infizierter Schlangen mit der Einstreu oder dem Futter der Mäuse in Berührung kommt. Verfüttert man solche Mäuse, breitet sich die Spulwurm-Infektion unter den gehaltenen Schlangen immer weiter aus.

Der Bandwurm (Klasse Cestodes) *Hymenolepis nana* erreicht bis etwa 55 mm Länge, verursacht im Dünndarm Schleimhautentzündungen und kann bei starkem Befall die Mäuse töten. Dieser Bandwurm kann sich direkt oder unter Einschaltung eines Zwischenwirts entwickeln. Als Zwischenwirte kommen verschiedene Insektenarten, wie Mehlkäfer, Speckkäfer, Getreideschimmelkäfer und vermutlich auch Fliegen, in Betracht. Die dagegen immer unter Einbeziehung eines Zwischenwirts erfolgende Entwicklung des fast ausschließlich bei Ratten auftretenden Bandwurms *Hymenolepis diminuta* schließt die gleichen Insekten als Zwischenwirte ein. Droncit (Dosierung: 5 mg/kg Tier) wirkt gegen Bandwürmer, Panacur (Dosierung: 10–30 mg/kg Tier) oder Rintal (Dosierung: 10–30 mg/kg Tier) gegen Fadenwürmer.

Unter den Insekten lassen sich die Flöhe (Ordnung Aphaniptera) am leichtesten bekämpfen, da bei regelmäßiger Reinigung der Zuchtwannen zweimal in der Woche eine Entwicklung der nicht parasitisch in der Einstreu lebenden Larven nicht möglich ist. Vor allem zwei Arten schmarotzen häufig an Mäusen: *Leptopsylla segnis* und *Nosopsyllus fasciatus*. Ratten können unter 57 verschiedenen Floharten leiden; als Arten seien *Nosopsyllus fasciatus, Leptopsylla segnis* und *Ctenophthalmus agyrtes* genannt.

Bedeutungsvoller sind die Läuse (Ordnung Anoplura). Da sie als hemimetabole (mit unvollständiger Verwandlung) Insekten ihre ganze Entwicklung auf ihren Wirten durchlaufen und alle Stadien Blut saugen, ist die Schädigung durch Blutverlust oft erheblich. Dazu werden die Nager in Abhängigkeit von der Zahl der Individuen ständig beunruhigt. Die Läuse von Maus und Ratte gehören zur Gattung *Polyplax*.

Die Bekämpfung der Läuse ist mit den hochwirksamen Insektiziden problemlos. Man sollte möglichst Pyrethrum-Präparate einsetzen, da sie als Naturprodukte weniger toxisch sind als die vollsynthetischen Präparate. Auch die Imagines der Flöhe lassen sich leicht mit Insektiziden abtöten. Nur muß man hierbei die Einstreu peinlichst vernichten, da sonst nach wenigen Tagen erneut Imagines aus den Puppen schlüpfen.

Milben (Klasse Acari) gehören zu den Spinnentieren und haben somit 4 Paar Beine, sofern es sich um Nymphen und Geschlechtstiere handelt (die Larven der Milben haben dagegen nur 6 Extremitäten). Die meisten Milben sind winzig klein, etwa 0,15 bis 0,5 mm groß. Deshalb erkennt man sie nur mit einer guten Lupe oder wenn der Befall so stark geworden ist, daß man auf den Tieren eine wabernde Masse entdeckt. Die Milben schmarotzen entweder an oder in der Haut oder an den Haaren. Die wichtigsten Arten sind bei der Maus *Myocoptes musculinus* und *Myobia musculi,* bei der Ratte *Myobia ratti.* Daneben kommen *Demodex-* und *Notoëdres-*Arten vor. Auf Mäusen und Ratten verursachen *Notoëdres-* und *Sarcoptes-*Arten Räude. Bei diesem Krankheitsbild erscheint die Haut borkig verkrustet. Ein wirkungsvolles Mittel bei der Räude ist Odilen-neu.

Nach Schmidt (1979) hat sich bei Mäusen zur Abtötung dieser Parasiten folgende Behandlung bewährt: Alle befallenen Hautstellen werden mit unverdünnter Euphagol-VA-Lösung oder 2%iger Phosphorsäureester-Lösung dreimal im Abstand von 5 Tagen bespritzt. Die erstgenannte Lösung ist in der Apotheke erhältlich, der Phosphorsäureester im Chemikalien-Geschäft. Ratten badet man am besten in Lösungen von Hexachlorcyclohexan-Präparaten. Alle übrigen Milben lassen sich mit Neguvon, besser noch Alugan-Pulver oder Antorgan-Lösung bekämpfen. Mit Acariziden oder Insektiziden behandelte Tiere dürfen niemals vor Ablauf von etwa 14 Tagen verfüttert werden! Zum Beispiel führt Neguvon zu Lähmungen bei verschiedenen Reptilien.

Viruskrankheiten und bakterielle Erkrankungen: Viele dieser Krankheiten äußern sich in Symptomen, die der Laie nur schwer deuten kann. Ihre sichere Bestimmung ist im allgemeinen nur in entsprechenden Laboratorien möglich, wie in den Staatlichen Tierärztlichen Untersuchungsämtern, Tierärztlichen Hochschulen und in der Bundesforschungsanstalt für Kleintierzucht in Celle. Deshalb stellen wir nur jeweils die wichtigsten Krankheiten vor. Unter den Virusinfektionen sind dies die Mäuse-Pocken (Ektromelie), die bei den Mäusen hohe Verluste verursachen können, da sie überaus ansteckend sind. Deshalb empfiehlt es sich unbedingt, pockenfreie Stämme zu erwerben. Von Ektromelie befallene Mäuse machen mit den Zähnen ein eigenartig knirschendes Geräusch; man hört also sofort, ob Mäuse an Pocken erkrankt sind, sofern genügend Tiere in einem Raum untergebracht sind.

Eine gefürchtete bakterielle Erkrankung ist die Salmonellose, die von sehr vielen Arten der Gattung *Salmonella,* zum Beispiel *Salmonella typhimurium,* hervorgerufen wird. Man kennt verschiedene Krankheitsformen. Die chronische ist die heimtückischste, da die erkrankten Tiere laufend ihre Käfiggenossen anstecken, ohne selbst krank zu erscheinen. Die akute Form äußert sich bei den Mäusen in Durchfall und allgemeiner Schwäche; nach 2–4 Tagen tritt der Tod ein. Bei Ratten fällt ein rascher Gewichtsverlust auf, ferner bräunlich schimmernde Augen und ebenso gefärbte Verkrustungen der Haut um die Nasenlöcher, sowie blasse Ohren. 70 % der kranken Ratten sterben nach 1–2 Wochen. Zwischen der akuten und der chronischen Form gibt es verschiedene Stufen, die sich unterschiedlich zu erkennen geben. Kranke Tiere tötet man, am sichersten verbrennt man sie anschließend. Zur Vorbeugung sei dringend geraten, einwandfreies Futter zu kaufen und so zu lagern, daß es weder mit Fliegen noch mit Wildnagern in Berührung kommen kann. Auch den ganzen Tierbestand sollte man vor diesen Überträgern schützen.

Verfütterung: Mäuse und Ratten verfüttert man an gesunde kräftige Vivarientiere am besten lebend und zu deren bevorzugten Freßzeiten. Ein hungriges Tier wird die Beute recht schnell ergreifen und auffressen. Man kann beobachten, ob der Pflegling seine Ration bekommt, bei Futterstreitigkeiten notfalls eingreifen und nach einer Frist von 1–2 Stunden nicht gefressene Futtertiere entfernen. Ausgewachsene Nager sollte man nie über Nacht im Terrarium belassen, da sie die Insassen – vor allem Schlangen – anknabbern und stark verletzen können.

Gelegentlich wird man nicht umhin können, einen Nager abzutöten. Eine Maus tötet man am schnellsten, indem man sie am Schwanz packt und kräftig über eine Kante schlägt. Bei beiden Nagern kann man so vorgehen, daß man sie von oben hinter dem Kopf und am Hinterteil packt und dann kräftig und ruckartig auseinander zieht. Nicht jedermann kann sich dazu überwinden, auch wenn diese Methoden für die Tiere am schmerzlosesten sind. Kann oder will man nicht selbst Hand anlegen, kann man sie mit Kohlendioxid ersticken. In ein möglichst kleines, dicht schließendes Gefäß mit Stutzen leitet man mit einem Schlauch, der über den Stutzen paßt, aus einer Kohlendioxid-Flasche so lange Gas ein, bis die Nager tot sind.

Mäuse und Ratten bilden für sehr viele kleine bis große Schlangen das Hauptfutter; manche Schlangen ernähren sich sogar ausschließlich und bestens von diesen Nagern. Unentbehrlich sind sie für fleischfressende Großechsen, wie Warane und Tejus, für kleine bis mittelgroße Krokodile und große Froschlurche. Mäuse kommen vor allem für mittelgroße Echsen (große Eidechsen, Chamäleons, Skinke, Agamen) und große Wasser- und Landschildkröten als Futtertiere in Betracht. Nestjunge Mäuse sind ja nicht größer als ausgewachsene Wanderheuschrecken oder Grillen. Vor allem für trächtige Weibchen stellen sie wegen ihres Kalkgehaltes ein ausgezeichnetes Futter dar.

Große Vogelspinnen, Skorpione und Skolopender sind mit Insekten allein nicht satt zu bekommen, Hauptnahrung bilden deshalb nestjunge Mäuse. Und den Bedarf an tierischem Eiweiß vieler Kleinaffen deckt man zum überwiegenden Teil ebenfalls mit nestjungen Mäusen.

Vor- und Nachteile der Zucht:

Vorteile:

- Vorzügliche, vielseitig verwendbare Futtertiere
- Mit Standardfutter einfache Pflege
- Keine Geräuschbelästigung, nur Fiepen

Nachteile:

- Geruchsentwicklung läßt sich nicht vermeiden
- Häufige Reinigung der Käfige erforderlich
- Brauchen relativ viel Platz

Bezugsquellen

Zuchtansätze

Die Adressen von Züchtern sind dem Anzeigenteil von Zeitschriften entnommen. Ergänzt ist die Liste durch Adressen, die uns anderweitig bekannt geworden sind. Es lohnt sich in jedem Fall, auch nach weiteren Futtertieren zu fragen, da sich die Angebote ändern können.
Weiterhin züchtet man in zoologischen Instituten, Schulen und Instituten, die diese beliefern, manche Tiere, so daß auch hier eine Anfrage lohnend sein kann. Nur wenige Zoologische Gärten sind dagegen in der Lage, Zuchtansätze abzugeben.
Man kann sich freilich auch von befreundeten Vivarianern einen Ansatz erbitten. Diesem Wunsch wird gewiß in den meisten Fällen entsprochen werden, sofern es sich nicht um bisher wenig verbreitete Tiere handelt, von denen nur in begrenztem Umfang Zuchtansätze zur Verfügung stehen. Wer bei den genannten Bezugsquellen und aufgrund von Anzeigen nicht fündig wird, wende sich an uns: Ursula Friederich, Leinenweberstraße 57d, D (W)-7000 Stuttgart 80; Werner Volland, Beihinger Straße 27, D (W)-7149 Freiberg/N. – Die jeweiligen Ziffern verweisen auf die nachfolgend aufgeführten Bezugsquellen.

Plankton	
Süßwasserplankton	1, 3, 5
Meeresplankton	
Brachionus	2
Chlorella, Dunaliella	28
Fadenwürmer	
Mikrowürmchen	9, 30
Ringelwürmer	
Gemeine Enchyträe	1, 7, 15, 29, 30
Grindalwürmchen	9, 30
Regenwürmer	3, 4, 16, 25, 26, 37
Weichtiere	
Schnirkelschnecken	1
Achatschnecke	2, 3
Krebstiere	
Daphnien	1, 3
Japanischer Wasserfloh	12
Salinenkrebschen	3
Asseln	1
Insekten	
Springschwänze	1, 2, 35
Schaben	2
Argentinische Schabe	2, 19, 20, 25, 41
Totenkopfschabe	2
Gewächshausschabe	2
Grüne Schabe	2, 25
Geradflügler	
Heimchen	3, 6, 10–14, 17–22, 25, 30, 31, 33–40, 42
Steppengrille	14, 17, 25, 31, 38, 39, 40
Zweifleck-Grille	3, 10–14, 17–22, 24, 33, 36, 38, 39
Kurzflügel-Grille	38
Höhlengrille	2, 25
Ägyptische Wanderheuschrecke	8, 10, 13, 14, 17, 19, 21, 24, 25, 27, 33, 34, 36, 38, 42
andere Wanderheuschrecken	2, 13, 25
Stabschrecken	2
Indische Stabschrecke	2, 32
Annam-Stabschrecke	2

Käfer

Getreideschimmelkäfer	12, 13, 30, 37
Mehlkäfer und -würmer	3, 6, 12, 14, 17, 19, 21, 23, 25, 26, 31, 33, 37, 40, 42
Großer Schwarzkäfer	6, 12, 14, 16, 19, 25, 26, 31, 33, 34, 37, 40, 42
Rosenkäfer	22, 27
Speisebohnenkäfer	2

Fliegen

Drosophila	14, 33, 35, 36, 42
Kleine Essigfliege	1, 3, 10
stummelflüglige Form	3, 9, 13, 19, 30, 37
Große Essigfliege	1
Große flugunfähige Essigfliege	9, 13, 37
Hundstagsfliege	1
Stubenfliege	1, 10, 22, 24, 33
Terfly	18, 37
Schmeißfliege	1, 16, 19, 25, 26, 33
Goldfliege	1, 3, 4, 6, 16, 19, 25, 26, 33
Fleischfliege	1

Schmetterlinge

Kleine Wachsmotte	9
Große Wachsmotte	14, 17, 20, 21, 25, 34, 38, 40, 42

Wirbeltiere

Maus	3, 5
Ratte	3, 5

1 Selbst fangen
2 Vivarianer, u. a.
Ulrich Ziegler; Dürerstraße 12, D (W)-1000 Berlin 45
3 Zoofachgeschäft
4 Geschäft für Anglerbedarf
5 Institute für Zoologie oder Mikrobiologie Bundesrepublik Deutschland:
6 Aleckwa, Fa.; Postfach 25, D (W)-6701 Waldsee
7 Ankenbauer, Bernd; Herrenberger Straße 36, D (W)-7400 Tübingen
8 Becker, Manfred; Hauptstraße 368, D (W)-5060 Bergisch-Gladbach 2
9 Bitsch, H.; Geisenfelder Straße 39, D (W)-8072 Manching
10 Both, M.; Fichardstraße 38a, D (W)-6000 Frankfurt/M. 1
11 Buhlmann, Zoohaus; Wörthstraße 16, D (W)-6200 Wiesbaden
12 Claus, Fa.; Postfach 100, D (W)-6703 Limburgerhof
13 Decarli, Olga; Schlehenweg 8, D (W)-8047 Karlsfeld
14 Dietzel, Fa.; Zur Eibe 22, D (W)-4150 Krefeld 1
15 Faust, E.; Baumgartenstraße 6, D (W)-6780 Pirmasens 19
16 Grebenstein, Fa.; Küsterstraße 4, D (W)-3208 Giesen
17 Hildner, Fa.; Sauerheimer Straße 8, D (W)-8520 Weisendorf
18 Hintze, Carsten; Kahlstraße 11, D (W)-1000 Berlin 31
19 Insektenfarm Arnst; Zehntstadelweg 16, D (W)-7901 Staig-Altheim
20 Kastens, Uwe; Mittelweg 26, D (W)-4190 Kleve
21 Kurkowski, Fa.; Horstenstraße 350, D (W)-4650 Gelsenkirchen
22 Link, Anneliese; Samoastraße 19, D (W)-8000 München 19
23 Linnenschmidt, H.; Am Nonnenplatz 40, D (W)-4832 Wiedenbrück
24 Marek, Norbert; Zobelweg 10, D (W)-7118 Künzelsau
25 Morio Zoobedarf; Mühlstraße 37, D (W)-7149 Freiberg/N.
26 Mosella, Fa.; Zum Biberbach 1, D (W)-5560 Platten
27 Pautz, Anton; Bachstraße 8, D (W)-8263 Burghausen
28 Pflanzenphysiologisches Institut der Universität Göttingen; Nikolausbergerweg 18, D (W)-3400 Göttingen
29 Plorin, W.; Kirchstraße 72, D (W)-4100 Duisburg 17

30 Stute, E.; Theodor-Storm-Straße 14, D (W)-4800 Bielefeld 17
31 Tropical; Steinäckerstraße 13, D (W)-7102 Lehrensteinsfeld
32 Wandenelis, Lothar; Moorkamp 3, D (W)-2300 Kiel 1
33 Zoo Hoch; Hauptstraße 41, D (W)-7808 Waldkirch 2
34 Zoo Siebert; Burggasse 20, D (W)-7260 Calw-Stammheim
35 Zoo Utke; Hafenmarkt 11, D (W)-7300 Esslingen
36 Zoofachversand H.-J. Peters; Am Tömp 14, D (W)-5144 Wegberg

Niederlande:

37 Insekt Expresse / B. Adema; Antwoordnummer 1254, NL-6900 WB Zevenaar

Österreich:

38 Zoo Höller; Vogelfarmweg, A-8144 Tobelbad

Schweiz:

39 Grigfarm; CH-4443 Wittinsburg
40 Lagite, Fa., Herr Punnel; CH-1643 Gumefens
41 Röthlin-Koller, Maria; Ulmenstraße 4, CH-6003 Luzern
42 Runa Exotic; Baldeggstraße 24, CH-6280 Hochdorf

Technischer Bedarf und Futterpräparate

Erlenmayer-Kolben, Petrischalen, Pipetten und Ähnliches: Geschäfte für Laborbedarf

Holzkästen (für Wanderheuschrecken; Zuchtschränke): Siegfried Walter, Nieferner Straße 44, D (W)-7130 Mühlacker-Enzberg; örtliche Schreinereien

Laborgläschen mit Ceaprin-Stopfen (für Obstfliegen): Zoo-Fachhandel; große Mengen: Greiner GmbH Labortechnik, Maybachstraße 2, D (W)-7443 Frickenhausen

Glasbehälter (für Obstfliegen, Mäuse): Aquarienbau J. Kurowski, Mühlackerstraße 125, D (W)-7130 Mühlacker-Lomersheim (für Fliegen und andere; Terrarien): Ulrich Ziegler, Dürerstraße 12, D (W)-1000 Berlin 45

Nylongaze: Verseidag-Industrietextilien GmbH, Industriestraße 56, D (W)-4150 Krefeld

Makrolonwannen (für Mäuse, Ratten und Mehlkäfer): Firma Altromin GmbH, Lange Straße 40, Postfach 285, D (W)-4937 Lage
Firma E. Becker, Hermannstraße 2–8, D (W)-4620 Castrop-Rauxel
Dipl.-Ing. W. Ehret GmbH, Fabrikstraße 2, Postfach 1230, D (W)-7830 Emmendingen 14

Mäuse- und Ratten-Diät: Firma Altromin GmbH, Lange Straße 42, Postfach 285, D (W)-4937 Lage
Firma H. Eggersmann KG, Kraftfutterwerk, Galgenfeld 1, D (W)-3260 Rinteln/Weser

Futterwürfel Nr. 360 (für Springschwänze, Grillen, Schaben usw., speziell im Hinblick auf Nahrungsbedürfnis der Amphibien und Reptilien zusammengesetzt): Kliba, Klingental Futtermühle, CH-4303 Kaiseraugst; Verkauf in kleineren Mengen: Zoo Utke, Hafenmarkt 11, D (W)-7300 Esslingen

Schabenfallen, auch für Heimchen. Klebfalle mit Duftköder: Neudorffs Schabenfallen: W. Neudorff GmbH KG, Postfach 1209, D (W)-3254 Emmerthal 1. Köderfalle: Rinal-Schabenköder: Detia-Freyberg GmbH, Geschäftsbereich Rinal, Postfach, D (W)-6947 Laudenbach

Drosophila-Instant-Futtermehl: Dr. Dieter Bretz, Geisswaldweg 23a, CH-4133 Pratteln, Fax: 061/8214540

Zoo-Utke, Hafenmarkt 11, D (W)-7300 Esslingen

Literaturverzeichnis

Bücher über Futterzuchten

Geyer, H.: Praktische Futterkunde. Alfred Kernen Verlag, Stuttgart 1957, 6. Aufl.

Jahn, J.: Lebendfutter. Lehrmeister-Bücherei Nr. 17; Albrecht Philler Verlag, Minden 1978, 2. Aufl.

Jocher, W.: Futter für Vivarientiere. Franckh'sche Verlagshandlung, Stuttgart 1975.

Kleinsteuber, E. und G. Fiedler: Futter für Terrarientiere. Neumann-Verlag, Leipzig-Radebeul, 1982.

Krumbiegel, I.: Gefangene Tiere richtig füttern. DLG-Verlagsgesellschaft, Frankfurt/Main 1976, 4. Aufl.

Webb, A. and F.: Breeding Live Food For Reptiles and Tarantulas. Fitzgerald Publishing, London, 1987.

Wyninger, R.: Insektenzucht. Verlag Eugen Ulmer, Stuttgart 1974.

Zimmermann, H.: Futtertiere von A–Z. Aquarien- und Terrarientiere – richtig ernährt. Franckh'sche Verlagshandlung, Stuttgart, 1982.

Vivarienkundliche Bücher mit Angaben über Futterzuchten

Aleven, J. M.: Alles über das Terrarium. Alfred Kernen Verlag, Stuttgart 1970.

Austin, O. L.: Singvögel der Welt. Rheingauer Verlagsgesellschaft, Eltville am Rhein 1976, 3. Aufl.

Berndt, T.: Kleine Terrarienkunde. Falken-Verlag, Erich Sicker, Wiesbaden 1966.

Bielfeld, H.: Prachtfinken. Verlag Eugen Ulmer, Stuttgart 1973.

Frey, H.: Das Aquarium von A bis Z. Verlag J. Neumann-Neudamm, Radeboil 1966, 7. Aufl.

Kahl, B., Gaupp, P. und Schmidt, G.: Das Terrarium. Falken-Verlag, Niedernhausen 1980.

Klingelhöffer, W. und Scherpner, C.: Terrarienkunde. Bd. 1 (Allgemeines und Technik). Alfred Kernen Verlag, Stuttgart 1955.

Klös, H.-G. und J. Lange: Tierwelt hinter Glas. Das Zoo-Aquarium Berlin. arani Verlag und Verlag Haude & Spener, Berlin, 1988.

Lilge, D. und Meeuwen, H. v.: Grundlagen der Terrarienhaltung. Landbuchverlag, Hannover 1979.

Mayland, H. J.: Das Aquarium. Falken-Verlag, Niedernhausen 1975.

Mayland, H. J.: Das Süßwasser-Aquarium. Falken-Verlag, Niedernhausen 1978, 2. Aufl.

Meaden, F.: A Manual of European Bird Keeping. Blanford Press, Poole and Dorset, 1979.

Neunzig, K.: Praxis der Vogelpflege und -Züchtung (Handbuch III). Creutzsche Verlagsbuchhandlung, Magdeburg 1927.

Nietzke, G.: Die Terrarientiere, Bd. I. Verlag Eugen Ulmer, Stuttgart 1977, 2. Aufl.

Obst, F. J., K. Richter und U. Jacob: Lexikon der Terraristik. Edition Leipzig, 1984.

Ostermöller, W.: Die Aquarienfibel. Franckh'sche Verlagshandlung, Stuttgart 1976, 5. Aufl.

Paysan, K.: Beispielhafte Aquarien. Tetra-Werke, Melle 1 1978.

Redaktion Aquarienmagazin: Kosmos-Handbuch Aquarienkunde. Das Süßwasseraquarium. Franckh'sche Verlagshandlung, Stuttgart 1978.

Rimpp, K.: Das Terrarium. Ulmer Taschenbuch 27, Verlag Eugen Ulmer, Stuttgart, 1986.

Robiller, F.: Prachtfinken. Verlag J. Neumann-Neudamm, Melsungen 1978.

Sachs, W. B.: Vogel-Pflege – leicht gemacht. Franckh'sche Verlagshandlung, Stuttgart 1954.

Sachs, W. B.: Aquarienpflege leicht gemacht. Franckh'sche Verlagshandlung, Stuttgart 1977.

Schmidt, G.: Kleinsäuger. Verlag Eugen Ulmer, Stuttgart 1973.

Schulte, R.: Frösche und Kröten. Verlag Eugen Ulmer, Stuttgart 1980.

Stettler, P. H.: Handbuch der Terrarienkunde. Franckh'sche Verlagshandlung, Stuttgart 1979.

Vogel, Z.: Wunderwelt Terrarium. Verlag J. Neumann-Neudamm, Melsungen 1962.

Vogt, D. und Wermuth, H.: Knaurs Aquarien- und Terrarienbuch. Droemer Knaur, München, Zürich 1977, 2. Aufl.

Zimmermann, E.: Das Züchten von Terrarientieren. Pflege, Verhalten, Fortpflanzung. Franckh'sche Verlagshandlung, Stuttgart, 1983.

Zimmermann, H.: Tropische Frösche. Franckh'sche Verlagshandlung, Stuttgart 1979.

Spezialliteratur über Futterzuchten

Vivarienkundliche Zeitschriften
(und ihre Abkürzungen, die im Literaturverzeichnis verwendet werden)

Aqu.-Mag.: Aquarien-Magazin. Monatshefte für Aquarien- und Vivarienkunde. Kosmos-Verlag, Stuttgart (bis 3/1988, danach vereint mit DATZ).

Aqu. Terr.: Aquarien Terrarien. Monatsschrift für Vivarienkunde und Zierfischzucht. Urania-Verlag, Leipzig (bis 1990, danach vereint mit DATZ).

Aquariumwereld: Monatsschrift. Offizielles Organ des „Belgische Bond voor Aquarium- en Terrariumkunde V.Z.W." (B.B.A.T.).

Aquaterra: Monatsschrift für Aquaristik und Terraristik sowie für Pflanzen- und Tierpflege im Heim. Biberist, Schweiz. (bis 1973).

AZN: AZ-Nachrichten. Mitteilungsblatt der Vereinigung für Artenschutz, Vogelhaltung und Vogelzucht (AZ) e.V. Geschäftsstelle Backnang.

Das Aquarium. Magazin für zeitgemäße Vivaristik. Birgit Schmettkamp Verlag, Bornheim 3.

DATZ: Aquarien Terrarien vereinigt mit aquarien magazin. Verlag Eugen Ulmer Stuttgart.

Ent. Nachr. Ber.: Entomologische Nachrichten und Berichte. Vierteljahreshefte, herausgegeben von der Entomofaunistischen Gesellschaft e.V., Leipzig.

Gef. Welt.: Gefiederte Welt. Fachzeitschrift für Vogelfreunde, Vogelpfleger und Züchter. Verlag Eugen Ulmer Stuttgart.

herpetofauna. Die Zeitschrift für den Terrarianer. herpetofauna-Verlags-GmbH, Weinstadt.

Lacerta: Zweimonatsblatt der Niederländischen Vereinigung für Herpetologie und Terrarienkunde.

Mittbl. Salam.: Salamandra. Zeitschrift für Herpetologie und Terrarienkunde. Herausgegeben von der Deutschen Gesellschaft für Herpetologie und Terrarienkunde e.V., Frankfurt am Main.

Sauria: Die Zeitschrift der Terrarianer. Herausgegeben von der Terrariengemeinschaft Berlin e.V.

Terra: Zeitschrift der Belgischen Vereinigung für Terrarienkunde und Herpetologie, Merksem.

Trochilus: Eine Fachzeitschrift über tropische Vögel. Ab 1991: Tropische Vögel. Vierteljahresschrift. Herausgegeben von Dr. Karl-L. Schuchmann, Bonn.

Wochenschr.: Wochenschrift für Aquarien- und Terrarienkunde. Verlag Gustav Wenzel und Sohn, Braunschweig (ab 1951 mit DATZ vereinigt).

Arnold, A.: Erfahrungen bei der Haltung der afrikanischen Höhlengrille Pholeogryllus geertsi Chopard (Saltatoria). Ent. Nachr. Ber. **27** (5), 230–231, 1983.

Badeda, S.: Fliegenmaden als Aufzuchtfutter. Gef. Welt **111** (4), 109, 1987.

Ballasina, D. L. P.: Ervaringen met de treksprinkhaan Locusta migratoria migratorioides. Lacerta **40** (6), 102–107, 1982.

Bartholdi, P.: Einfache Zucht der Heimchen (Hausgrille). Mittbl. Salam. **3,** 51–52, 1962.

Bartholdi, P.: Stubenfliegenzucht – ohne Geruchsbildung. Aquaterra **3,** 22–24 (1 Abb.), 1966.

Bauer: Frisches Lebendfutter für unsere Exoten. Drosophila. AZN, 248–249, 1975.

Baumgartner, E.: Meine Heimchenzucht. Gef. Welt **105** (12), 244, 1981.

Berndt, K.-P.: Calliphoriden-Zucht ohne Geruchsbelästigung. Angew. Parasitol. **10,** 233–236, 1969.

Bertram, G.: Die Zucht von Enchyträen. Wertvoll – aber nicht immer. Das Aquarium **1** (1), 6–7, (1 Abb.), 1967.

Biesôt, T.: Het kweken van springstaarten (Collembola). Lacerta **47** (2), 61–62, 1988/89.

Bitsch, H.: Ein leckeres Zubrot für Aquarienfische: Wachsmotten. Aqu.-Mag. **14** (4), 160–161, (2 Abb.), 1980.

Böhm, O.: Die indische Stabheuschrecke als Terrarienpflegling und Futterquelle. DATZ **29** (7), 244–245 (3 Abb.), 1976.

Brandt, A.: Warum keine Winterzucht der Schmeißfliege? Gef. Welt **88,** 97–98, 1964.

Claassen, L.: Voedsel problemen? Het vangen van insecten en het kweken van vliegen. Lacerta **19** (1), 3 u. 7–8, 1960.

Cock, J. J.: Het voederen met larven van de wasmot. Lacerta **10** (8), 60–61, 1952.

Dahlke, H.: Zucht von Artemia salina. Aqu. Terr. **3** (3), 91–92, 1956.

Daiss, S.: Gryllus domesticus als Futtertiere. herpetofauna **1** (3), 16–17, 1979.

De Batist, P.: De reuzenmeelworm. Aquariumwereld **37** (2), 44–46 (2 Abb.), 1984.

De Batist, P.: Nogmaals de reuzenmeelworm. Aquariumwereld **38** (4), 96, 1985.

De Batist, P.: Problemlose Fliegenzucht. DATZ **44** (5), 318–321, 1991.

De Batist, P.: Voedseldieren: Tenebrio molitor. Terra **27** (7), 95, 1991.

De Batist, P. en Van Maele, A.: Voedseldieren: Galleria mellonella. Terra **25** (8), 138, 1989.

De Batist, P. en Van Tomme, G.: Kweeken met de vleugelloze Afrikaanse vlieg. Aquariumwereld **38** (5), 114–116, 1985.

Dittmar, H.: Daphnia-Zucht in kleinen Behältern. Das Aquarium **1** (3), 34–35, 1967.

Dobroruka, L. J.: Pholeogryllus geertsi Chopard 1923, eine afrikanische Höhlengrille. Aqu. Terr. **19** (8), 278–279 (2 Abb.), 1972.

Dohse, H.: Artemia en gros. Ein Beitrag zur Aufzucht und Vermehrung von Artemia salina. DATZ **23** (11), 348–350 (1 Abb.), 1970.

Dohse, H.: Das Artemium. Die kleine Lebendfutterfabrik. I. DATZ **24** (12), 413–415 (2 Abb.), 1971 – II. DATZ **25** (1), 34–36 (1 Abb.), 1972. – III. DATZ **25** (2), 61–63 (2 Abb.), 1972.

Dohse, H.: Artemien automatisch. DATZ **26** (2), 68–70 (3 Abb.), 1973.

Dohse, H.: Artemia-Zystenenthüllung. DATZ **31** (9), 320–323 (8 Abb.), 1978.

Dürr, K. L.: Die Anlage von Protozoenreinkulturen. Wochenschr. **44** (3), 88–91 (4 Abb.), 1950.

Eberlé, W.: Haltung und Zucht von Enchyträen. Aquarium **3** (5), 54–55, 1948.

Eck, F. en G. van: Een kweek van regenwormen. Lacerta **49** (3), 95–96, 1991.

Eckert, G.: Zucht von Grindal-Würmchen. DATZ **12** (5), 156–157, 1959.

Ehlert, B. W.: Die Mediterrane Zweifleckgrille Gryllus bimaculatus de Greer (Orthoptera, Gryllidae) – ein hochwertiges Futterinsekt. Teile 1–3. Sauria **4** (1), 11–17, (2), 25–33, (3), 29–34, 1982.

Emmert, U.: Drosophila melanogaster, ein vergessenes Fischfutter. DATZ **7** (1), 13–14 (3 Abb.), 1954.

Essmann, U.: Ertragreiche Zucht des Getreideschimmelkäfers (Alphitobius ovatus). DATZ **29** (3), 105–107 (1 Abb.), 1976.

Essmann, U.: Der gute Tip: Die Zucht von „Essigälchen" ohne Geruchsbelästigung. Das Aquarium **20** (H. 200), 79, 1986.

Eysden, E. van: Wasmotten, Sprinkhanen en Kakkerlakken. Lacerte **21** (1), 4–5, 1962.

Fischer, H.: Kleinstfutter kein Problem. Wochenschr. **44** (4), 120–122 (1 Abb.), 1950.

Fischer, H.: Kleinstfischfutter. DATZ **4** (4), 99–101 (1 Abb.), 1951.

Florschütz, P. A.: Nog iets over de kweek van fruitvliegen. Lacerta **15** (5), 47, 1957.

Friederich, U.: Das Züchten von Futterinsekten. Voliere **7** (6), 232–237, 1984.

Friedrich, H.: Grindalzucht – salonfähig gemacht. Aqu.-Mag. **1** (7), 298, 1967.

Fritz, H.: Fischfutter aus dem „Bienenkorb" (die Zucht von Taufliegenmaden). Aqu.-Mag. **1** (10), 420–422 (4 Abb.), 1967.

Fuchs K.: Insektenzuchten und deren Verwendung im Zoo Innsbruck. Gef. Welt **104** (7), 132–134, 1980.

Geus, A.: Über ein Massenauftreten von Mycetaea hirta MARSH. (Coleoptera) in Kulturen von Enchytraeus albidus. DATZ **14** (4), 122, 1961.

Geyer, H. und Becker, R.: Das „Grindal"-Würmchen. DATZ **5** (7), 183–184, 1952.

Geyer, H.: Zusätzliches zu dem Kapitel „Grindal"-Würmchen = Enchytraeus buchholzi (VEJDOVSKY). DATZ **6** (4), 97, 1953.

Gibson, L.: Some sources of live food. Avicult. Mag. **86** (1), 33–39, 1980.

Goger, R.: Schimmelkäferzucht. Gef. Welt **108** (5), 144, 1984.

Goger, R.: Zucht der Essigfliege als Futter für Vögel und Fische. Gef. Welt **108** (5), 145, 1984.

Greve, W.: Brachionus plicatilis – ein Rädertier eröffnet neue Wege in der Meeresaquaristik. DATZ **28** (11), 394–395 (1 Abb.), 1975.

Grindal, N.: Ein anderer Enchyträus, Enchytraeus buchholzi, und die Geschichte seiner Entdeckung als Futtertier für unsere Aquarienfische. DATZ **9** (2), 44–46, 1956.

Hagedoorn, F. H. J.: Een behuizing voor de krekelkweek. Lacerta **44** (10/11), 186–187, 1986.

Hagedoorn, F.: De kweek van de grote wasmot (Galleria mellonella). Lacerta **47** (3), 81–84, 1989.

Hausberger, A.: Heimchenzucht. Gef. Welt **81,** 55–56 (3 Abb.), 1957.

Heeland, R.: Grundschule der Aquaristik. Fischzucht ist auch Futterzucht. Das Aquarium **15** (H. 147), 450–456, 1981.

Helbig, W.: Getreideschimmelkäferlarven als Futtertiere. Gef. Welt **109** (10), 280, 1985.

Held, B.: Meine Grillenzucht. Gef. Welt **83,** 217–218, 1959.

Hesse, U.: Rädertierchenkultur als Aufzuchtfutter. [Süßwasser]. DATZ **17** (9), 282–283, 1964.

Hoppe, R.: Heuschrecken als Weichfresserfutter. Gef. Welt **87,** 34–35, 1963.

Hoppe, R.: Über die Zucht von Lebendfutter (Grillen, Heimchen, Käfer, Asseln). Gef. Welt **89,** 171–172, 1965.

Hoppe, R. und Hoppe M.: Die Wachsmotte als ideales Lebendfutter. Gef. Welt **87,** 77, 1963.

Horn, H. und Horn, W.: Über die Zucht von Wasserflöhen. Aqu. Terr. **23** (8), 270–274 (3 Abb.), 1976.

Horn, H. und Horn, W.: Noch einmal über die Zucht von Wasserflöhen. Aqu. Terr. **23** (10), 345 (1 Abb.), 1976.

Horn, K.: Mikrozucht im Einkochtopf. Aqu.-Mag. **18** (8), 374, 1984.

Horrer, F.: Zucht von Ägyptischen Wanderheuschrecken Locusta migratoria. Gef. Welt **113** (6), 177–178, 1989.

Horst, J. Th. ter: Wandelende takken. Lacerta **18** (2), 9–11, 1959.

Irtz, P.: Heimchen als Futtertiere. DATZ **13** (10), 318–319, 1960.

Jaenen, A.: Een goed georganiseerde krekelkweek. Aquariumwereld **44** (12), 269–271, 1991.

Janssen, H. A.: Een andere manier om fruitvliegen te voeren aan jonge salamanders. Lacerta **44** (10/11), 193, 1986.

Kießling, G.: Pantoffeltierchenzucht. Aqu. Terr. **1** (4/5), 78–79, 1954.

Kirschke, S.: Meine Mehlwurmzucht. 1.–3. Teil. Gef. Welt **109** (4), 104–106, (5), 128–130, (6), 161, 1985.

Kirschke, S.: Hausgrillenzucht. Gef. Welt **114** (5), 154–155, 1990.

Klein, H.: Einrichtung einer Mehlwurmgroßzucht. Gef. Welt **83,** 97–98, 1959.

Klöss, J.: Heimchenzucht leicht gemacht. Gef. Welt **82,** 73–74, 1958.

Knaack, J.: „Mikro"-Älchen – Die Gattung Turbatrix. Aqu. Terr. **5** (1), 21–24, 1958.

Kofahl, U.: Taufliegenzucht: Ausbruchsicher – geruchlos – ergiebig. Aqu.-Mag. **21** (7), 292–294, 1987.

Körber, U.: Futter für Wanderheuschrekken. Aqu.-Mag. **18** (5), 249, 1984.

Körber, U.: Zusatz von Torf bei der Obstfliegenzucht. Aqu.-Mag. **18** (7), 351, 1984.

Körber, U.: „Die achte Plage: Heuschrekken". Aqu.-Mag. **20** (3), 126–129, 1986.

Kracht, W.: Mehlwurmzucht. Gef. Welt **83,** 137–138, 1959.

Kracht, W.: Betrachtungen über das Lebendfutter. Gef. Welt **85,** 76–78, 1961.

Kremlitschka, O.: Mehlwürmerzucht. Gef. Welt **83,** 56–57, 1959.

Kremlitschka, O.: Der Getreideschimmelkäfer. Gef. Welt **89,** 117–118, 1965.

Kroon, V. A.: Een vliegensluis. Lacerta **41** (5), 85–87, 1983.

Kuijten, P.: Gouden torren: het is niet alles goud, wat er blinkt. [Rosenkäfer]. Lacerta **41** (7), 129–131, 1983.

Lange, J. und R. Kaiser: Ohne Plankton geht es nicht. Probleme bei der Zucht von Korallenfischen. TI internat. Sd. Nr. **92,** 3 S., 1989.

Lanting, J.: Over de kweek van huiskrekels. Lacerta **23** (12), 99, 1965.

Laurens, B.: Enige opmerkingen over voederdieren en de kweek van de huiskrekel (Acheta domestica). Lacerta **47** (1), 15–18, 1988.

Laurens, B.: De kweek van treksprinkhanen. Lacerta **47** (4), 122–125, 1989.

Legro, Ir. R. A. H.: Drosophila als voedseldier. Lacerta **15** (5), 33–36, 1957.

Leistner, F.: Enchyträenzucht. Aqu. Terr. **1** (4/5), 91–92, 1954.

Ley, J.: Wasserflöhe aus dem Eimer. DATZ **44** (2), 112–113, 1991.

Maleck, W.: Betreff: „Mikro – Ein immer verfügbares, praktisches Lebendfutter", DATZ 7/88. DATZ **41** (11), 505, 1988.

Mantel, P.: Het kweken van fruitvliegen (Drosophila). Lacerta **48** (1), 25–26, 1989.

Mantel, P.: De huisvlieg (Musca domestica) als voederdier. Lacerta **47** (6), 165–167, 1989.

Marinkelle, C. J.: Een eenvoudige en hygiënische methode voor het kweken van meelwormen. Lacerta **19** (9), 71–72, 1961.

Mau, K. G.: Ein Beitrag zur Zucht der Großen Wachsmotte (Galleria mellonella). Gef. Welt **97,** 46–50 (5 Abb.), 1973.

Mau, K. G.: Ein Beitrag zur Zucht der Indischen Feldgrille (Gryllus bimaculatus) DE GREER. Gef. Welt **100,** 239–244 (9 Abb.), 1976.

Mau, K. G.: Zur Zucht der Indischen Feldgrille. DATZ **31** (10), 358–359 (2 Abb.), 1978.

Mayland, H. J.: Die siebte Plage (Heuschreckenzucht). Aqu.-Mag. **1** (12), 519–521, 1967.

Meeuwes, M. Th.: Wasmottenkweek. Lacerta **40** (7), 147, 1982.

Mehner, H.: Enchyträenzucht und Milbenvernichtung. DATZ **14** (8), 253, 1961.

Mickoleit, E.: Futtertierzucht. [Heimchen]. Mittbl. Salam. **3,** 61–62, 1962.

Milautzcki: Enchyträen – ein vorzügliches Lebendfutter. AZN, 140, 1976.

Möller, K.: Praktische Regenwurmzucht. Aqu. Terr. **1** (9/10), 190, 1954.

Moustafa, U.: Die Zucht der echten Heuschrecke als wertvolles Lebendfutter [Wanderheuschrecke]. Gef. Welt **100,** 97, 1976.

Mudrack, W.: Zucht der Sardinischen Grille. Aqu.-Mag. **4** (6), 280, 1970.

Mudrack, W.: Man muß nicht die Nase rümpfen: Die geruchlose Stubenfliegenzucht. Aqu.-Mag. **13** (12), 623–624, 1979.

Müller, W.: Die Insektenfütterung exotischer Zierfische. Aqu. Terr. **3** (3), 89–91, 1956.

Müller, W.: Grindalwurmzucht – richtig gemacht. Aqu. Terr. **5** (7), 214–215, 1958.

Müller-Langenbeck, G.: Die Einrichtung einer Heuschreckenzuchtanlage. DATZ **17** (3), 92–93 (3 Abb.), 1964.

Musil, A.: Mehlwürmer. Gef. Welt. **83,** 18, 1959.

Mußler, E.: Ein neues Verfahren zur problemlosen Zucht von Fruchtfliegen. Trochilus 1982 (3), 41–42, 1982.

Nachstedt, J.: aus: Zusammenfassende Berichte über die bekannten und beliebten Aphyosemion-Arten. 6. Aphyosemion calabaricus E. AHL. [Grindalwurmzucht]. DATZ **5** (6), 145–146, 1952.

Nestler, L.: Die Zucht der stummelflügligen Form der Tau- oder Obstfliege. Aqu. Terr. **7** (5), 153–154, 1960.

Oeser, R.: Massenzucht von Drosophila. DATZ **13** (6), 185–186, 1960.

Oeser, R.: Fliegenzucht. DATZ **4** (5), 134–135, 1951.

Offreins, H. W.: Het kweken van vliegen. Lacerta **16** (6–7), 46, 1958.

Paulsen, J.-P.: Zur Haltung von Futtertieren. DATZ **29** (8), 283–286 (6 Abb.), 1976.

Pavel, D.: Grindal, ein feines Ergänzungsfutter für Aquariumfische. Das Aquarium **20** (H. 207), 480, 1986.

Pederzani, H.-A.: Zucht von Daphnien – machbar oder nicht? 1: Was fressen Wasserflöhe? Aqu. Terr. **29** (1), 10–11, 1982.

Pederzani, H.-A.: Daphnienfutter – machbar oder nicht? 2: Der Fortpflanzungsmodus – die Klippe der Zucht. Aqu. Terr. **29** (2), 46–48, 1982.

Peters, K. M.: Der gezielte Einsatz von Artemia salina. Das Aquarium **17** (H. 163), 19–24, 1983.

Pohlmann, G.: Er eignet sich auch als Futter für Frösche und Fische! [Speisebohnenkäfer Acanthoscelides obtectus Say]. Mittbl. Salam. **5,** 185–186, 1964.

Printz, W.: Grundschule der Aquaristik. Fischfutter aus Futterkuluturen selbst gezüchtet. Das Aquarium **19** (H. 187), 19–21, 1985.

Printz, W.: Grundschule der Aquaristik. Fischfutter aus Futterkulturen II. Das Aquarium **19** (H. 192), 317–320, 1985.

Quitschau, K.: Beobachtungen an Artemia salina. Aqu. Terr. **14** (10), 328–333 (5 Abb., 1 Tab.), 1967.

Quitschau, K.: Landasseln als Zierfischfutter. Aqu. Terr. **23** (2), 64–65 (1 Abb.), 1976.

Reuter, K.: Ein wertvolles Futterinsekt: das Heimchen. Gef. Welt **89,** 13–16, 1965.

Richter, K.: Hausgemachte Würmer: Enchyträen. Aqu.-Mag. **14** (5), 224–227, 1980.

Rössel, D.: Mikro. Ein immer verfügbares, praktisches Lebendfutter. DATZ **41** (7), 248–249, 1988.

Rusek, J.: Springschwänze – eine willkommene Beikost für unsere Pfleglinge. Aqu.-Mag. **5** (7), 300–303 (11 Abb.), 1971.

Sarring, G.: Larve des Getreideschimmelkäfers – zu wenig beachtet. Gef. Welt **92,** 136–137, 1968.

Sauer, H. F.: Die Fruchtfliege als Fischfutter. Aqu. Terr. **2** (5), 155–156, 1955.

Schabitz, W.: Das erste Aufzuchtfutter für unsere Jungfische. DATZ **7** (11), 291–295 (13 Abb.), 1954.

Schernekau, J.: Züchtung der Stubenfliege. Gef. Welt **98,** 31–32, 1974.

Schiller, H.: Erfahrungen mit Futterkulturen. Springschwänze – Rädertiere – Taufliegen. Aqu. Terr. **5** (5), 150–152, 1958.

Schlagentweith, K.: Ergänzende Bemerkungen zur Heimzucht von Daphnien. DATZ **31** (6), 214–215, 1978.

Schmidt, B.: Plankton für Seewasseraquarien. DATZ **31** (11), 390–391, 1978.

Schmidt, H. R. und Schmidt B.: Neu im Fachhandel: Tropisches Plankton. Aqu.-Mag. **13** (4), 170–171 (2 Abb.), 1979.

Schneider, P.: Erfolgreiche Mehlwurmzucht. Gef. Welt **83,** 37, 1959.

Schöne, H.: Die Zucht von Zooplankton im Seewasser. I–V. I: Aqu. Terr. **23** (5/6), 177–179 (5 Abb.), 1976. – II: **23** (7), 242–246 (10 Abb.), 1976. – III: **23** (9), 294–295 (1 Abb.), 1976. – IV: **23** (12), 418–420 (6 Abb.), 1976. – V: **24** (3), 82–85 (10 Abb.), 1977.

Schöne, H.: Asseln aus der Streubüchse. Aqu. Terr. **26** (2), 50–51 (3 Abb.), 1979.

Schöne, H.: Wir züchten Salinenkrebschen. Aqu. Terr. **27** (2), 46–48 (6 Abb.), 1980.

Schöne, H.: Über die Zucht des Rädertiers Brachionus plicatilis. Aqu. Terr. **27** (8), 264–266 (5 Abb.), 1980.

Schoenen, P.: Kleine Futterkunde. – Aquarienfische – richtig ernährt. Aqu.-Mag. **12** (12), 588–592 (4 Abb.), 1978.

Schöpfel, H.: Rationelle Zucht der Tau- oder Essigfliege. Aqu. Terr. **25** (6), 186–187 (3 Abb.), 1978.

Siepe, A.: Lebendes Standardfutter: Salinenkrebschen. (Die rationelle Zucht von Artemia salina). Aqu.-Mag. **11** (4), 154–159 (10 Abb.), 1977.

Spies, G.: Meeresplanktonzucht. Aqu.-Mag. **21** (11), 468–471, 1987.

Stark, I.: Das Heimchen – ein wertvolles Futtertier. Gef. Welt **112** (12), 357, 1988.

Stark, I.: Die Zucht von Stabheuschrecken. Gef. Welt **112** (11), 322–323, 1988.

Stark, I.: Der große Mehlwurm Tenebrio obscurus. [?Zophobas morio]. Gef. Welt **113** (1), 22, 1989.

Stein, K.-H.: Eine automatische Futterversorgung mit Taufliegen, Drosophila. Aqu. Terr. **11** (4), 127–128 (3 Abb.), 1964.

Steiner, G.: Die Massenzucht des Pantoffeltierchens (Paramecium caudatum). Wochenschr. **43** (10), 284–285, 1949.

Steinigeweg, W.: Die Stabheuschrecke als Lebendfutter. Gef. Welt **100,** 12–14 (2 Abb.), 1976.

Sterzel, B.: Grindal – kann man in Massen züchten! DATZ **42** (3), 181–183, 1989.

Stettler, P. H.: De kweek van huiskrekels. Lacerta **15** (3), 19–20, 1956.

Stettler, P. H.: Südländische Grillen (Gryllus bimaculatus) als Futtertiere. Aquaterra **3,** [9–10], 1966.

Stüben, M.: Fliegenzucht mit einfachen Mitteln. Aqu.-Mag. **8** (8), 334–337 (6 Abb.), 1974.

Stute, E.: Pflege und Zucht von Springschwänzen. DATZ **42** (10), 626–627, 1989.

Stute, E.: Grindal – die Erdzuchtmethode. Mit Anerkennungen zur Beschreibung der Grindalzucht auf Schaumstoff. DATZ **43** (6), 369–370, 1990.

Stute, E.: Zucht von Fruchtfliegen. Drosophila melanogaster und D. hydei. DATZ **44** (1), 50–52, 1991.

Suttner, R.: Fruchtfliegen als Fischfutter. DATZ **43** (8), 491–492, 1990.

Tannert, R.: Die Zucht von Heimchen und amerikanischen Riesenschaben. DATZ **9** (2), 46–48 (1 Abb.), 1956.

Tomey, W. A.: Das „geschälte“ Artemia-Ei. Neue Methoden zur Erbrütung und Konservierung. Aqu.-Mag. **12** (9), 448–451 (5 Abb.), 1978.

Trapp, F.: Die Aufzucht von Salinenkrebschen ist lohnend. DATZ **23** (1), 25–27 (2 Abb.), 1970.

Trempenau, H.: „Mikro“-Zucht und Verwendung. Wochenschr. **43** (4), 82–83, 1949.

Uchelen, E. van: Een zelfgebouwde vliegenval. Lacerta **45** (6), 89–94, 1987.

Van Tomme, G.: Voedseldieren: Blaptica dubia, Argentijnse boskakkerlak. Aquariumwereld **44** (11), 248, 1991.

Van Tomme, G.: Voedseldieren: Collembola. Terra **27** (8), 111, 1991.

Verein für Aquarien- und Terrarienfreunde in Varel i. O.: Die „hygienische“ Enchyträenzucht. DATZ **12** (9), 285–286, 1959.

Vergoossen, P.: Eenvoudige voedingsbodem voor het kweken van fruitvliegen. Lacerta **43** (6), 118–119, 1985.

Vogel, J.: Meine Zucht des Großen Schwarzkäfers (Zophobas morio). Voliere **10** (4), 122–124, 1987.

Vogel, J.: Meine Grillen- und Heimchenzucht. Voliere **11** (4), 106–109, 1988.

Vogel, J.: Die Zucht des Getreideschimmelkäfers (Alphitobius diaperinus). Voliere **11** (5), 146–148, 1988.

Walter, H. A.: Geht's nicht auch einfacher? Bemerkungen zur Zucht von Drosophila. DATZ **20** (4), 123–124, 1967.

Weischner, M.: Der Große Schwarzkäfer als Futterinsekt. Zophobas morio. Gef. Welt **113** (3), 89, 1989.

Zahn, M.: Aufzucht von Salinenkrebschen im Aquarium Düsseldorf. DATZ **25** (9), 321–323 (1 Abb.), 1972.

Zahn, M.: Ausweg aus der Lebendfuttermisere: Der pflegeleichte Wasserfloh [Moina macrocopa]. Aqu.-Mag. **12** (11), 526–527 (5 Abb.), 1978.

Zimmermann, H.: Das Insektarium eines Aqua-Terrarianers. Aqu.-Mag. **11** (1), 12–19 (16 Abb.), 1977.

Spezialliteratur über Futterzuchten, die im Text nicht behandelt werden

Esterbauer, H.: Aufzucht von Lebendfutter: Lepisma saccarina, das Silberfischchen. DATZ **26** (7), 250–251 (1 Abb.), 1973.

Klausnitzer, B.: Ein neues Futter für Terrarientiere? [Blaps mucronata]. Aqu. Terr. **20** (5), 162–164 (6 Abb.), 1973.

Leeuwen, F. R. van: De spektor als voedseldier. [Speckkäfer]. Lacerta **41** (6), 110–111, 1983.

Lieder, U. und Helms, C.: Über die Massenzucht von Chironomidenlarven. Aqu. Terr. **29** (11), 373–375, 1982.

Oeser, R.: Zufällig... [Kleiner Mistkäfer]. Mittbl. Salam. **4,** 125–126, 1963.

Veenendaal, R. L.: Een methode voor het kweeken van de rijstmot (Corcyra cephalonica). Lacerta **44** (6), 103–104, 1986.

Weiterführende Literatur

Beier, M.: Phasmida (Stab- oder Gespenstheuschrecken). Handb. Zool. **4** (2) 2/10, Verlag Walter de Gruyter, Berlin 1968.

Beier, M.: Saltatoria (Heuschrecken und Grillen). Handb. Zool. **4** (2) 2/9, Verlag Walter de Gruyter, Berlin 1972.

Beier, M.: Blattariae (Schaben). Handb. Zool. **4** (2) 2/13, Verlag Walter de Gruyter, Berlin 1974.

Bergerard, J.: Etude de la parthénogénèse thélytoque facultative d'un Phasmide (Clitumnus extradentatus Br.). Proc. 10. int. Congr. Entomol. 1956, Montreal, **2,** 997–1001, 1958.

Brehm, H. und Frank, W.: Der Entwicklungskreislauf von Sarcocystis singasporensis ZAMAN und COLLEG im End- und Zwischenwirt. Z. Parasitenk. **62,** 15–30, 1980.

Buch, W.: Der Regenwurm im Garten. Ulmer Taschenbuch 21, Verlag Eugen Ulmer, Stuttgart, 1986.

Burla, H.: Systematik, Verbreitung und Ökologie der Drosophila-Arten der Schweiz. Rev. Suisse Zool. **58** (2), 22–175 (46 Abb., 17 Tab.), 1951.

Caudell, A. N.: Pycnoscelus surinamensis LINNAEUS (Orthoptera); on Its Nymphs and the Damage it Does to Rose Bushes. Proc. ent. Soc. Wash. **27** (8), 154–157, 1925.

Chopard, L.: La Biologie des Orthoptères. Edit. Paul Lechevalier, Paris 1938.

Clark, J. T.: Stick and Leaf Insects. Verlag Barry Shurlock, Winchester 1974.

Dambach, M. und Lichtenstein, L.: Zur Ethologie der afrikanischen Grille Phaeophilacris spectrum SAUSSURE. Z. Tierpsychol. **46,** 14–29, 1978.

Dietrich, G. und Kalle, K.: Allgemeine Meereskunde. Eine Einführung in die Ozeanographie. Verlag Gebrüder Borntraeger, Berlin Nikolassee 1957.

Duda, O.: Drosophilidae. Fliegen paläart. Region, Bd VI 1, **58** g, Verlag E. Schweizerbart, Stuttgart 1935.

Dunger, W.: Tiere im Boden. 3. Aufl. Die Neue Brehm-Bücherei 327, A. Ziemsen Verlag, Wittenberg 1983.

Eisenbeis, G. und Wichard, W.: Atlas zur Biologie der Bodenarthropoden. Gustav Fischer Verlag, Stuttgart u. New York 1985.

Frank, W.: Parasitologie. Verlag Eugen Ulmer, Stuttgart 1976.

Freude, H., Harde, K. W. und Lohse, G. A.: Die Käfer Mitteleuropas Bd. 8. Goecke und Evers Verlag, Krefeld 1969.

Frömming, E.: Biologie der mitteleuropäischen Landgastropoden. Duncker Humblot, Berlin 1954.

Geisler, H.: Mehlwürmer und Gregarinen. Gef. Welt **87,** 137, 1963.

Geus, A.: Über das Vorkommen von Gregarinen in Insekten und deren Larven. Gef. Welt **87,** 117–118, 1963.

Gisin, H.: Collembolenfauna Europas. Mus. Hist. nat., Genève, 1960.

Godan, D.: Schadschnecken. Verlag Eugen Ulmer, Stuttgart 1979.

Gruner, H.-E.: Crustaceen V. Isopoda. Tierw. Deutschl. **53,** Verlag Gustav Fischer, Jena 1966.

Grzimeks Tierleben. Band I: Niedere Tiere. Band II: Insekten. Deutscher Taschenbuch Verlag, München 1979.

Handschin, E.: Urinsekten oder Apterygota (Protura, Collembola, Diplura und Thysanura). Tierw. Deutschl. **16,** Verlag Gustav Fischer, Jena 1929.

Harz, K.: Die Geradflügler Mitteleuropas. Verlag Gustav Fischer, Jena 1957.

Harz, K.: Geradflügler oder Orthopteren. Tierw. Deutschl. **46,** Verlag Gustav Fischer, Jena 1960.

Haydak, M. H.: Influence of the Protein Level of the Diet on the Longevity of Cockroaches. Ann. ent. Soc. Amer. **46,** 547–560, 1953.

Hennig, W.: Diptera (Zweiflügler). Handb. Zool. **4** (2) 2/31, Verlag Walter de Gruyter, Berlin 1973.

Herford, G. M.: Oberservations on the Biology of Bruchus obtectus Say, with Special Reference to the Nutritional Factors. Z. angew. Ent. **21** (1), 26–50, 1936.

Hoffmann, K.-H.: Der Einfluß der Temperatur auf die chemische Zusammensetzung von Grillen (Gryllus, Orthopt.). Oecologia **13** (2), 147–175, 1973.

Hoffmann, K.-H.: Wirkung von konstanten und tagesperiodisch alternierenden Temperaturen auf Lebensdauer, Nahrungsverwertung und Fertilität adulter Gryllus bimaculatus. Oecologia **17** (1), 39–54, 1974.

Jacobs, W. und Renner, M. E.: Taschenlexikon zur Biologie der Insekten. Gustav Fischer Verlag, Stuttgart 1974.

Kaestner, A.: Lehrbuch der Speziellen Zoologie. Band I: Wirbellose, 1. Teil: Protozoa, Mesozoa, Parazoa, Coelenterata, Protostomia ohne Mandibulata. Gustav Fischer Verlag, Stuttgart 1965, 2. Aufl.

Kaestner, A.: Lehrbuch der Speziellen Zoologie. Band I: Wirbellose, 2. Teil: Crustacea. Gustav Fischer Verlag, Stuttgart 1967. 2. Aufl.

Kaltenbach, A.: Vorarbeiten für eine Revision der Phalangopsidae der äthiopischen Faunenregion (Saltatoria-Grylloidea). 3. Die zentralafrikanischen Arten der Gattung Phaeophilacris Walker. Sber. Österr. Akad. Wiss., math.-naturw. Kl., Abt. I **195,** 201–215, 1986.

Kleinsteuber, E.: Kleintiere im Terrarium. Wirbellose halten, züchten, kennenlernen. Urania-Verlag, Leipzig–Jena–Berlin 1989.

Löser, S.: Exotische Insekten, Tausendfüßer und Spinnentiere. Verlag Eugen Ulmer, Stuttgart 1991.

Martin, R. D., Rivers, J. P. and Cowgill, U. M.: Culturing mealworms as food for animals in captivity. Int. Zoo Yearbook **16,** 63–70, Dorchester 1976.

Mayer, H.: Zur Biologie und Ethologie einheimischer Collembolen. Zool. Jb., Syst. **85,** 501–570, 1957.

Mayer, M.: Kultur und Präparation der Protozoen. Franckh'sche Verlagshandlung, Stuttgart 1975, 5. Aufl.

Meinhardt, U.: Der unbekannte Regenwurm. Kosmos **78** (12), 48–54, 1982.

Menusan, H., Jr.: Effects of Temperature and Humidity on the Life Processes of the Bean Weevil, Bruchus obtectus Say. Ann. ent. Soc. Amer. **27** (4), 515–526, 1934.

Menusan, H., Jr.: The Influence of Constant Temperatures and Humidities on the Rate of Growth and Relative Size of the Bean Weevil, Bruchus obtectus SAY. Ann. ent. Soc. Amer. **29** (2), 279–288, 1936.

Nutting, W. L.: Observations on the Reproduction of the Giant Cockroach, Blaberus craniifera BURM. Psyche **60,** 6–14, 1953.

Palissa, A.: Apterygota (Urinsekten). In: Brohmer, P., Ehrmann, P. und Ulmer, G.: Die Tierwelt Mitteleuropas. Tierw. Mitteleur. **4,** 1–407, Verlag Quelle & Meyer, Leipzig 1964.

Roth, L. M.: Sexual Isolation in Parthenogenetic Pycnoscelus surinamensis und Application of the Name Pycnoscelus indicus to Its Bisexual Relative (Dictyoptera: Blattaria: Blaberidae: Pycnoscelinae). Ann. ent. Soc. Amer. **60,** 774–779, 1967.

Roth, L. M. and Cohen, S. H.: Chromosomes of the Pycnoscelus indicus and P. surinamensis complex. (Blattaria: Blaberidae: Pycnoscelinae). Psyche **75** (1), 53–76, 1968.

Roth, L. M. and Willis, E. R.: Parthenogenesis in Cockroaches. Ann. ent. Soc. Amer. **49** (3), 195–204, 1956.

Roth, L. M. and Willis, E. R.: The Biology of Panchlora nivea, with Observations on the Eggs of Other Blattaria. Trans. Amer. ent. Soc. **83,** 195–207, 1958.

Roth, L. M. and Willis, E. R.: A Study of Bisexual und Parthenogenetic Strains of Pycnoscelus surinamensis (Blattaria: Epilamprinae). Ann. ent. Soc. Amer., **54,** 12–25, 1961.

Saupe, R.: Zur Kenntnis der Lebensweise der Riesenschabe Blabera fusca BRUNNER und der Gewächshausschabe Pycnoscelus surinamensis L. Z. angew. Ent. **14** (3), 461–500, 1929.

Schaller, F.: Collembola (Springschwänze). Handb. Zool. **4** (2) 2/1, 1–72, Verlag Walter de Gruyter, Berlin 1970.

Streble, H. und Krauter, D.: Das Leben im Wassertropfen. Franckh'sche Verlagshandlung, Stuttgart 1978, 4. Aufl.

Ude, H.: Oligochaeta, Hirudinea, Sipunculida. Tierw. Deutschl. **15,** 1–132, Verlag Gustav Fischer, Jena 1929.

Weidner, H.: Bestimmungstabellen der Vorratsschädlinge und des Hausungeziefers Mitteleuropas. Verlag Gustav Fischer, Jena 1937.

Wieser, W.: Die Bedeutung der Tageslänge für das Einsetzen der Fortpflanzungsperiode bei Porcellio scaber LATR. [Isopoda]. Z. Naturfosch. **18b,** 1090–1092, 1963.

Willis, E. R., Riser, G. R. and Roth, L. M.: Observations on Reproduction and Development in Cockroaches. Ann. Ent. Soc. Amer. **51,** 53–69, 1958.

Zachariae, G.: Das Verhalten des Speisebohnenkäfers Acanthoscelides obtectus SAY (Coleoptera: Bruchidae) im Freien in Norddeutschland. Z. angew. Ent. **43** (4), 345–365, 1958.

Zacher, F.: Untersuchungen zur Morphologie und Biologie der Samenkäfer (Bruchidae – Lariidae). Arb. a. d. Biol. Reichsanstalt Bd. **18,** H. 3, 233–384, 1930.

Zacher, F.: Verbreitung und Nährpflanzen des Speisebohnenkäfers, Acanthoscelides obtectus SAY. Mitt. dt. ent. Ges. **14** (2), 3–4, 1955.

Zwart, P. and Rulkens, R. J.: Improving the calcium content of mealworms. Int. Zoo Yearbook **19,** 254–255, Dorchester 1979.

Bildnachweis

Zeichnungen
Lindenbaur, Renate: Abb. 52
alle anderen Zeichnungen von Klaus Ziegler

Fotos
Lumpe, Hans: Abb. 23, 24, 27, 29, 30, 48, 49
Müller, Adolf: Abb. 18
alle anderen Fotos von Ursula Friederich

Die Aufnahmen der Abb. 4, 12, 32, 39 und 63 sind in der Wilhelma, Stuttgart, entstanden.

Register

Die mit einem Sternchen * versehenen Seitenzahlen verweisen auf Abbildungen

Bücher über die Nutznießer von Lebendfutter.

Interessante Einblicke.

Pfeilgiftfrösche. Von **Ralf Heselhaus.** 2., überarb. u. erg. Aufl. 1988. 99 Seiten, 65 Farbfotos, 3 Zeichnungen. Ein praktischer Ratgeber für alle wichtigen Aspekte der Froschpflege. Einführung in die besonderen Lebensweisen der Pfeilgiftfrösche. ISBN 3-8001-7937-7.

Tropische Laubfrösche. Von **Ralf Heselhaus.** 2., überarb. u. erw. Aufl. 1992. 96 Seiten, 49 Farbfotos, 4 Zeichnungen. 52 Arten tropischer Laubfrösche aus Mittel- u. Südamerika, Afrika, Asien und Australien nach ihren Merkmalen abgebildet. ISBN 3-8001-7246-1.

Echsen. Bd. 1. Von **Manfred Rogner.** 1992. 281 Seiten, 120 Farbfotos, 9 Zeichnungen, 5 Verbreitungskarten. Aus der Vielzahl von Echsen hat der Autor für dieses zweiteilige Werk insgesamt rund 150 Gattungen mit etwa 400 Arten ausgewählt, über die ausführliche Haltungs- und Zuchtergebnisse vorliegen bzw. veröffentlicht worden sind. ISBN 3-8001-7248-8.

Verlag Eugen Ulmer, Stuttgart

E.U. VERLAG EUGEN ULMER